"十二五"职业教育规划教材

Guidao Jiaotong Xinhao Jichu

轨道交通信号基础

徐胜南 主 编

李坤妃 副主编

喻小红[北京京港地铁有限责任公司] 主 审

人民交通出版社股份有限公司
China Communications Press Co.,Ltd.

内 容 提 要

本书为"十二五"职业教育规划教材。主要内容包括:城市轨道交通信号系统概述、信号系统基础设备、信号联锁设备、信号通信设备、信号电源设备、CBTC 系统、信号与运营、信号与列车驾驶、信号基础实训操作技能。

本书可供高职、中职院校城市轨道交通专业及相关专业教学选用,亦可供行业相关培训、岗前培训使用。

* 本书配有多媒体助教课件,教师可通过加入职教轨道教学研讨群(QQ 群:129327355)索取。

图书在版编目(CIP)数据

轨道交通信号基础 / 徐胜南主编. —北京:人民交通出版社股份有限公司,2018.1

"十二五"职业教育规划教材

ISBN 978-7-114-14274-1

Ⅰ.①轨… Ⅱ.①徐… Ⅲ.①轨道交通—交通信号—信号系统—高等职业教育—教材 Ⅳ.①U491.5

中国版本图书馆 CIP 数据核字(2017)第 256997 号

"十二五"职业教育规划教材

书　　名:轨道交通信号基础
著 作 者:徐胜南
责任编辑:袁　方
出版发行:人民交通出版社股份有限公司
地　　址:(100011)北京市朝阳区安定门外外馆斜街 3 号
网　　址:http://www.ccpress.com.cn
销售电话:(010)59757973
总 经 销:人民交通出版社股份有限公司发行部
经　　销:各地新华书店
印　　刷:北京鑫正大印刷有限公司
开　　本:787×1092　1/16
印　　张:13
字　　数:308 千
版　　次:2018 年 1 月　第 1 版
印　　次:2020 年 11 月　第 3 次印刷
书　　号:ISBN 978-7-114-14274-1
定　　价:39.00 元
(有印刷、装订质量问题的图书由本公司负责调换)

前言

近年来,伴随着我国经济的快速发展,城市轨道交通步入了高速发展时期。“十三五”期间,在“一带一路”重大倡议带动下,预计到2020年,全国拥有轨道交通的城市将达到50个,运营总里程达到6600km。在城市轨道交通运行中,信号系统不仅扮演着调度指挥和运营管理的中枢神经的角色,更是城市轨道交通安全运行的坚强保证,具有不可替代的作用。

可以说,城市轨道交通的安全、速度、输送能力和效率都与信号系统密切相关,因此,信号系统是非常重要和关键的技术装备。城市轨道交通信号系统的发展历经了多次变革,从传统的基于区间闭塞、车站联锁信号设备,发展到现代化的列车运行自动控制(ATC)系统,到目前普遍采用的基于无线通信的列车运行自动控制系统(CBTC),信号系统最终摆脱了传统的轨道电路和地面信号,为进一步缩短行车间隔,真正实现列车安全自动运行,奠定了坚实的基础。

《轨道交通信号基础》是编者根据教育部的要求,在认真学习领会有关职业教育文件精神的基础上,结合当前中等、高等职业教育发展和城市轨道交通行业发展的实际情况编写的教材。

本教材的主要特色如下:

(1)在培训理念、教育教学及课程开发等方面,编写人员均曾接受了京港地铁有限公司培训部的强化培训。编写时突破了以往教材的编写模式,形式上以项目为引领,以任务为驱动,内容上注重理论与实训操作相结合。

(2)本教材介绍了目前国内最先进、最典型的轨道交通信号技术并配有大量的实物图片,图文并茂、生动活泼,以便于学生能更感性地认知,更有兴趣地学习。

(3)本教材突出了职业教育的特色。编写人员在仔细分析企业岗位技能方面的具体要求的前提下进行了教学项目设置,着力“项目引领、理实一体、生动有趣”的特色,强调以学生为中心,突出职业教育教学的特点。

(4)为方便教学,每个教学项目结束后,学生可通过实训操作及课后交流及时检查学习效果;通过知识链接进行拓展和自我提升。

参加本教材编写工作的有:北京市自动化工程学校徐胜南、李坤妃、秦玉超、康健、李芳,河北轨道运输职业技术学院么艳香、李强。徐胜南担任本教材主编并负责统稿,李坤妃担任副主编,北京京港地铁有限公司喻小红担任主审。

本教材编写全程体现了“校企合作,产教融合”的理念,得到了北京地铁、京港地铁、成都地铁、杭州地铁、北京交通运输职业学院、河北轨道运输职业技术学院、北京市自动化工程学校等单位的大力支持;教材中也大量引用了国内外作者发表的相关文献资料。在此谨向有关单位、专家及作者致以衷心的感谢。

由于编者水平有限,加上时间仓促,书中定有谬误及疏漏之处,敬请读者给予批评指正。

编　者

2017 年 12 月

目录

MULU

项目一　城市轨道交通信号系统概述

学习目标

1. 了解城市轨道交通信号系统的发展历程。
2. 掌握城市轨道交通信号系统的作用和基本组成。
3. 了解城市轨道交通信号各子系统及其分类。
4. 掌握"故障-安全"原则。

任务描述

1. 工作对象

某地铁公司主干线路的信号系统。

2. 工作内容

(1)领取工作卡,制订调研计划。

(2)按照规定顺序依次调研系统设备型号等信息。

(3)组织整合调研资料,完成调研任务。

3. 工作目标与要求

(1)在工作过程中,具备安全意识和组织纪律性。

(2)小组合作制订并实施调研计划,完成本项目。

(3)能通过阅读资料和现场观察,辨别信号系统设备的类型。

(4)能按规范的步骤,完成城市轨道交通信号各子系统的调研,并进行记录和整合。

内容结构

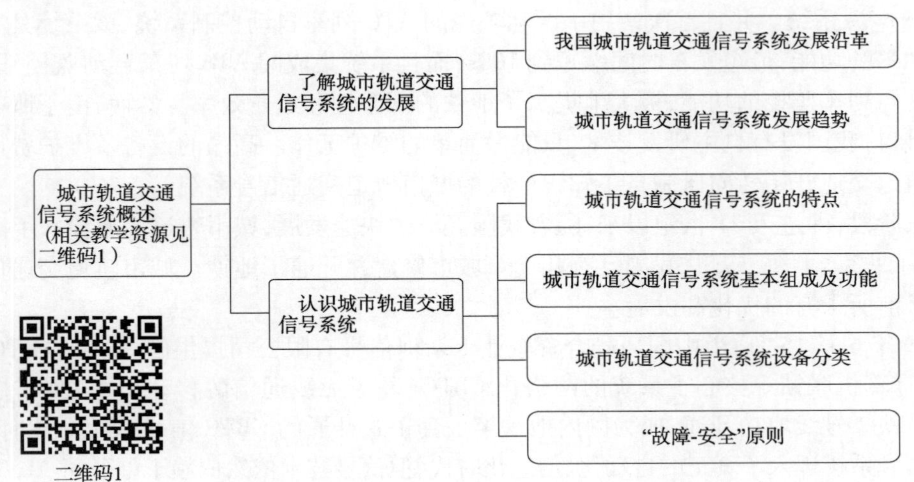

情境设置

小李从某职业院校轨道交通信号专业毕业后，进入某地铁公司工作。上班第一天，小李和其他入职的新员工一起对公司主要线路的信号系统进行了学习和调研，了解公司信号系统的作用、组成及各子系统的功能，以便今后能更好地开展工作。

任务一　了解城市轨道交通信号系统的发展

城市轨道交通信号系统作为城市轨道交通最基础的控制系统，不仅影响着轨道交通列车运行间隔和行车速度，而且影响着列车输送能力和通过能力。更重要的是，信号系统为安全行车提供了重要保证。因此，城市轨道交通信号系统又被人们誉为城市轨道交通的神经系统，是决定城市轨道交通先进程度的一个重要方面。

一、我国城市轨道交通信号系统发展沿革

迄今为止，我国城市轨道交通已有50多年的历史，大致可以分为3个发展阶段；城市轨道交通信号系统基于传输系统的优化也相应地经历了3个发展阶段。

第一阶段，1965年至20世纪80年代，城市轨道交通承担的主要起到的是“战备为主，兼顾交通”的作用。北京是我国第一个修建地铁的城市，1号线（一期工程）于1965年7月1日正式破土动工，1969年10月1日建成通车。此时，处于起步阶段的轨道交通信号系统采用的是继电半自动闭塞方式，使用道岔、信号机及继电式集中联锁。但是当时的技术不够成熟并且存在一定的安全隐患。

第二阶段，从20世纪90年代初至20世纪末，随着经济的高速发展与人口、机动车的急剧增长，上海、广州等大城市开始建设地铁以缓解交通压力。此时修建地铁的目的转为“交通为主、兼顾战备”。城市轨道交通信号系统的稳定性和安全性有了进一步的改善。

上海地铁采用的是由卡斯科公司引进的美国GRS公司的ATC系统，联锁设备是国产的6502，使用无绝缘移频轨道电路固定自动闭塞。而广州地铁1号线除设备中的道岔、信号机外，其余全部引进德国西门子公司的设备，包括微机联锁系统、ATC、FTGS无绝缘移频轨道电路及UPS电源系统。并且首次使用了国际领先的ATC列车自动控制系统，该系统具有自动防护与自动驾驶功能，最短发车时间缩短到100s，而且系统集成的ATS列车自动监控系统，起到集中调度与列车监控的功能，极大地提高了地铁的安全性和运营效率。然而，由于所有技术均为国外进口，我国没有自主研发技术，只能做简单的维护工作。高昂的设备及维护费用使得我国城市轨道交通开始转向研制自主知识产权的城市轨道交通信号系统。

第三阶段，即进入21世纪以来，随着我国经济的快速发展，城市轨道交通步入了高速发展时期，除了北京、上海、广州，我国已有几十个城市修建并开通了地铁。城市轨道交通信号系统也得到了前所未有的优化和发展。

2008年6月15日，由中国通号合资企业卡斯柯信号有限公司提供的，集成了ATC列车自动监控、计算机联锁等核心子系统的网络化CBTC（基于无线通信的移动闭塞）列车控制系统在北京地铁2号线成功开通，成为国内地铁第一套正式开通的CBTC信号系统。此时，城市轨道交通信号系统迈入了真正的自动化、信息化时代，但信号技术依然依赖于母公司ALSTOM。直

到2010年12月30日，北京地铁亦庄线、昌平线开通运营，由北京交通大学组织研发的CBTC即基于通信的列车控制系统成功通过劳氏铁路国际认证，标志我国成功掌握了CBTC的ATP/ATO核心技术。2012年1月18日，浙大网新的CBTC系统中有6个核心产品同时获得劳氏铁路（亚洲）的安全论证，成为国内自主研发CBTC系统中唯一一家拥有完整的、全系列信号系统核心产品的第三方安全论证公司，至此我国真正拥有了整个轨道交通信号系统的自主知识产权。

目前运用最广泛的是卡斯科信号公司的基于通信的列车控制系统（CBTC系统）。该系统基于安全的计算机联锁子系统及无线车地双向通信的DCS通信子系统和ATC列车自动控制子系统，对列车实施调度、防护、操纵，多个子系统通过计算机网络连接，实现系统的网络化、信息化。城市轨道交通系统客流量大、行车密度高，列车在运营过程中，既要保证列车运行安全可靠，又要尽量缩短行车间隔时间，提高轨道交通线路的营运能力，列车运行自动控制系统则较好地实现这些目的和功能。

二、城市轨道交通信号系统发展趋势

城市轨道交通信号系统的发展趋势主要体现在两个方面：一方面体现在列车自动运行系统（ATO）方式上。随着通信安全性、可靠性的提高和通信手段的多样化，目前普遍采用的站间ATO方式将向全程无人ATO方式发展。另一方面体现在列车自动监控系统（ATS）的集成度上。随着计算机技术的快速发展，利用先进的计算机网络技术，实现从单一的ATS系统向集成化的综合地铁控制系统方向发展。

（一）全自动无人驾驶技术

目前我国普遍采用的是站间ATO方式，也就是在正常情况下，列车出站时的起动是由司机来完成的，运行过程完全由系统自动实现。全程无人ATO方式，则是列车上根本没有司机或工作人员，完全是由ATO自动完成各种操作，如发车、运行、停站、折返、入库等操作过程均由控制中心直接管理完成，不需要司机任何参与。

只要能够确保信息系统通信的速率和通信的安全稳定性，既有ATO方式便能发展成为全自动无人驾驶。全程无人ATO方式具有高灵活性，对不可预见的事件和突增的能力需求反应迅速，且不会增加系统操作人员的工作压力，从而提高了运输效率和经济利益。

（二）集成化的综合城市轨道交通控制系统

现如今，ATS子系统已经开始向集成化方向转型，与既有的列车自动监督系统不同，它对城市轨道交通信号系统的其他子系统如公共广播系统、电话系统、无线通信系统、闭路电视系统、电力监控系统、自动售检票系统、环控系统、火灾报警系统及保安系统等的监督和控制功能，可与乘客信息系统、列车自动监督系统等功能集成在同一个系统中。这样，不仅可以保障地铁正常安全运营的协调性能，还可以同时减少设备和工作人员的数量。

任务二　认识城市轨道交通信号系统

一、城市轨道交通信号系统的特点

由于城市轨道交通信号技术沿袭了大铁路的制式，因此与大铁路有着很多一致的地方，但也有与大铁路不同的地方。

(1)系统安全保证要求高。城市轨道交通承担了巨大的客流量,行车密度大、站间距离短,每辆列车的运行间隔通常在2min左右(目前一些发达国家的城市轨道交通最小列车运行间隔可以缩至100s)。相对而言,大铁路的列车运行间隔通常在5~7min。正是由于轨道交通列车的运行间隔较短,所以对于列车速度监控系统的要求更高,要求监控系统能提供的安全保证也更高。

(2)信号显示含义较少。一般情况下,地面信号机不安装在城市轨道交通的区间内,以机车的速度信号为主体信号。由于城市轨道交通列车的主要作用是运送乘客,故它的行车组织功能相对单一,联锁车站的信号显示含义也相对较少。

(3)有利于实现自动控制。城市轨道交通的大多数车站不设置道岔,联锁设备的监控对象远远少于一般铁路的客货站,多半在电气集中控制中心实现全线的联锁功能。列车运行的规律性很强,有利于实现自动控制。

二、城市轨道交通信号系统基本组成及分类(相关教学资源见二维码2)

二维码2

城市轨道交通信号系统是轨道交通运输中保证行车安全、提高区间和车站通过能力的手动控制、自动控制及远程控制技术的总称;也是依据行车计划或运力需求组织行车,并按一定的闭塞方式指挥列车安全、正点运行的重要设备系统。城市轨道交通信号系统具有下达行车指令、办理列车进路、开放信号并指挥行车的基本功能。

(一)组成

城市轨道交通信号系统通常由列车自动控制系统(Automatic Train Control,简称ATC)组成。ATC系统包括4个子系统,如图1-1所示。

(1)列车自动监控(Automatic Train Supervision,简称ATS)子系统;

(2)列车自动防护(Automatic Train Protection,简称ATP)子系统(包括地面ATP子系统和车载ATP子系统)子系统;

(3)列车自动运行(Automatic Train Operation,简称ATO)子系统(包括地面ATO子系统和车载ATO子系统)子系统;

(4)计算机联锁(Computer Interlocking,简称CI)子系统。

图1-1 ATC系统结构示意图

上述4个子系统可以通过信息交换网络构成闭环系统,从而实现地面控制与车上控制相结合、现场控制与中央控制相结合，构成了一个以安全设备为基础，集行车指挥、运行调整以及列车驾驶自动化等功能于一体的列车自动控制系统。

（二）分类

在城市轨道交通中，为了保证行车安全，并使线路具有一定的通过能力，通常把线路划分为若干个区间并按照一定的方法组织列车在区间运行，称为行车闭塞或闭塞。闭塞方式有固定闭塞、准移动闭塞和移动闭塞3种。

按照闭塞方式分类，可将ATC系统分为固定闭塞ATC系统、准移动闭塞ATC系统以及移动闭塞ATC系统。

1. 固定闭塞ATC系统

固定闭塞ATC系统是基于传统轨道电路的自动闭塞方式，根据线路条件利用牵引计算来确定闭塞分区，只要划定就将固定不变。列车是以闭塞分区为最小行车间隔运行的，ATC系统根据这一特点实现行车指挥和列车运行的自动控制。根据每个闭塞分区的限速命令，ATP系统能够监控列车的运行速度。由于列车定位是以固定区段为单位，所以固定闭塞系统的速度控制模式通常采用分级方式，即多段式（阶梯式）速度-距离制动曲线，当列车运行速度超过限速指令时对列车实施制动控制。固定闭塞速度曲线，如图1-2所示。

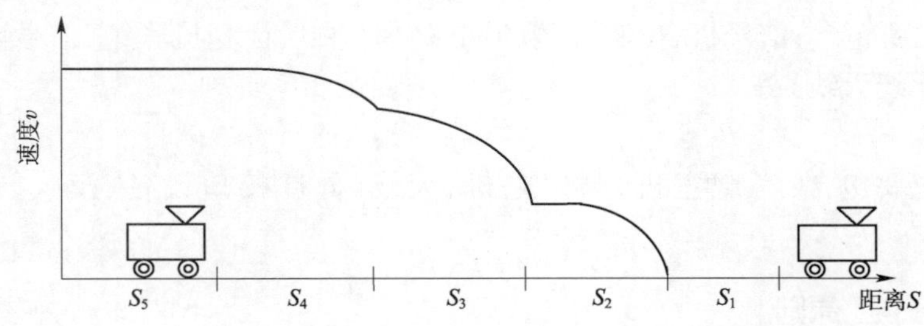

图1-2　固定闭塞速度曲线图

2. 准移动闭塞ATC系统

准移动闭塞ATC系统本质上是一种固定闭塞系统，也要进行闭塞分区的划分。

与固定闭塞相比，准移动闭塞在控制列车的安全时间间隔上更进了一步。它通过采用报文式轨道电路辅之环线或应答器来判断分区占用并传输信息，信息量大；可以告知后续列车继续前行的距离，后续列车可根据这一距离合理地采取减速或制动，列车制动的起点可延伸至保证其安全制动的地点，从而可改善列车速度控制，缩小列车安全间隔，提高线路利用效率。但准移动闭塞中后续列车的最大目标制动点仍必须在先行列车占用分区的外方，因此它并没有完全突破轨道电路的限制。

根据列车前方目标距离、线路状态、列车性能等因素所确定的速度-距离控制曲线，对列车的速度进行监控。当列车速度超过其速度-距离控制曲线限定的速度值时，对列车实施安全制动控制。准移动闭塞速度曲线，如图1-3所示。

3. 移动闭塞ATC系统

移动闭塞是基于通信技术的列车控制（Communication Based Train Control，简称CBTC）系统。该系统不是依靠轨道电路向列控车载设备传递信息，而是利用通信技术实现“车地通信”

并实时地传递"列车定位"信息。移动闭塞速度曲线,如图 1-4 所示。

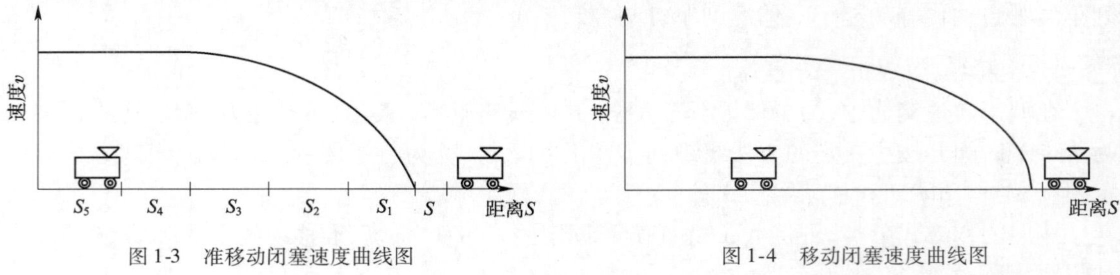

图 1-3 准移动闭塞速度曲线图

图 1-4 移动闭塞速度曲线图

三、城市轨道交通信号系统设备分类

城市轨道交通信号系统设备,按其所处地域可分为控制中心设备、地面设备及车载设备。

1. 控制中心设备

控制中心设备主要包含:中心 ATS 计算机系统、中心显示设备、调度员(值班站长)工作站、时刻表/运行图工作站、培训/模拟设备、维修工作站、网络传输设备、绘图仪和打印机、电源设备。

2. 地面设备

地面设备主要包含:信号机、转辙机、轨道电路(计轴)、计算机联锁、信号电源、无线传输系统(应答器,无线天线)等。

3. 车载设备

车载设备主要包含:车载主机、测速电机、天线、外部接口设备、模式转换设备、网络设备。

四、"故障-安全"原则

"故障-安全"原则即故障以后导向安全,城市轨道交通信号系统严格遵循着这一原则。在轨道交通信号系统中,以设置于轨旁的地面信号机作为"主体信号",以其不同颜色的灯光显示,向司机发出不同的行车命令,由司机操纵列车的运行;而感应到驾驶室的车载"机车信号",它只作为"辅助信号",向司机提供各种用于驾驶的"参考信息"。信号机显示进行信号,允许列车驶入信号机所防护的轨道区段。当信号控制设备发生故障时,应立即显示禁止信号,以禁止列车驶入信号机所防护的轨道区段。这就是信号系统中"故障导向安全"原则,也就是说,信号系统必须满足"故障-安全"的要求。

1. 基本含义

故障:在规定的时间和条件下,信号设备规定的功能(部分或全部)受到限制或丧失。

一次故障:信号设备的原发性故障。

二次故障:信号设备的继发性故障。

故障率:工作到某时刻尚未失效的信号设备,在该时刻后单位时间内发生失效的概率。

安全性:在规定的时间内和规定的条件下,有关设备不发生危险的概率。

可靠性:在规定的时间内和规定的条件下,信号设备完成规定功能的能力。

冗余:某一规定的功能用多于一种的方法(硬件或软件)完成。

2. 具体技术措施

(1)防止人的错误操纵而出现的各种联锁及闭塞技术等。

(2)故障后使功能软化或降级使用技术。

(3)应急顶替技术。

(4)检测、报警和预防性养护的技术。

(5)冗余技术。

(6)器件的降额使用技术。

当设备故障时,其输出不得危及行车安全。

实训 1-1　调研城市轨道交通信号系统的构成

一、实训目标

了解城市轨道交通信号系统的构成及其主要设备。

二、实训方式

深入现场进行实地调研。

三、实训资料

(一)列车自动监控(ATS)子系统

ATS 系统由控制中心、车站、车场以及车载设备组成。其基本功能如下:

(1)ATS 车站设备,通过采集车载 ATP 和轨旁设备提供的进路状态、轨道占用状态、列车运行状态以及信号设备故障信息等来控制和监督列车运行。

(2)根据计划运行图、列车位置和联锁进路表,自动生成进路控制命令,传送至车站联锁设备,自动生成列车进路,控制列车停站时分。

(3)ATS 系统能自动完成正线区段内列车识别号(服务号、目的地号、车体号)跟踪功能。列车识别号的生成方式有 3 种:

①可由中央 ATS 自动生成;

②可由调度员人工设定、修改;

③可由列车经车地通信向 ATS 发送识别号等信息。

(4)计算机辅助调度功能。通过列车计划运行图与实际运行图的比较,并根据列车运行实际的偏离情况,自动调整列车停站时分,控制发车时间。同时自动生成列车运行调整计划,供调度员参考。

(5)ATS 故障情况下的降级处理功能。由调度员人工设置进路,对列车运行进行调整。由 ATS 车站完成自动进路或根据列车识别号进行自动信号控制,由车站人工进行进路控制。

(6)在计算机辅助下完成对列车基本运行图的编制和管理。行车人员通过设在车辆段的终端,在计算机辅助下完成车辆运用计划和行车计划的编制工作。

(7)通过列车运行显示屏及调度台显示器,对车站管辖范围内轨道区段、道岔、信号机等信号设备进行监视,并在行车调度工作站上实时显示故障报警及故障源提示信息。

(8)在车站控制模式下,通过与计算机联锁设备的结合,将部分或所有信号机置于自动模式状态下,同时向乘客信息系统、无线通信系统提供必要的信息。

(二)列车自动防护(ATP)子系统

ATP 系统由地面设备、车载设备组成,监督列车在安全速度下运行,确保列车一旦超过规定速度,立即施行制动。ATP 系统主要实现以下功能:

(1)连续自动地对列车位置进行实时检测,并向列车发送必要的速度、距离、线路信息等,以确定列车运行的最大安全速度。在列车超速时提供常用制动或紧急制动等安全防护措施,保证前方运行列车与后方运行列车之间的安全防护间隔,从而保证正向行车时的设计行车间隔和折返时间间隔。

(2)确保列车进路正确及列车的运行安全。确保不同列车在同一径路上具有足够的安全距离,防止列车的侧面冲撞。

(3)防止列车超速运行,保证列车速度不超过线路限速。从而为列车车门的启动提供安全、可靠的信息。

(4)根据联锁设备提供的进路上轨道区间运行方向,确定相应轨道电路发码方向。

(5)任何车-地通信中断以及列车的非预期移动(含退行)、任何列车完整性电路的中断、列车超速(含临时限速)、车载设备故障等均将产生安全性制动。

(6)实现与 ATS 的接口和有关信息的交换;实现系统的自诊断、故障报警和记录。

(7)列车的实际速度、推荐速度、目标速度、目标距离等信息的记录和显示。它还具有人工或自动轮径磨耗补偿功能。

(三)列车自动驾驶(ATO)子系统

ATO 子系统是控制列车自动运行的系统,由车载设备和地面设备组成。在 ATP 系统的保护下,根据 ATS 的指令实现列车运行的自动驾驶、速度的自动调整以及列车开关门的控制。其具体的功能如下:

(1)自动完成对列车的启动、牵引、巡航、惰行和制动的控制,以较高的速度进行追踪运行和折返作业,确保达到设计间隔及旅行速度。

(2)在 ATS 监控范围的入口及各站停车区域(含折返线、停车线)进行车-地通信,将列车有关信息传送至 ATS 系统,以便于 ATS 系统对在线列车进行监控。

(3)控制列车按照运行图进行运行,达到节能及自动调整列车运行的目的。

(4)ATO 自动驾驶时实现车站站台定点停车控制、舒适度控制及节省能源控制。

(5)能根据停车站台的位置及停车精度,自动地对车门进行控制。

(6)与 ATS 和 ATP 结合,实现列车自动驾驶、有人或无人驾驶。

四、实训任务

<table>
<tr><td>实训内容</td><td colspan="3">调研轨道交通信号系统的构成</td></tr>
<tr><td>班级</td><td></td><td>姓名</td><td></td></tr>
<tr><td colspan="4">(1)调研你所在城市某轨道线路交通信号系统的构成及功能，并做记录如下：</td></tr>
<tr><td colspan="4">(2)调研该轨道线路交通信号系统主要设备及作用，并做记录如下：</td></tr>
<tr><td colspan="4">(3)现场所调研的设备分别属于信号系统中的哪些子系统，做好记录如下：</td></tr>
</table>

知识链接

轨道交通信号系统随着微电子技术、计算机技术、通信技术的发展而不断发展。信号系统中，地面与车载设备的安全信息传输方式，大致经历了模拟轨道电路、数字轨道电路和无线通信3个阶段。

1.基于模拟轨道电路的ATC系统

轨道电路是将区间线路划分为若干固定的区段，进行列车占用检查和作为向车载ATC设备传送信息的载体。列车定位是以固定的轨道电路区段为单位，采用模拟轨道电路方式由地面向车载设备传送10~20种信息，列车采用阶梯式速度控制，称之为固定闭塞。

模拟轨道电路在我国应用的代表产品有：从英国西屋引进的FS22500无绝缘轨道电路(北京地铁1号线、13号线)，从美国GRS公司引进的无绝缘数字调幅轨道电路(上海地铁1号线)。从系统整体角度来看，基于模拟轨道电路的ATC系统中各子系统处于分立状态，技术水平明显落后，维修工作量大，制约了列车运行速度和密度的进一步提高，将逐步退出历史舞台。

2.基于数字轨道电路的ATC系统

数字轨道电路采用数字编码方式，地面向车载设备传送十位数字编码信息，列车可实现一次模式曲线式安全防护，缩短了列车运行间隔，提高了舒适度。采用数字轨道电路的ATC系统，列车可实现一次模式曲线式安全防护，因此该轨道电路称之为准移数字轨道电路。在我国应用的代表产品有美国USSI公司的AF2904无绝缘数字轨道电路(上海地铁2号线)，德国西门子公司的FTGS无绝缘数字轨道电路(广州地铁1号线、2号线，南京地铁1号线等)。数字轨道电路的ATC系统采用微电子技术、计算机技术和数字通信技术，延续了轨道电路故障-安全的特点；目前在我国乃至世界范围内开通运用较多，系统的可靠性和稳定性得到了充分的验证。

但是数字轨道电路存在如下缺点：

(1)必须具备很强的抗干扰能力。轨道电路中 ATC 信息电流一般在几十毫安至几百毫安，而列车牵引回流最大可达 4000A。

(2)受轨道电路特性限制，只能实现地面向列车的单向信息传输，信息量也只能到数十比特，限制了 ATC 系统的性能。

3. 基于通信的列车运行控制系统(CBTC)

CBTC 的特点是前、后列车都采用移动定位方式，通过安全数据传输，将前行列车的位置信息安全地传递给后续列车，可实现一次模式曲线式安全防护，并且其防护点能够随前车的移动而实时更新。这就有利于进一步缩小行车间隔，提高运输效率，因此将这种方式称之为移动闭塞。

目前国内主要采用的无线通信的传输方式有 4 种，分别为：

(1)采用沿着轨道方向的无线定向天线，传输距离可以达到 200～400m。

(2)沿着同轴电缆的外部导体周期性或非周期性配置开槽口，信号在该电缆中传输的同时，能把电磁能量的一部分，按要求从特殊开槽口以电磁波的形式放射到周围的外部空间。

(3)波导管是一种双向数据传输的无线信号传输媒介。

(4)感应环线方式是通过轨道铺设交叉感应环线来实现无线通信 。

4 种传输方式的优缺点如表 1-1 所示。

4 种传输方式的优缺点 表 1-1

传输方式	优　点	缺　点
无线 AP 传输	安装简单，施工方便，成本低	无线场强分布不均匀
漏线电缆传输	场强覆盖均匀、适应性强、电磁污染小	成本较高
波导管传输	传输频带宽、传输损耗小、可靠性高、抗干扰能力强	工艺复杂、受环境湿度影响大
感应环线方式	实现列车定位、车－地双向传输	现场日常养护不方便

我国已经开通使用的北京地铁 10 号线、广州地铁 4 号线采用德国西门子公司的 TrainguardMT，用点式 AP 实现无线信息传输。北京地铁 2 号线改造、机场线采用法国阿尔斯通公司的 URBAL ISTM，用波导管和点式 AP 实现无线信息传输。基于点式 AP 无线通信的 CBTC 系统已经成为我国城市轨道交通信号系统选型的主流制式。

课后交流

1. 城市轨道交通信号系统智能化发展主要体现在哪些方面？

2. 简述城市轨道交通信号系统的功能及组成。

3. 什么叫一次故障？什么叫二次故障？故障导向安全原则的技术措施有哪些？

项目二 信号系统基础设备

学习目标

1. 了解城市轨道交通信号基础设备。

2. 掌握各信号基础设备的基本组成、功能作用。

3. 能够根据操作规范完成信号基础设备的维修。

任务描述

1. 工作对象

待安装的信号基础设备包括:继电器、轨道电路、转辙机、信号机、计轴设备以及应答器各一台。

2. 工作内容

(1)领取所需要的工具,做好工作准备。

(2)从继电器开始装起,熟悉信号工作最基础的操作。

(3)按照规定顺序依次安装各信号基础设备。

(4)安装完毕后,检查各基础设备的安放位置是否正确。

3. 工作目标与要求

(1)工作中加强安全意识,注意团队合作。

(2)能按规范的步骤,完成信号基础设备的安装,各零部件安装位置正确。

(3)在工作结束后,做好废料的处理,保持工作环境整洁。

内容结构

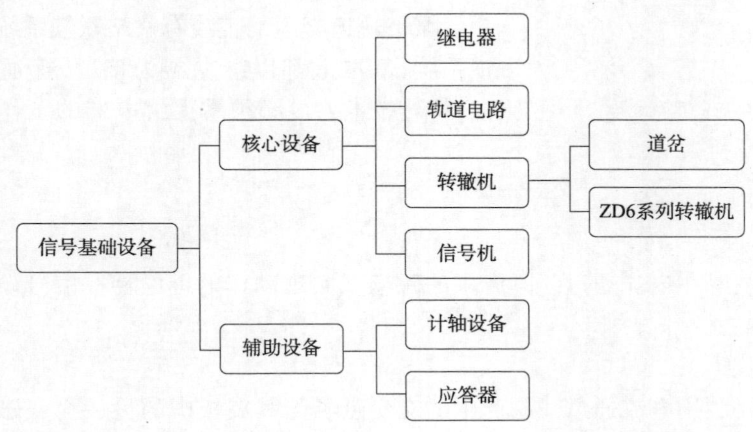

情境设置

小李跟随地铁公司技术人员参加到新线的开通建设当中。他们主要负责信号基础设备的安装及测试工作,这需要小李和组里其他员工一起协同作战,并能够按照要求,根据测试结果,将可能更换的零件名称记下,交给备件部门完成配件的准备工作。

任务一　继　电　器

继电器是一种电磁开关,能以较小的电信号控制执行电路中的大功率设备,是实现自动控制和远程控制的重要设备。

一、继电器的功用(相关教学资源见二维码3)

二维码3

"故障-安全"原则是轨道交通信号设备必须遵循的原则,当系统任何部分发生故障时,应确保系统的输出导向安全状态。随着电子技术的迅速发展,电子器件尤其是计算机以其速度快、体积小、容量大、功能强等技术优势,在相当大程度上逐渐取代继电器构成自动控制和远程控制系统,使技术水准大大提高。但与电子器件相比,继电器仍存在一定优势,尤其是其具有"故障-安全"性能,因此不仅现在,而且在未来一定时期内,继电器在轨道交通信号领域仍将起着重要作用。

二、继电器基本原理

继电器类型有很多,都由电磁系统和触点系统两部分组成。其中,电磁系统主要包括线圈、铁芯以及可动的衔铁等;触点系统由动触点和静触点组成。继电器基本原理,如图2-1所示。

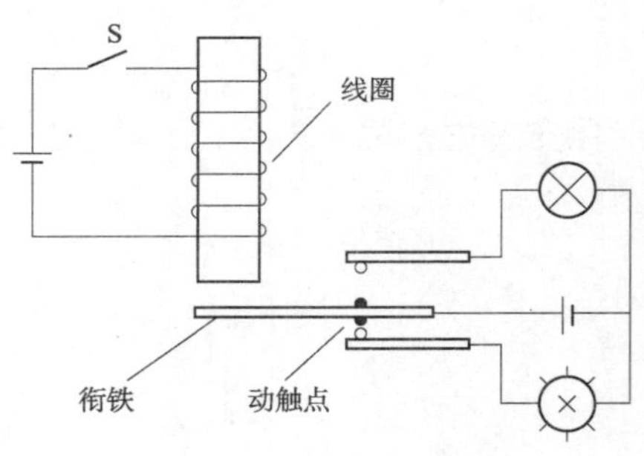

图2-1　继电器基本原理

当线圈中通入规定的电流后,根据电磁原理,线圈中产生磁性,衔铁被吸引;当线圈中没有电流时,衔铁失磁落下。衔铁上的触点称为动触点。随着衔铁的动作,动触点与静触点接通或断开,从而实现对其他设备的控制。

三、继电器的分类

城市轨道交通的正线有岔站联锁系统和停车场的联锁系统,基本上都以继电器为接口,接通控制电路。所以,信号技术人员必须掌握继电器的工作原理及其应用技术。

(一)按动作原理分类

1. 电磁继电器

电磁继电器:利用电流通过线圈产生的磁场来实现动作的继电器。信号设备中使用的大多是这类继电器。

2. 感应继电器

感应继电器:利用电流通过线圈产生的交变磁场与其翼板中的另一交变磁场所感应的电

流相互作用，使翼板转动而动作的继电器。例如，相敏轨道电路所使用的交流二元继电器。

（二）按动作电流分类

1. 直流继电器

直流继电器：由直流电源供电的继电器。大部分信号继电器都是直流继电器，图 2-2 所示为直流继电器实物图。

2. 交流继电器

交流继电器：由交流电源供电的继电器。例如，信号机点灯电路中用于监督信号机是否灭灯的灯丝继电器，用于信号机灯泡主、副灯丝转换的灯丝转换继电器等，图 2-3 所示为交流继电器实物图。

图 2-2　直流继电器

图 2-3　交流继电器

（三）按动作时间分类

1. 正常动作继电器

正常动作继电器：衔铁动作时间 0.1 ~ 0.3s，大部分信号继电器属于此范围。

2. 缓动继电器

缓动继电器：包括缓吸和缓放两种；衔铁动作时间超过 0.3s。图 2-4 所示为 JWXC-H310 型无极缓动继电器；图 2-5 所示为晶体管时间继电器。

图 2-4　JWXC-H310 型无极缓动继电器

图 2-5　晶体管时间继电器

（四）按可靠程度分类

1. 安全型继电器

安全型继电器：依靠自身结构满足系统的安全要求，主要是依靠重力作用释放衔铁。安全型继电器的工作过程，如图 2-6 所示。

当开关 S_1 闭合时，电磁铁通电产生磁性，将衔铁吸下，开关 S 的触点接通，工作电路在有电流通过时，电动机便转动起来。

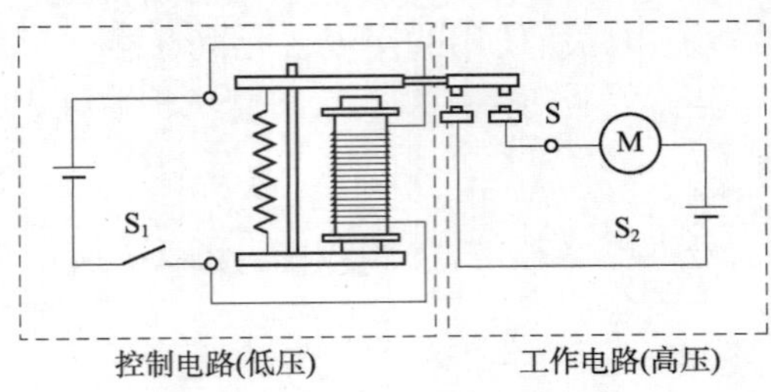

图 2-6　安全型继电器

2. 非安全型继电器

非安全型继电器:断电后依靠弹力保证继电器落下,又称为弹力式继电器。

四、安全型继电器

城市轨道交通信号系统大多使用安全型继电器,以确保设备具有"故障-安全"特性。安全型继电器一般为电磁继电器,可采用直流电,也可采用交流电,根据需要还可使继电器具有缓动功能。继电器构造见二维码 4。

(一)直流无极继电器

二维码 4

我国城市轨道交通信号系统中应用较多的是 AX 系列继电器,其基本结构属于直流无极继电器。

1. 结构

安全型直流无极继电器结构如图 2-7 所示,由直流电磁系统和触点系统两部分构成。

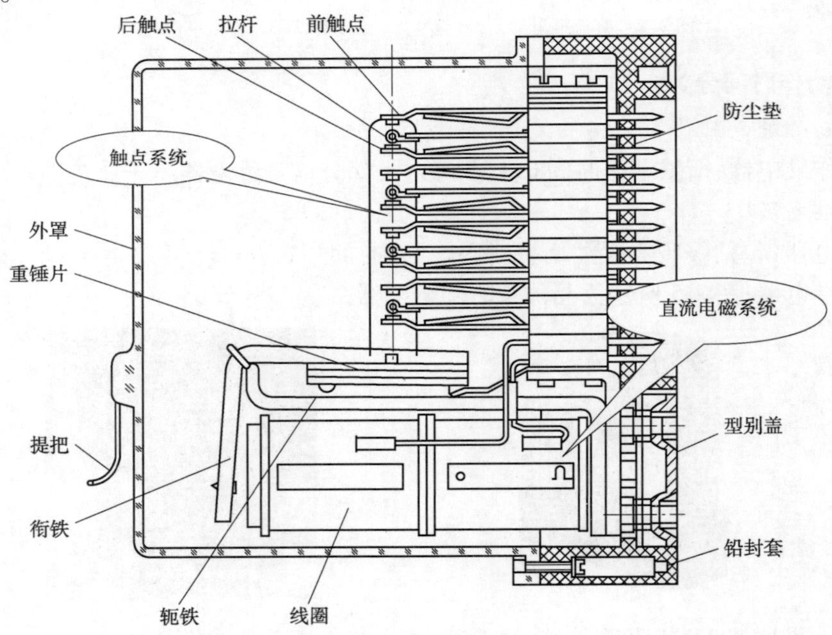

图 2-7　安全型直流无极继电器的结构

2. 工作原理

当线圈通以直流电后,产生磁通,经铁芯、轭铁、衔铁和气隙,形成闭合磁路,使铁芯对衔铁产生吸引力。

当此吸引力增大到足以克服重锤片和拉杆等重力时,就能将衔铁吸向铁芯,于是衔铁带动拉杆推动动触点向上动作,使动触点与前触点闭合,此时称继电器处于励磁状态(又称为吸起状态)。

当线圈中的电流减少或断电时，磁路的磁通随之减少，铁芯对衔铁的吸引力相应减少；当吸引力不足以克服重锤片和拉杆的重力时，衔铁即释放，使动触点与前触点断开并与后触点闭合，此时称继电器处于失磁状态（又称为落下状态）。

这种继电器使用直流电，同时继电器的动作与通入线圈的电流方向无关，故称直流无极继电器。

继电器线圈的图形符号，如表2-1所示；继电器触点的图形符号，如表2-2所示。

继电器线圈的图形符号表(部分)　　表2-1

序号	符　号	名　称	序号	符　号	名　称
1	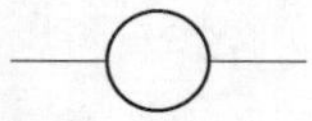	无极继电器	6		有极加强继电器
2	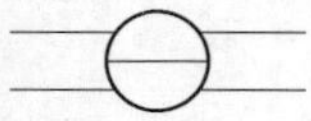	无极继电器(两线圈分接)	7	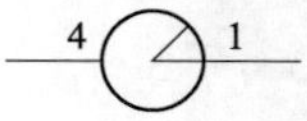 4　1	偏极继电器
3		无极缓放继电器	8	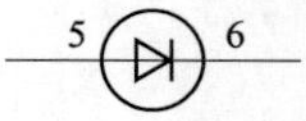 5　6	整流式继电器
4	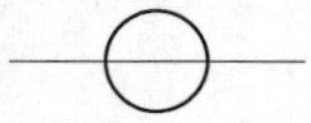	无极加强继电器	9	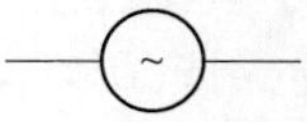 ~	交流继电器
5		有极继电器	10	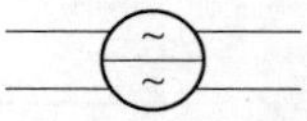 ~ ~	交流二元继电器

继电器触点的图形符号(部分)　　表2-2

序号	符号		名　称
	标准图形	简化图形	
1	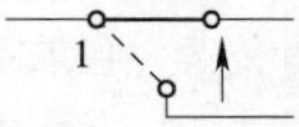 1	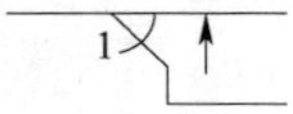 1	前触点闭合、后触点断开
2	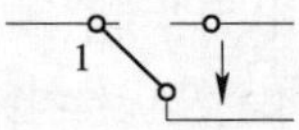 1	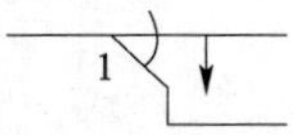 1	前触点断开、后触点闭合
3	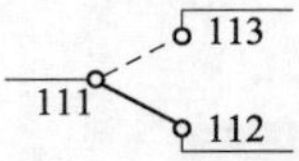 113 111 112	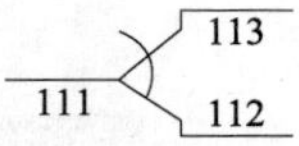 113 111 112	极性继电器触点组定位触点闭合、反位触点断开
4	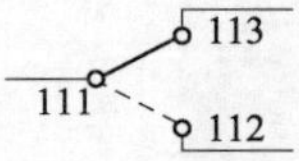 113 111 112	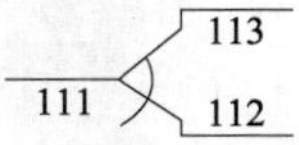 113 111 112	极性继电器触点组定位触点断开、反位触点闭合

继电器有两种状态，即吸起状态和落下状态。

（1）继电器的定位状态应与设备的定位状态相一致。轨道电路以空闲为定位状态。

（2）根据故障-安全原则，继电器的落下状态必须与设备的安全侧相一致。轨道继电器的落下应与轨道的占用相一致。

电路图中,当继电器以吸起为定位状态时,其线圈和触点处均应标记“↑”;当继电器以落下为反位状态时,其线圈和触点处均应标记“↓”。

(二)整流式继电器

整流式继电器应用于交流电路中,其电磁系统、动作原理与直流无极继电器基本相同,它在直流无极继电器的基础上增加整流电路,将交流电源整流后输入继电器线圈。如图 2-8 所示为桥式整流继电器实物图;图 2-9 所示为桥式整流电路图。

图 2-8 桥式整流继电器

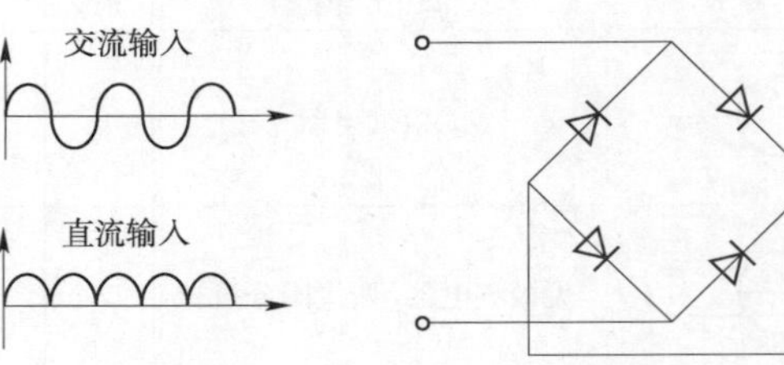

图 2-9 桥式整流电路图

(三)有极继电器

有极继电器根据线圈中电流极性不同而具有定位和反位两种稳定状态。这两种稳定状态在线圈中电流消失后,仍能保持,所以又称为极性保持继电器。

改进型的有极继电器的特点:在电磁系统中增加了永久磁钢。触点系统与直流无极继电器的相同。如图 2-10 所示为极性保持继电器原理图

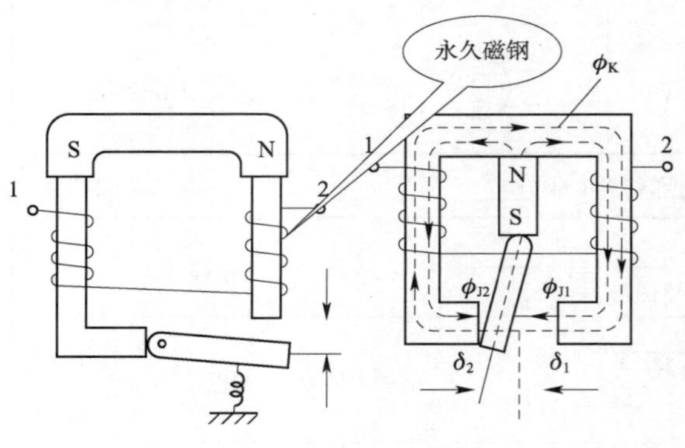

图 2-10 极性保持继电器原理图

(四)偏极继电器

偏极继电器是为了满足信号电路中鉴别电流极性的需要而设计的。其衔铁的吸起与线圈中电流的极性有关,只有通过规定方向的电流时,衔铁才吸起,相反时衔铁不动作;只有一种稳定状态,靠电力吸起,断电后立即落下。

偏极继电器的两组线圈串联使用,接线方式与无极继电器相同。偏极继电器的触点系统与无极继电器完全相同,具有 8 组触点。图 2-11 所示为偏极继电器实物图;图 2-12 所示为偏极与无极继电器实物图。

图 2-11 偏极继电器

图 2-12 偏极与无极继电器

五、继电器常见故障及排除

（一）玻璃绝缘子损伤

玻璃绝缘子是由金属插脚与玻璃烧结而成，在检查、装配、调整、运输、清洗的时候均容易出现插脚弯曲的现象，玻璃绝缘子掉块、开裂会造成漏气并使绝缘及耐压性能下降；插脚转动还会造成接触簧片移位，影响产品可靠通断。因此要求装配的操作人员在继电器生产的整个过程中要轻拿轻放，零部件必须整齐排列，放在传递盒内。装配或调整时，不允许扳动或扭转引出脚。

（二）线圈故障

继电器用的线圈种类繁多，有外包的；也有无外包的。因此线圈必须单件隔开放置在专用的器具中。如果发生碰撞交连，则在分开时会造成断线。在电磁系统铆装时，手扳压床和压力机的压力调整需适中，如果压力太大会造成线圈断线或线圈架开裂、变形、绕组击穿；如果压力太小又会造成绕线的松动，导致磁损增大，多绕组线圈一般都是用颜色不同的引线做头。焊接时，应注意分辨，否则将会造成线圈焊错的情况。有始末端要求的线圈，一般用做标记的方法标明始末端。装配和焊接时应注意始末端，否则会造成继电器极性相反。

实训 2-1　识别继电器的类型及内部结构

一、实训目标

（1）依据外观来区分不同的继电器，掌握继电器名称中相关字母的含义。

（2）正确判断继电器插座的触点编号。

二、实训设备

常见继电器及其插座。

三、实训资料

（一）继电器名称中有关字母的含义

在安全型继电器的铁芯上装有两个线圈，第一个线圈的端子用 1.2 表示，第二个线圈的端子用 3.4 表示。在各种不同的电路图中都必须达到继电器的正常动作电流，以保证其正常工作。常用继电器代号的含义，如表 2-3 所示。

常用继电器代号的含义　　表 2-3

序号	代号	含　义	序号	代号	含　义
1	A	安全	7	P	偏极
2	C	插入	8	Q	动合接点（前接点）
3	D	定位	9	W	无极
4	F	反位	10	X	信号、熄弧
5	H	缓放、动断接点（后接点）	11	Y	有极
6	J	继电器、加强接点、派生序号	12	Z	整流

继电器型号的表示：采用汉字拼音字母和数字表示。字母表示继电器种类；数字表示线圈的阻值。

例如：图 2-13 所示，JWJXC—H $\frac{125}{0.44}$：第一个 J 表示继电器，W 表示无极，第 2 个 J 表示加强触点，X 表示信号，C 表示插入式，H 表示缓放，125 表示继电器前圈电阻为 125Ω，0.44 表示继电器后圈电阻为 0.44Ω。当两线圈阻值相同时，用两者之和表示。

（二）继电器插座的触点编号

继电器插座插孔旁标注的触点编号是直流无极继电器的触点编号，如 2-14 图所示。其他类型继电器的触点系统的位置及编号与之不同，使用时需参考有关资料对照使用。

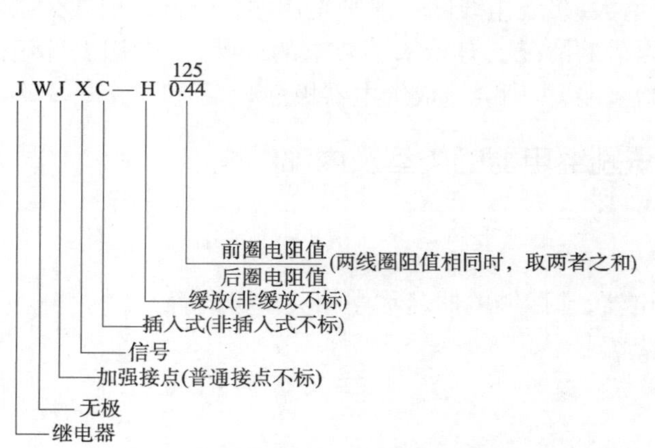

图 2-13　继电器型号表示法

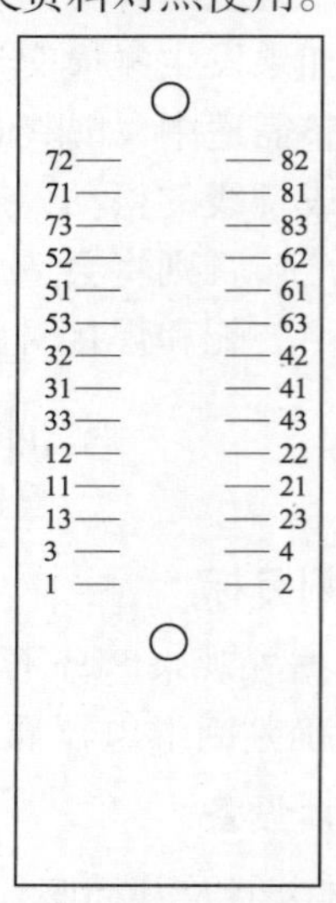

图 2-14　继电器插座示意图

（三）继电器的鉴别孔和继电器插座鉴别销

安全型继电器有多种类型，为防止不同类型的继电器错误插接，在继电器插座下部铆以鉴别销。不同类型的继电器，根据规定在型别盖上钻出鉴别孔，对应相应插座的鉴别销。

四、实训任务

实训内容	识别继电器的类型及内部结构		
班级		姓名	
（1）请识别下列继电器的类型： a)　b)　c)			

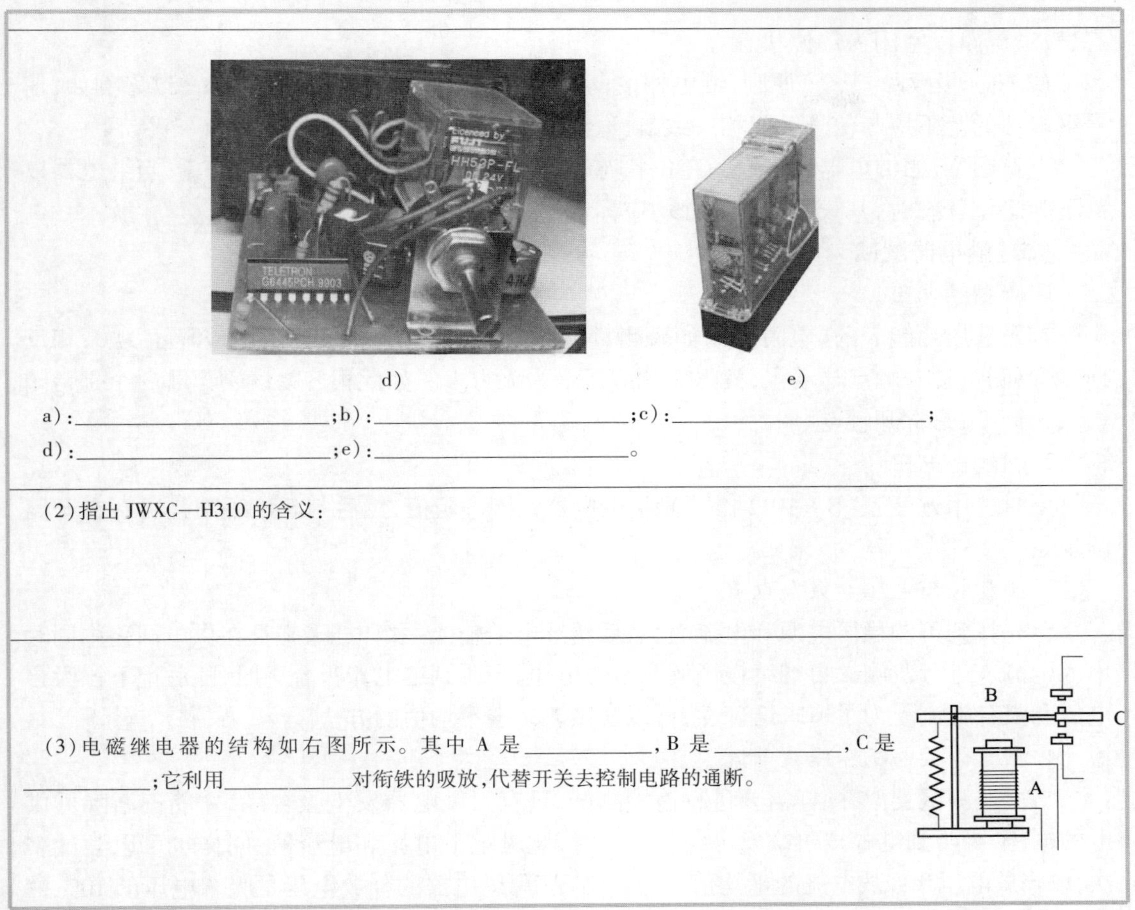

d)　　　　e)

a)：______________；b)：______________；c)：______________；
d)：______________；e)：______________。

(2)指出 JWXC—H310 的含义：

(3)电磁继电器的结构如右图所示。其中 A 是__________，B 是__________，C 是__________；它利用__________对衔铁的吸放，代替开关去控制电路的通断。

实训 2-2　测量继电器性能参数

一、实训目标

(1)掌握继电器的应用。

(2)区分不同继电器的电气特性。

二、实训设备

常用继电器、导线、电烙铁、电源、灯泡、开关、焊锡等。

三、实训资料

(一)继电器状态

继电器有两种状态，即吸起状态和落下状态。电路图中继电器所标注的状态称为定位状态。在信号系统中，应遵循以下原则规定定位状态。

(1)继电器的定位状态应与设备的定位状态相一致。例如，一般信号机以关闭为定位状态，轨道电路以空闲为定位状态。

（2）根据“故障-安全”原则，继电器的落下状态必须与设备的安全侧相一致。例如，信号继电器的落下应与信号关闭相一致，轨道继电器的落下应与轨道的占用相一致。

电路图中，当继电器以吸起为定位状态时，其线圈和触点处均应标记“↑”；当继电器以落下为定位状态时，其线圈和触点处均应标记“↓”。

（二）继电器测试

1. 测触点电阻

首先选用万能表的“电阻挡”，如果测量常闭触点与动点电阻，其阻值应显示为0；相反地，如果测量常开触点与动点，其阻值就应显示为无穷大。如此很容易区别出哪一个是常闭触点，哪一个是常开触点。

2. 测线圈电阻

此时选用万能表“R×10Ω 挡”，测量继电器线圈的阻值，然后判断该线圈是否存在开路的现象。

3. 测量吸合电压和吸合电流

首先找到可调稳压电源和电流表，然后给继电器输入一组电压，并且在供电回路中同时串入电流表进行监测。再继续慢慢调高电源电压，当听到继电器吸合声时，随后记下该吸合电压和吸合电流。为了追求准确性，可以尝试多次求平均值的方法。

4. 测量释放电压和释放电流

与上述测试类似，同样需要进行连接测试，只有当继电器发生吸合后，才能逐渐降低供电的电压，当听到继电器再次发出释放声音时，此时记下电压和电流值，同样也可以尝试多次，取释放电压和释放电流的平均值。通常情况下，继电器的释放电压是吸合电压的10%～50%；假如释放电压太小（小于10%的吸合电压），则无法正常使用，这会对电路的稳定性造成相当大的威胁，可靠性大大降低。

四、实训任务

<table>
<tr><td>实训内容</td><td colspan="3">测量继电器性能参数</td></tr>
<tr><td>班级</td><td></td><td>姓名</td><td></td></tr>
<tr><td colspan="4">（1）根据所提供设备画出继电器电路，实现利用开关控制继电器。</td></tr>
<tr><td colspan="4">（2）根据提供设备制作继电器电路，实现利用继电器触点控制灯泡状态，并记录制作过程。</td></tr>
</table>

实训2-3　更换继电器

一、实训目标

（1）掌握继电器的应用。

（2）区分不同继电器的电气特性。

二、实训设备

常用继电器、导线、电烙铁、电源、灯泡、开关、焊锡。

三、实训资料

继电器更换步骤：

（1）更换前要确定好继电器的类型，检查出厂日期，鉴别板是否正确，整流式继电器二极管有无损坏，接点是否完整良好；还要进行外观检查，并测试线圈有无断线、混线现象。

（2）确认更换继电器时的影响范围，然后登记要点，写清起止时间、影响范围，断电后方可工作。

（3）更换过程中要检查插座有无破损，插片有无弯曲、弹性，鉴别销是否齐全。

（4）更换后，检查是否严密无缝、继电器是否倾斜，挂好安全钩，试验动作情况，测量电压是否符合标准要求。对于整流式继电器，要测试交、直流电压比。

四、实训任务

实训内容	更换继电器		
班级		姓名	
利用工具将废弃的继电器换下，将新的继电器装上，注意采用正确的测试及安装方法并写出操作流程。			

任务二　轨 道 电 路

轨道电路是轨道交通信号系统的重要基础设备。通过利用钢轨线路和钢轨绝缘构成的电路，监督线路的占用情况；同时将列车运行与信号显示联系起来，向列车传递行车信息。轨道电路的性能直接影响行车安全和运输效率。

一、轨道电路的组成

如图 2-15 所示，轨道电路是以钢轨作为导体，两端加上机械绝缘（或电气绝缘），接上送电和受电设备等构成的电路。

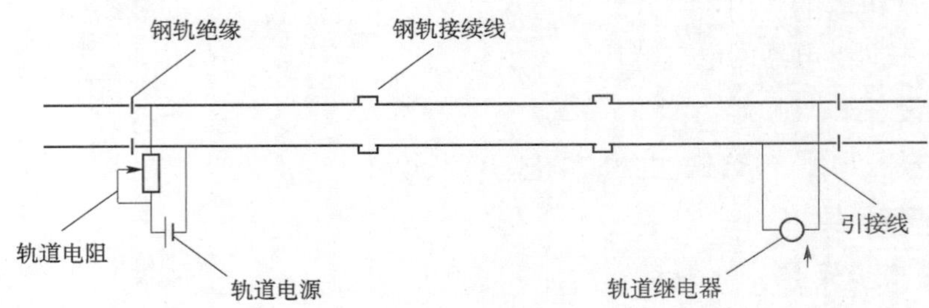

图 2-15　轨道电路组成示意图

钢轨是指两条直线形呈平行分布的，安装在轨枕或路基之上的由钢铁材料制成的金属构筑物。钢轨的主要功能是承受车轮重压及磨损，将车轮重压分散置钢轨下的轨枕，引导列车的运行方向。

钢轨绝缘（见图 2-16 和图 2-17）安装在相邻两个轨道电路衔接处，以保证相邻轨道电路在电气上的可靠隔离。城市轨道交通的正线多采用无缝线路，需要使用由电子电路构成电气绝缘（又称为调谐区）来分隔相邻轨道电路。

图 2-16　轨道绝缘节

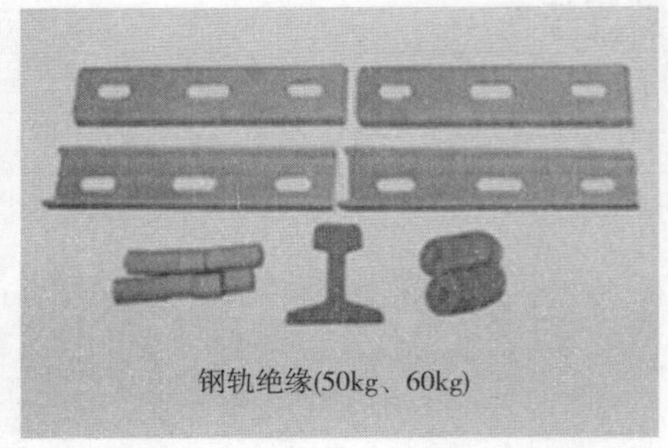

图 2-17　钢轨绝缘（50kg、60kg）

轨道电路的送电设备可以是电源，用于向轨道电路供电；也可以是能够发送一定信息的电子设备，通过轨道电路向列车传递行车信息。

BG 型轨道变压器主要用于轨道电路供电，其一次侧为 220V，二次侧依据所连接的端子不同，可以获得各种不同的电压值：0.45 ~ 10.80V。

轨道电路的受电设备（见图 2-18）可以是轨道继电器（见图 2-19），用于反映轨道电路范围内有无列车、车辆占用和钢轨是否完整；当轨道电路中包含控制信息时，轨道电路的受电设备也可以是能够接收并鉴别电流特性的电子设备，能够根据接收到的不同特性的电流，令有关继电器动作。

二维码 5

二、轨道电路的基本原理（相关教学资源见二维码 5）

轨道电路的送电设备设在送电端，由轨道电源变压器、限流电阻 R 等组成。限流电阻的作用是保护电源,使电源不会出现因过负荷而损坏;同时提高轨道电路监督列车的灵敏度,可以确保列车占用轨道电路时,轨道继电器可以立即落下。接收设备在受电端,由它来接收轨道电路的信号电流。

图 2-18　受电设备

图 2-19　继电器

当轨道电路设备完好,又没有列车、车辆占用时,轨道电流从电源正极经钢轨、轨道继电器线圈回到负极而构成回路,继电器处于吸起状态,表示轨道区段内无车占用。此状态称为轨道电路的调整状态。

当轨道区段内有列车、车辆占用时,因为车辆的轮对电阻比轨道继电器线圈电阻小得多,所以轨道电路被轮对分路,这时流经继电器线圈的电流很小,不足以使衔铁保持吸起,继电器失磁落下,表示该区段有车占用。此状态称为轨道电路的分路状态。

当轨道区段内发生断轨或断线等故障时,流经继电器线圈的电流中断,使继电器失磁落下。此状态称为轨道电路的断轨状态。

三、轨道电路的作用

(一)监督列车占用

利用轨道电路监督列车在正线或列车及车辆在车辆段等线路的占用状态。

轨道电路反映有关线路空闲时,为开放信号、建立进路、构成闭塞提供依据;轨道电路被占用时,用于实现控制有关信号机的自动关闭,实现信号系统的自动控制。

(二)传输行车信息

在正线上,根据列车的不同位置,有关闭塞分区的轨道电路传输不同的控制信息,实现对追踪列车的控制。带有编码信息的轨道电路是城市轨道交通信号系统车-地之间信息传输的通道之一。

例如数字编码式音频轨道电路中传输的行车信息,为 ATP 系统直接提供控制列车运行所需的前行列车位置、运行前方信号状态、线路条件等信息,以确定列车运行的目标速度,控制列车在当前运行速度下是否减速或停车。

四、轨道电路的分类

轨道电路有较多种类,也有多种分类方法。按传输电流特性分为工频连续式轨道电路、音频数字轨道电路;按绝缘性质分为有绝缘轨道电路、无绝缘轨道电路;按使用区域分为区间轨道电路、车辆段内轨道电路;按是否含道岔分为无岔区段轨道电路、道岔区段轨道电路。下面以两种典型的轨道电路为例进一步加以说明。

(一)交流工频轨道电路

用于城市轨道交通的交流工频轨道电路有50Hz相敏轨道电路(有继电式和微电子式,其中不注明时即指继电式)、PF轨道电路,只有监督列车占用的功能,不能传输其他信息。下面以50Hz相敏轨道电路为例介绍交流工频轨道电路,其结构如图2-20所示。

图2-20　50Hz相敏交流工频轨道电路

1. 组成

(1)送电端:一般安装在室外变压器箱内,包括BG_5-D型轨道变压器、R-2.2/220型变阻器、熔断器。轨道电源从室内通过电缆送至送电端。

(2)受电端:它包括安装在室外变压器箱内的BZ-D型中继变压器、R-2.2/220型变阻器、熔断器;安装在室内组合架上的电容器、防雷元件、交流二元继电器等。

(3)钢轨绝缘:设置于轨道电路分界处,用于隔离相邻的轨道电路。

(4)接续线和引接线:接续线用于连接相邻钢轨;引接线用于将变压器箱或电缆盒接向钢轨。

(5)回流线:连接相邻的不同侧钢轨,为牵引回流提供越过钢轨绝缘节的通路。

2. 工作原理

电源屏分别提供50Hz轨道电源和局部电源。送电端轨道电源GJZ_{220}、GJF_{220}经轨道变压器降压后送至钢轨。在受电端,钢轨电压经中继变压器升压后送至轨道继电器的轨道线圈3-4端子。轨道继电器的局部线圈1-2接局部电源GJZ_{220}、GJF_{220}。

当轨道继电器RGJ的轨道线圈和局部线圈电源满足规定的相位和频率要求时,轨道电路处于调整状态,RGJ吸起,表示轨道区段空闲。列车占用使轨道区段处于分路状态时,RGJ落下。当轨道电源和局部电源频率、相位不符合时,RGJ落下。交流二元继电器的特性使50Hz相敏轨道电路具有相位鉴别能力,即相敏特性,因此其抗干扰性能高。

(二)数字轨道电路

数字轨道电路所传输的轨道信号内包含数字信息,例如列车运行方向、目标距离、目标速度等,能够为车载ATP设备提供控制信息。下面以音频数字轨道电路为例介绍数字轨道电路。

音频数字轨道电路是联锁逻辑处理单元和车载设备之间的通信接口,可实现正线区段轨道电路占用检测以及地对车的 ATP 数字信号传输的双重功能。

1. 组成

(1)轨旁设备:它由轨道耦合单元、棒线和耦合环线 3 部分组成,在轨道之间或者沿轨旁安装,采用互耦方式,如图 2-21 所示。轨道耦合单元,将轨道信号连接到控制机箱的接收和发送电路,并调谐轨道电路的载频频率。每个耦合电路由变压器和可调电容组成槽路。

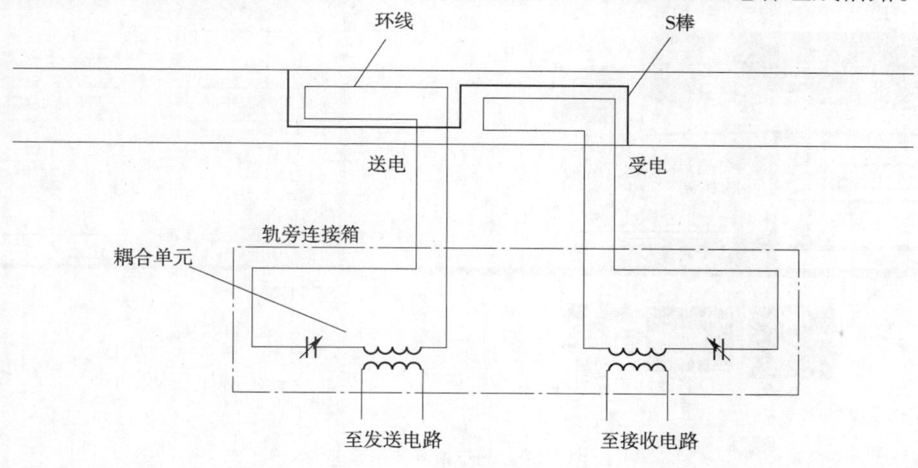

图 2-21 音频数字轨道电路

棒线置于两钢轨之间,端点焊接于钢轨上,形成“S”形棒线。一匝导线构成的环线与“S棒”耦合,并与室内控制柜的辅助板相连。发送的轨道信号电流通过棒线感应到钢轨,由列车车载设备接收。

(2)室内设备:它主要是安装在室内控制柜内的控制机箱,如图 2-22 所示。每个机箱内包括多个 PCB 电路板;每个轨道电路包括控制板、辅助板、电源板。

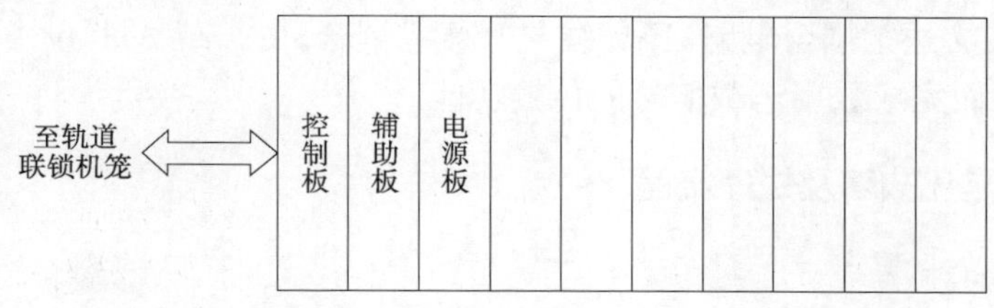

图 2-22 控制机箱

控制板产生具有 ATP 功能的数字编码信息;辅助板将控制板产生的信息放大发送至室外,并接收来自轨道的信息;电源板产生控制板和辅助板工作所需的电源。

2. 工作原理

(1)对列车的检测。音频系统不间断地向轨道发送数字编码信息,并监视其接收器感应到的信号,从而对列车占用情况进行检测。利用音频信息的标题位(前 8 位)作为列车检测的信号,固定为 01111110。发送端通过耦合单元发送信号至钢轨,接收端由轨道接收器检测该信号,并设置门限值。如图 2-23 所示。

当轨道电路空闲时,被检测到的信号幅度在门限值以上;当列车进入轨道电路,所接收到的信号被分路，其幅度降至门限值以下，表示轨道电路被占用；由于其他原因造成轨道电路短路、断路时，如路基潮湿，也会使接收到的信号低于预定的阈值，或者生成错误的轨道 ID 号。

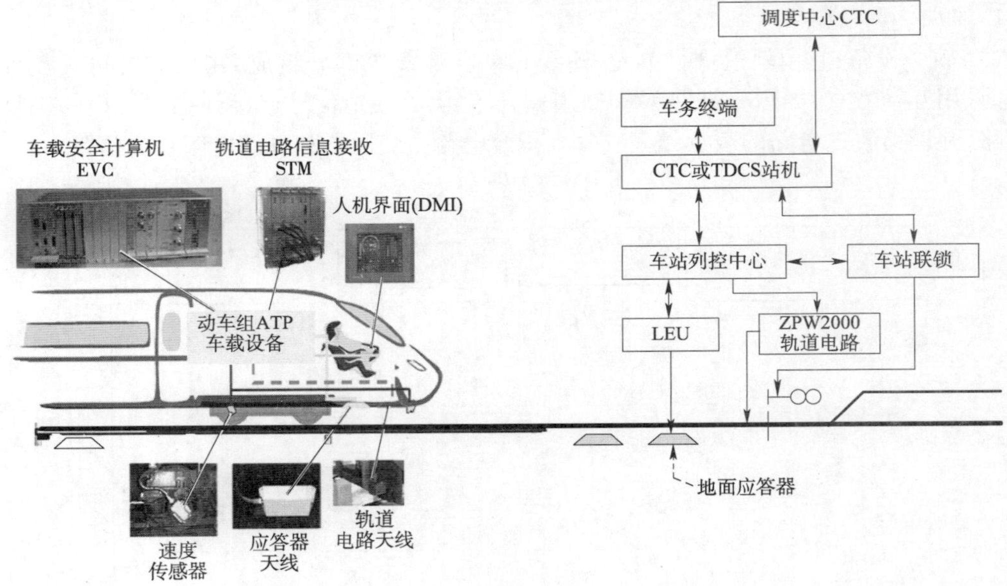

图 2-23 列车检测工作原理

按照“故障-安全”原则，被检测到的信号幅度在门限值以上时，AF-904 控制板向联锁单元传递“空闲”信息，在门限值以下时，则向联锁单元传递“占用”信息，通过这种方式来完成列车检测功能。

(2) 发送 ATP 信息。音频系统与联锁系统之间通过 RS485 接口进行通信。音频系统接收来自联锁系统的信息，例如目标速度、目标距离等，再加上本轨道区段信息，如轨道电路 ID 号、线路速度等，构成复合信息。辅助板将复合信息形成的报文帧，结合机笼后面的方向继电器以 FSK 调制方式将报文送至耦合电路，经环线与“S 棒”耦合，由车载 ATP 设备接收、解码、校验，执行 ATP 功能，从而完成数字车载信号的传输功能。

五、轨道电路常见故障及处理流程

(一) 分路不良

轨道区段有车占用时，有关轨道继电器不落下，控制台或显示器相对应的区段不显示红色光带。分路不良对车站作业的影响主要体现在安全方面，由于不能利用轨道继电器检查出轨道区段有车占用，有可能造成安全隐患。

(1) 当线路出现分路不良的现象时，列车行驶至该区段后，轨道电路不显示红光带，在车站计算机或调度终端不能监控列车的运行状态，系统不能检测到该段轨道电路被列车占用。

(2) 当后续列车接近有列车占用且出现轨道电路分路不良的区段时，列车检测不到前方轨道有列车占用，不会减速停车，极易造成列车追尾事故的发生。

(3) 若分路不良的区段为岔区，当后续列车接近时，系统将自动扳动道岔，排列进路，造成道岔上的列车脱轨或颠覆。

因此，发现分路不良问题后，必须及时报告相关部门，严格执行有关要求，认真确认列车位置，锁闭有关道岔，确保列车运行和调车作业安全。分路不良同样也会影响作业效率。由于不能可靠地分路有关轨道区段，会造成列车进出车辆段过程中，进路不能正常解锁，控制台上遗留有“白光带”，需人工操作才能解锁有关区段；在区间，会造成车次号丢失，通过车站计算机或调度终端上能监控列车的运行状态。

(二)红光带

造成这种故障的主要原因有轨道电路送电电压低、道床潮湿肮脏使得漏泄电流大、轨道电路有断线或断轨情况等。显示“红光带”的区段相当于有列车占用，因此发生“红光带”故障主要影响车站及区间的行车效率，部分行车安全需依靠人工保障，有关工作人员必须严格执行非正常情况下的作业办法。

(1)将故障地点和故障现象通知信号维修人员，并及时联系，确认故障原因及恢复时间。

(2)列车司机在行车调度员的授权下，及时转换驾驶模式，确保列车运行安全。

(3)车站有关工作人员按照行车调度员指示，及时转换道岔，开放信号。

故障修复后，应及时通知受影响的车站和有关在线列车司机及时恢复正常运行模式。

实训2-4　相敏轨道电路设备检修

一、实训目标

熟悉轨道电路室内外各部件组成，并掌握其检修方法。

二、实训设备

常用检测信号设备等专业工具。

三、实训资料

(一)室内部分

1. WXJ-50II 室内设备及报警检测设备检修

观察报警盒缩写为(BJH)：各路主、副设备工作状态，正常显示为绿色灯光。检修要求各 TFQ 和 WXJ 无异常，并正确显示。

2. 测试

(1)测试各路 GJZ、GJF 电压，标准：(220 ±6)V AC。

(2)测试各 WXJ 电源电压，标准：(24 ±3.6)V DC。

(3)测试轨道局部电源电压，标准：(110 ±3)V AC。

(4)测试各轨道输入电压，将测试盘开关调至测试位，同时打开选择被测轨道开关，标准：16 ~ 18V AC。

(5)测试各轨道继电器端电压，标准：12.5V ≤ GJ ≤ 20.9V。

(6)测试各轨道相位失调角，标准：$\beta \leq \pm 20°$。

(7)断电清扫、通电复测，测试完成后，切断轨道电源，清扫设备。

断电先后顺序：先断开各架轨道保险，然后切断开关柜的相关空气开关。开关柜停电后，应悬挂安全标志牌，并用仪表复测各路电源，以确保人身安全。

将各机架、各分层设备外表配线及走线槽清扫干净，标准是：设备整齐清洁、无尘；标识清楚。

送电顺序：待清扫完设备，除湿晾干15min后，方可送电；送电顺序与停电顺序相反。

送电后复测测试资料，标准与测试记录一致。

（二）室外部分

1. WXJ-50II 室外设备及轨道传输线检修

（1）检查室外设备及信号传输线路，标准：设备器材无严重损坏，传输线路完整，各种轨道连接线断股不超过1/10。

（2）测试调整：开启轨道变压器 BG5-B、BZ-B 箱盒。JNQ-B 节能器一次侧电压不小于190～220V AC；BG5-B 二次侧电压为6.3～10.7V AC；BZ-B 二次侧电压为3～5V AC。

（3）紧固、清扫。这项工作应该在断电后进行，将熔断器 RD1、RD2、RD3 断开后，将带电端子进行安全防护。标准：接线盒外观无损坏，线缆出入口密封良好；各端子螺母紧固，垫圈备帽齐全；配线及电缆绑扎整齐，线头无损伤，单股不反劲，线脖长不超过2mm，各处无异常。

2. WXJ-50II 轨道电路分路测试

用轨道标准分路电阻0.15Ω分路线，在轨道电路发送端、中间点、接收端3点作轨道分路时，室内轨道继电器落下，室内轨道电路残压值10V AC。

四、实训任务

实训内容	轨道电路维检修		
班级		姓名	

1. 按照如下步骤，进行轨道电路室外设备维护，并做好记录。

（1）轨道接续线应双套化，塞钉打入深度与轨腰平，露出部分不超过5mm，塞钉与塞钉孔紧密接触，并涂漆封闭。

（2）钢轨连接线应密贴在接头夹板（鱼尾板）上，线条不弯曲，外观要做到平、紧、直。

（3）焊接式接续线要焊接牢固，焊接接头的上端端头应低于新轨轨面11mm，与接头夹板固定螺母竖向中心线的间距不得小于10mm。

（4）钢绞线应润滑无锈，断股不得超过1/5。

（5）道岔跳线和箱盒引接线双套固定良好，润滑无锈蚀，断股不得超过1/5。

（6）对道岔跳线和箱盒引接线，采用涂机油的方法来防锈。

（7）引接线与变压器箱、电缆盒应连接紧固，不得有松动现象；绝缘片、绝缘管应完整无破损，保证绝缘良好；引接线的裸线部分不得与箱、盒金属体接触。

（8）引接线距轨底不应小于30mm，不得有防爬器和轨距杆等可能造成短路的金属部件。

（9）检查道岔跳线、钢轨引接线是否埋在沙土里，防止日久腐烂、断线造成轨道电路故障。

2. 按照如下步骤做好箱盒外部维护，并做好记录。

（1）箱盒无破损，号码正确、清楚，加锁装置良好。

（2）基础倾斜不超过10mm，箱盒底距地面不小于150mm，排水良好。

（3）对各部位螺栓进行油润、紧固。

（4）地面硬化处理，整洁无杂物。

3. 按照如下步骤做好轨道绝缘维护，并做好记录。

（1）钢轨绝缘应做到钢轨、槽形绝缘，接头夹板相吻合，轨端绝缘应与钢轨接头保持平直；塞钉、扣件不得接触接头夹板。

（2）装有钢轨绝缘处的轨缝应保持在6～10mm，两钢轨头保持水平，高低相差不大于2mm，在钢轨绝缘处的轨枕保持紧固，高强螺栓扭力达标。

（3）进行转辙机安装装置绝缘、轨距杆绝缘、尖端杆绝缘外观检查，要求安装良好，清洁无破损，各部螺栓紧固。

（4）钢轨绝缘阻值不小于1000Ω，安装装置绝缘阻值不小于200Ω，站内轨距杆绝缘阻值不小于200Ω，站外轨距杆绝缘阻值不小于600Ω。

4. 按照如下步骤做好箱盒内部检查，并做好记录。

（1）铭牌正确、齐全，字迹清楚，防尘、防潮设施完好。

（2）各部螺栓紧固，垫片、备帽、套管齐全，无破皮及混线，焊点焊接良好。

（3）器材选型正确，安装牢固，不超期使用；不过热，不破损，印封完整，防震装置作用良好；电缆引入口采用灌胶防护，电缆不下沉。

（4）熔断器容量符合标准，安装牢固。

（5）限流电阻辅助线、辅助片作用良好，阻值符合规定（道岔区段送电端不小于2Ω，股道不小于1Ω）。

（6）箱盒内清洁，无灰尘、霉痕，油漆无严重脱落。

（7）箱盒内图纸准确。

任务三　转　辙　机

转辙机是道岔的转换装置，对于保证行车安全、提高行车效率具有非常重要的作用。

一、道岔

（一）道岔的组成

道岔通常由转辙部分、连接部分和辙叉部分组成，如图2-24所示。

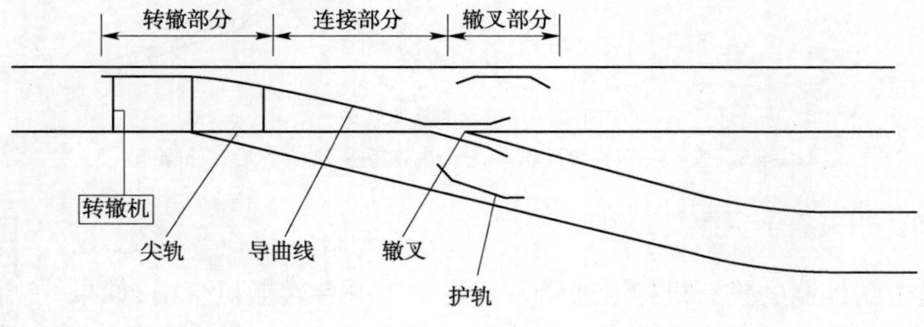

图2-24　道岔的组成

1. 转辙部分

转辙部分由尖轨、基本轨、连接零件（包括连接杆、滑床板、垫板、轨撑、顶铁、尖轨跟端结构等）及转辙机组成，如图2-25所示。

图 2-25 道岔的转辙部分

2. 连接部分

连接部分由导轨、基本轨组成，将转辙部分和辙叉部分连成一组完整的道岔。

3. 辙叉部分

辙叉部分由辙叉心、翼轨、护轨等组成。

（二）道岔的具体结构

如图 2-26 所示，道岔有两根可以移动的尖轨，尖轨的外侧是两根固定的基本轨；与尖轨和基本轨相连接的是四根合拢轨，其中两根合拢轨是直的，两根合拢轨是弯的，两根内侧合拢轨相连的是辙叉，有两根翼轨，一个岔心，两根护轮轨，护轮轨是为了固定车轮运行方向的。

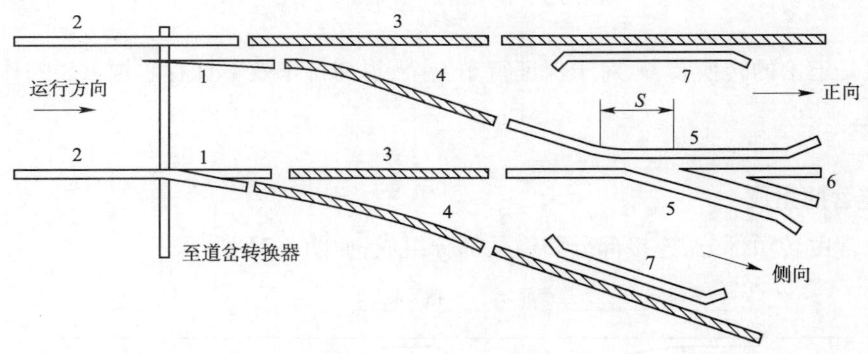

图 2-26 道岔的具体结构

1-尖轨；2-基本轨；3-直合拢轨；4-弯合拢轨；5-翼轨；6-岔心；7-护轮轨

二、转辙机（相关教学资源见二维码 6）

二维码 6

转辙机是道岔控制的执行机构。通常一组道岔由一台转辙机牵引，如果正线采用 9 号 AT 道岔，尖轨部分就需要两台转辙机牵引。

（一）转辙机的作用

在集中联锁设备中，转辙机的作用是接收到命令后带动道岔转换。道岔有两根可以移动的尖轨，一根密贴于基本轨，另一根尖轨离开，可以同时改变两根尖

轨的位置,使原来密贴的分离,而原来分离的密贴,可见道岔有两个可以改变的位置。转辙机的作用具体如下:

(1)转换道岔位置。根据需要定位和反位,要求具有足够大的拉力,可带动尖轨往返运动;当尖轨受阻不能运动到底时,应随机通过操纵使尖轨回复原位。

(2)道岔转换至规定位置而且密贴后,实现锁闭。当尖轨和基本轨不密贴时,不应锁闭。一旦锁闭,应保证不致因车辆通过振动而解锁。

(3)正确地反映道岔的实际位置。道岔的尖轨贴于基本轨后,正确地给出相应的表示。

(4)道岔被挤或因故处于"四开"(两侧尖轨均不密贴)位置时,及时报警或表示,在道岔被挤未修复前,不应再使道岔转换。

(二)转辙机的操纵和锁闭

1. 操纵方式

转辙机有电动转换和人工转换两种方式。设备正常时,操作人员利用控制台(或显示器)上的有关按钮进行集中操纵。停电、转辙机故障以及有关轨道电路故障时,只能使用手摇方式转换道岔。

采用手摇方式转换道岔时,首先要用钥匙打开转辙机的遮断器盖,将手摇把插孔露出,随后插入手摇把,按照一定方向摇动规定圈数,使道岔转换至所需的位置。转换完毕后,将手摇把抽出,但由于此时安全触点断开,所以转辙机电路也处于断开状态,此时必须打开机盖,合上安全触点,转辙机的电路才能恢复正常。

多动道岔或多台转辙机牵引的道岔,必须摇动各台转辙机使道岔至所需位置。它们在集中操纵时是联动的,但手摇转换时必须一一摇动。

转辙机与道岔,如图 2-27 所示。

图 2-27　转辙机与道岔

2. 锁闭方式

对道岔实施锁闭是指通过机械及电气方式将列车正在经过的,或已发出指令允许列车经过(例如办理好进路)的道岔进行固定,以防止道岔的错误转换。

锁闭道岔的方式有两种:机械锁闭和电气锁闭。

机械锁闭:当道岔转换到指定位置后,利用转辙机的内锁闭或外锁闭装置自动实现的,用来保证列车运行时尖轨与基本轨保持密贴。当设备故障时,则需利用钩锁器等设备对道岔尖轨实施锁闭,从而确保行车安全。

电气锁闭:利用继电器触点等来断开转辙机电路,从而确保列车占用或已发出指令允许列车经过时,不会由于误操作导致道岔的转换。

三、几种典型的电动转辙机

电动转辙机是铁路系统轨道转换装置的终端执行机构,它是以电机为动力,通过转辙机内部电机与齿轮、齿条块等部件的相互配合联动,由动作杆带动尖轨移动,完成对铁路道岔的牵引,从而改变铁路道岔的开通方向。同时在道岔变位并与基本轨密贴后,通过表示杆和转辙机内部部件相互配合接通相应的表示回路,反映道岔的位置状态。

轨道交通中,目前主要使用的转辙机有 ZD6 型电动转辙机、ZDJ9 型电动转辙机和 S700K 型电动转辙机。

(一)ZD6 型电动转辙机(相关教学资源见二维码 7)

ZD6 型电动转辙机结构,如图 2-28 所示;其俯视图,如图 2-29 所示。

二维码 7

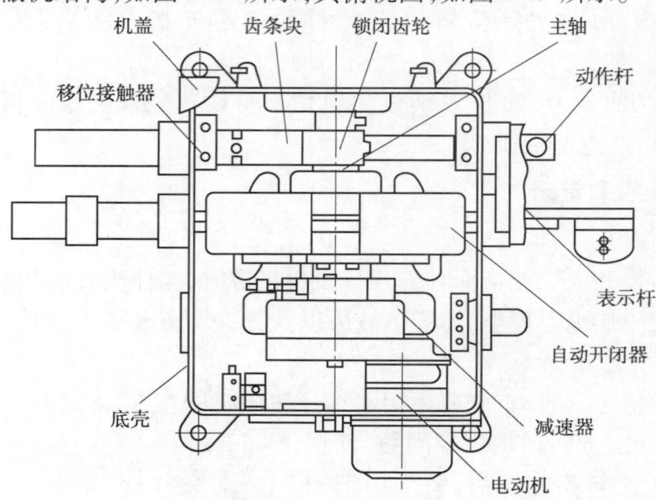

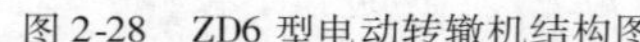
图 2-28　ZD6 型电动转辙机结构图

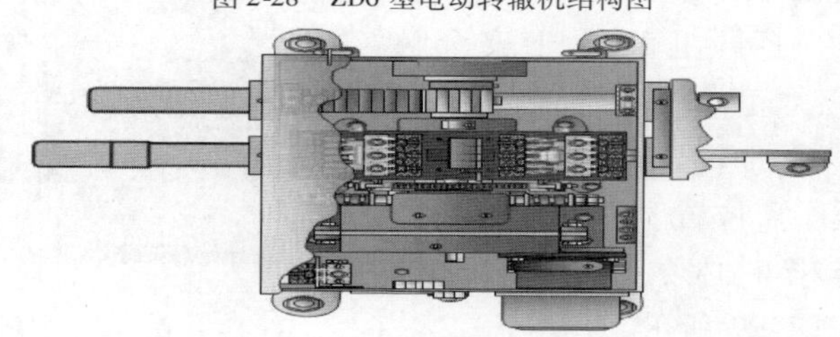

图 2-29　ZD6 电动转辙机俯视图

ZD6 型电动转辙机由电动机、减速器、摩擦联结器、主轴、动作杆、表示杆、移位接触器、自动开闭器、安全接点(遮断开关)、外壳等零部件组成。

电动机旋转,然后通过齿轮带动减速器旋转,输出轴是通过启动片来带动主轴旋转的。锁闭齿轮则是随着主轴逆时针方向旋转,拨动齿条块,可以使动作杆带动道岔尖轨运动,并实现锁闭。转换的过程中,可以通过自动开闭器接点的动作来完成表示电路的接通或断开。

(二)ZDJ9 型电动转辙机(相关教学资源见二维码 8)

ZDJ9 型电动转辙机是交流转辙机,主要由电动机、减速器、摩擦联结器、滚柱丝杠、推板套、动作杆、锁块、锁闭铁、接点座组、动作杆、锁闭杆(表示杆)等零部件组成。ZDJ9 电动转辙机室外安装图,如图 2-30 所示;ZDJ9 电动转辙机俯视图,如图 2-31 所示。

二维码 8

电机上装有减速器,电机的驱动力矩经减速器减速后传动摩擦联结器,摩擦联结器内两面烧结有铜基摩擦材料的内摩擦片，通过花键传动滚珠丝杠副的滚珠丝杠，可以将旋转运动转换成为滚珠丝杠母的直线运动。在滚珠丝杠母外套有推板套，推动动作杆上的锁块，在锁闭铁的作用下，完成了转辙机的解锁、转换和锁闭等过程。

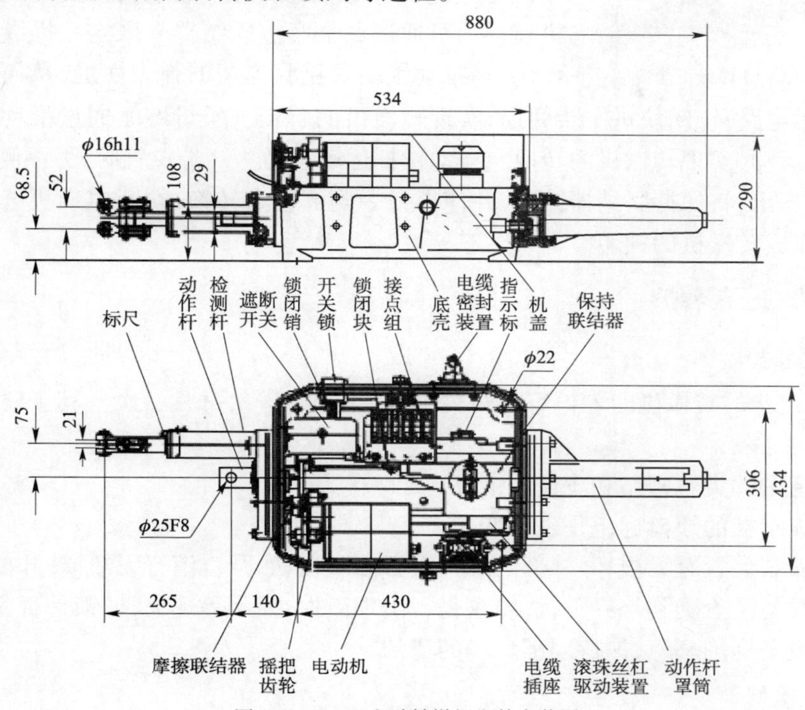

图 2-30　ZDJ9 电动转辙机室外安装图

(三) S700K 电动转辙机

S700K 型电动转辙机主要由铸铁底壳、电动机、摩擦联结器、滚珠丝杠驱动装置、保持联结器、动作杆、检测杆、接点组、锁闭块、遮断开关、开关锁、电缆插座和机盖等零部件组成。S700K 电动转辙室外安装图，如图 2-32 所示；S700K 电动转辙机俯视图，如图 2-33 所示。

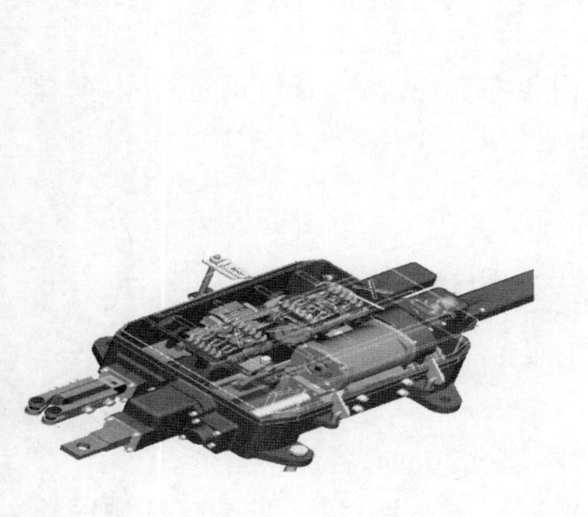

图 2-31　ZDJ9 电动转辙机俯视图

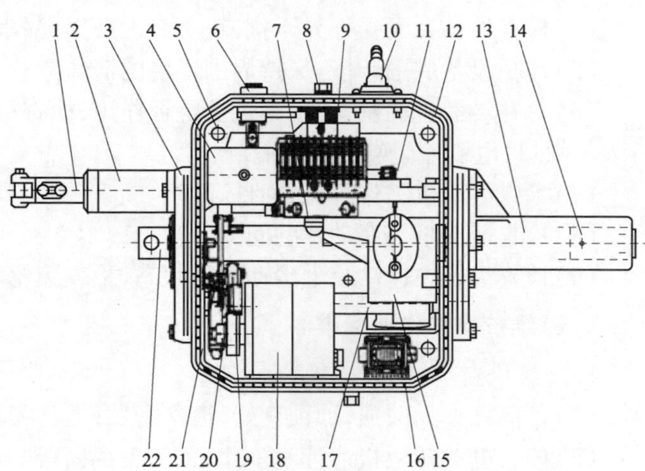

图 2-32　S700K 电动转辙室外安装图

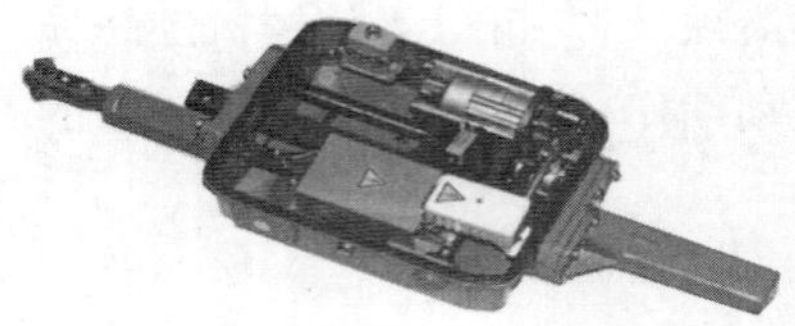
图 2-33　S700K 电动转辙机俯视图

电动机的驱动力，通过电机齿轮、中间齿轮和摩擦联结器上的大齿轮传递到滚珠丝杠驱动装置上，该装置通过限制丝母的旋转将电动机的旋转运动转换为直线运动。转辙机转换力可通过调整摩擦联结器来限定。操纵板在丝母的作用下，推动锁闭块克服弹簧的弹力回退，从而使表示接点转换，切断表示电路；锁闭块进一步回退，实现转辙机的解锁。丝母继续通过推动保持联结器来带动动作杆运动，实现转辙机的转换。当动作杆运动至另一终端位置时，另一侧的锁闭块在弹簧的作用下探出，将保持联结器锁闭，并使得另一侧的接点转换，切断电动机电源并接通新的表示电路，完成转辙机的锁闭。

三、转辙机的日常养护

(一)日常养护

对于常用道岔的转辙机的养护每月两次，其他非常用道岔每月一次。其主要作业内容包括如下几个方面：

(1)检查道岔的尖轨密贴和飞边的情况。

(2)检查表示杆的缺口标记是否有变化。

(3)检查安装装置有无损坏，外部的螺栓是否出现松动，开口销有无缺损，开口是否标准。

(4)检查设备是否受到外界干扰，箱盒是否出现破损、漏水等现象，加锁是否完好。

(5)清扫设备周围环境，保持周围环境的清洁。

(二)集中检修

对于正线常用道岔的集中检修，每月一次；对正线其他道岔及段场道岔，每季度一次。

当进行集中检修时，该次日常养护取消。其主要作业内容包括：

(1)检查道岔的尖轨密贴和飞边的情况。

(2)检查表示杆的缺口标记是否有变化。

(3)检查安装装置有无损坏，外部的螺栓是否出现松动，开口销有无缺损，开口是否标准。

(4)检查设备有无受外界干扰，箱盒有无破损、漏水等现象，加锁是否良好。

(5)清扫设备周围环境，保持周围环境的清洁。

(6)打开转辙机的机盖，检查机盖是否作用，检查机内各零部件，检查开口销是否完好，检查表示缺口、电刷盖、换向器表面。

(7)检查电动机工作火花、插件、配线。

(8)检查速动爪与速动片的间隙。

(9)检查滚轮在速动片上滚动时的状态，检查滚轮落下后的状态。

(三)维护检修作业标准

1. 外观检查

(1)各部完整无破损，加锁良好，道岔密贴，道岔爬行不超过 20mm，各部不磨卡。

(2)按照电动转辙机底座、角钢、丁字铁、象鼻铁、调整杆、表示连接杆、尖端杆的顺序检查，用手锤，以便紧固螺母。检查时注意螺栓不得低于螺母顶面，螺扣调整部分的余量不得少于10mm。

(3)密贴调整杆和表示连接杆、尖端杆的连接销有开口销,劈开角度为60°~90°。

2.内部检查

(1)静触点的压力要适当,接触深度不得小于4mm。动触点和静触点座的间隙不得小于3mm,两侧相差不得大于1.5mm,中心线偏差不得大于0.5mm;动触点环不得低于动触点片,静触点片不得被动触点座圆柱凸出台撑开。

(2)速动爪上的滚轮在转动中应在速动片上滚动,接触面积不小于2mm^2。在解锁和锁闭时,速动爪和速动片不得相碰。在解锁时,速动片无提前转动的可能。

(3)将道岔扳至定位或反位时,柱落入表示杆缺口内两侧间隙为(1.5±0.5)mm。

(4)摩擦带与内齿轮伸出部分应清洁无油污;调整弹簧各圈间隙不少于1.5mm。

(5)止挡栓不旷动,移位接触器顶杆与齿条块内触头间隙为1.5mm。

3.试验

(1)扳动中听有无过大噪声,并检查电动机有无过大火花。

(2)试验道岔密贴状态。在动作杆密贴处插入道岔密贴检查尺,2mm锁闭,4mm不锁闭。

(3)测试ZD-6D型转辙机动作电流小于2.0A,ZD-6E型、J型转辙机动作电流小于2.2A;ZD-6D型单机摩擦电流范围为2.3~2.9A,ZD-6E型和J型双机配套使用时摩擦电流范围为2.0~2.5A。

四、转辙机常见故障及处理流程

(一)解锁前空转

室外耳听转辙机内无异常噪声,脚踏动作连接杆感觉有明显震动;室内观察控制台的电流表指针从开始一直显示为2.5A左右电流值,查看监测道岔电流曲线与观察的电流值一致,判断为密贴力变化引起的不解锁打空转故障。

1.原因分析

(1)直接原因:锁闭力大,解锁力小。

(2)内部原因:动作杆的齿条块与主轴锁闭圆弧的接触面缺油;摩擦联结器因故使转辙机的动力变小。

(3)外界原因:气温变化引起尖轨和基本轨间密贴力增大;尖轨和基本轨间夹有雪或雪化后夜间冰冻;人为增加尖轨和基本轨间的密贴;工务钉固道岔等。

2.解决办法

减小锁闭力,增大解锁力。

3.处理方法和步骤

(1)检查外部环境,属于外界自然因素的,首先清除外界干扰,然后在转辙机空转时,使用手锤敲打尖轨,上下振动两尖轨间的方钢、连接铁、动作连接杆,或者使用小撬棍插在尖轨和基本轨间,帮助转辙机减弱锁闭力,增强解锁力(下雪时尽量使用此方法);属于人为因素的,待该因素解除后,即可恢复正常。

(2)以上方法不起作用时,打开转辙机机盖,检查摩擦联结器是否异常,将工作电流调高,以便增大解锁力。

(3)解锁后,检查削尖齿圆弧与动作杆的齿条块接触面的海绵油垫是否缺油。若缺油,注油后扳动试验,并对道岔转换设备重新调整。

(二)无表示故障的室内外判断

1. 判断故障范围

在室内分线盘测试道岔该位置的表示电路的电压,根据测试结果判断故障范围在室内还是在室外。

(1)若交流电压为110V,判断为室外开路故障。

(2)若交、直流电压都是0V,断开测试室内软配线;若交流电压仍是0V,判断为室内短接或开路故障;若有交流电压为110V,应测试室外电路环阻,不正常时判断为室外短接故障,电路环阻正常时应考虑室内电路是否虚接、电容是否开路。

2. 查找故障并进行处理

(1)确认交流电压110V能送到电缆上,立即通知值班人员到室外进行故障处理。

(2)室外工作人员检查道岔尖轨与基本轨已经密贴,ZD6转辙机已经到位停转,此时没有表示,室外应按照先机械后电路的原则进行查找。

(3)常见的外部机械故障现象一般最终表示在自动开闭器和移位接触器这两个器件上。常见的电路故障:室外现象为转辙机内表示接点接触不良、配线开路或短路;室内现象为器材不良,配线开路或短路。

(三)移位接触器接点未接通

1. 原因分析

(1)直接原因:移位接触器的接点未接通。

(2)内部原因:挤切销变形,挤切销非正常切断,移位接触器固定不良。

2. 解决方法

检查移位接触器和挤切销,不良情况进行整治或更换。

3. 处理方法和步骤

(1)采用手摇的方式摇动道岔到四开位置,按压该位置移位接触器的顶杆,应能听到接点开关闭合的响声。

(2)用手向上提,向下推刚离开的移位接触器,感觉有无松动,若有则按要求进行整治。

(3)观察动作杆齿条块上主、副挤切销压盖旁的接触器触头高度是否一致,摇动道岔时挤切触头有无上下轻微窜动迹象,如有就应检查更换挤切销。

(四)自动开闭器接点未接通

检查表示杆缺口标志,发现标线在1~2mm范围内,外部各螺钉、销子没有松动或旷动情况。打开转辙机机盖,发现自动开闭器接点未接通,观察检查柱落入检查块缺口内。

1. 原因分析

(1)直接原因:自动开闭器的表示接点未接通。

(2)内部原因:自动开闭器的检查柱未落入表示杆检查块缺口内,使表示接点不能接通。

2. 解决方法

找出检查柱未落入表示杆检查缺口内的原因,并解决。

3. 处理方法和步骤

(1)检查自动开闭器的固定螺栓是否松动。

(2)观察表示杆检查块缺口内是否有异物。

(3)检查自动开闭器的拉簧作用是否良好。

(4)检查自动开闭器的挡销板是否卡入两个连接销槽内。

(5)检查自动开闭器的拐轴是否弯曲,是否与自动开闭器支架碰触。

(6)至少存在上述之一因素时,必须积极排除使其恢复原状,否则应更换自动开闭器。

二维码 9

实训 2-5　手摇道岔(相关教学资源见二维码 9)

一、实训目标

能够手摇道岔。

二、实训设备

手摇杆、开转辙机的钥匙、手套。

三、实训资料

(一)手摇道岔的规定

某地铁公司关于手摇道岔的规定,即"看、开、摇、确认、加锁、汇报"这 6 个步骤。

看:看道岔开通位置是否正确,是否需要改变位置。

开:打开孔盖板及钩锁器的锁,拆下钩锁器。

摇:摇道岔转向所需位置,在听到"咔嚓"的落槽声后停止。

确认:1 人手指尖轨并呼喊:"尖轨密贴开通 × 位",并和另 1 人共同确认。

加锁:另 1 人在确认道岔位置开通正确后,用钩锁器锁定道岔尖轨。

汇报:向车站控制室汇报道岔开通位置正确。

(二)手摇把管理的规定

某地铁公司关于车辆段手摇把管理的规定如下:

1. 手摇把编号、保管

(1)手摇把应统一编号。编号以区域为单位,由 01 ~ 09 两位数字组成。由车辆部安全技术室登记造册一式两份,车辆部安全技术室存档一份,手摇把存放室存一份。

(2)手摇把的保管。设加锁手摇把保管箱,由车辆部统一配置,设置在规定地点。信号楼手摇把保管箱的钥匙由车辆段/停车场值班员保管。

(3)手摇把配备数量。由车辆部根据道岔组数确定应配数量。

2. 手摇把取出与收回

(1)维修人员检修道岔或处理转辙机故障需使用手摇把时,由信号人员在《行车设备检查登记簿》上登记,写明用途、手摇把编号,经车辆段/停车场值班员签认后,方可开锁取出手摇把;使用完毕后,应由车辆段/停车场值班员清点数量、核对编号后签收加锁。

(2)因设备停电或故障需手摇道岔排列进路时,同上。

(3)紧急处理故障时,可先应急使用,后补签手续。

3. 手摇道岔排列进路的规定

(1)信号维修人员负责手摇转换道岔,并确认道岔密贴。

(2)车辆段/停车场助理值班员负责确认道岔位置开通正确,负责钩锁器的加固、加锁。

四、实训任务

实训内容	手摇道岔		
班级		姓名	
利用工具将转辙机盖打开,将手摇杆插入转辙机手摇孔处,操作人员戴上手套开始手摇道岔的操作,并记录操作情况。			

实训2-6　更换ZD6型电动转辙机并识别相应部件

一、实训目标

(1)能够更换ZD6型电动转辙机。

(2)能够识别ZD6型电动转辙机内部零部件。

二、实训设备

常用更换转辙机设备的工具。

三、实训资料

1. 更换转辙机前与更换配线时的要求

(1)更换前对新的电动转辙机进行全面检查接点压力,试验机械特性吻合情况,清扫、注油、正装、反装,走量应与原电动转辙机一致,各部动作灵活无磨卡。

(2)更换配线时,要在室内反复核对试验是否与更换的转辙机一致。对不更换配线的,线头要编号,换下的线头要包好防止混线。上线时要确认编号与端子是否一致,不能将螺母、垫圈掉进转辙机内,掉进后要及时拿出。

2. 更换工作结束后的具体事宜

(1)更换结束后,紧固各部螺钉,用手摇把来回摇几次,调好密贴量和表示。

(2)工作结束后要认真试验,保证控制台显示的道岔位置与现场道岔位置相符。移位接触器正常转换时要求不跳起,在挤岔状态下应可靠断开。

(3)测试工作电流、故障电流符合标准。

(4)二作结束后,检查螺钉紧固程度,开口销、绑线是否齐全。

3. 更换电动转辙机或配线后的试验要求

(1)电扳道岔时,应做到定、反位动作灵活可靠。

(2)4km 试验良好。

(3)室内操作及室外现场均应有熟悉设备的信号维修值班人员参加。

(4)试验时,由室内人员操作并询问现场人员道岔所处位置(定位或反位)并及时校核与控制台表示是否一致;如遇室外人员不能准确判断定、反位位置时,则需由室外人员报出道岔当时所开通的股道号码或开通方向,以供室内人员校核与控制台表示是否一致。开通的当天及第二天晚上必须对表示缺口进行复查。

(5)道岔定、反位及室内外完全一致时,该道岔试验才能视为全部完成。

(6)在洞下或车场抬运电动转辙机时,应使用安全可靠的专用工具进行搬运。严禁用肩扛等方法搬运。

四、实训任务

实训内容	更换转辙机		
班级		姓名	

(1)记录转辙机更换步骤,在教师的指导下自行更换转辙机。

(2)请在下图中填写转辙机主要结构名称。

实训2-7　转辙机实际检修操作

一、实训目标

掌握转辙机基本工作原理和日常维护方法。

二、实训设备

常用检测信号设备的专业工具。

三、实训资料

1. 转辙机简单维护、调试

(1)准备检修工具、仪表、材料。

(2)设备检修工作前后,按规定进行登记、试验、销记。

(3)检查4个固定螺栓是否处于紧固状态。

(4)各杆与基本轨垂直不磨卡,各丝扣余量不小于10mm,密贴杆空动游间不小于5mm,防松铁线完整,开口销齐全完好。杆件的直径磨耗减少量不得超过1/10。

(5)各处绝缘,安装完整,无破损,性能良好。

(6)尖轨与基本轨密贴良好,压力适当。尖轨与基本轨开程为直尖轨不小于142mm、曲尖轨不小于152mm、活动心轨不小于90mm、尖轨窜动量不超过20mm。

注意事项:利用列车运行间隙检修,当三轨距转辙机不足1.2m时,应有防护措施。

2. 转辙机机体检查

(1)机盖、机座无裂纹,盘根完好,防尘、防水、性能良好。

(2)当插入手摇把或打开机盖时,遮断器接点应断开;合上遮断器时,接点应接触良好,线头不松动。

(3)内部配线整齐。

3. 转辙机内部状态检查

(1)准备检修工具、仪表、材料。

(2)设备检修工作前后,按规定进行登记、试验、销记。

(3)用手摇500V兆欧表测量交流电动机的引出线之间的绝缘电阻,要求不小于25MΩ。

(4)使用手摇把摇动转辙机,检查动作杆及丝杠动作时减速器端的传动声音有无异常,判断轴承是否损坏。

(5)检查锁紧片状况,确保锁紧片安全锁紧槽沟压母。

(6)检查动接点动作是否迅速,不能有拉弧现象;检查动接点打入后与静接点接触是否良好。

(7)滚轮在动作板上滚动应灵活,用塞尺测量启动片尖端到速动片上平面的间隙,应保证在0.3~0.8mm之间。

(8)当手动开关接通时,挡住手摇把插入孔的连板,阻止手摇把插入手摇齿轮。在手摇齿轮与连板之间必须有一定间隙。

(9)动作杆从转辙机内伸出在外的部分,应在转辙机伸出的状态下涂抹上润滑脂。位于转辙机内部的零部件,应在伸出或拉入两种情况下涂抹润滑脂。此外,通过左右方孔套上的注油孔注入润滑油。

(10)滚珠丝杠润滑:在两个终位分别涂润滑脂,并使转辙机转换多次。

(11)检查锁闭铁、锁块表面有无非正常磨损痕迹。

(12)用手摇把将转辙机摇到推板套远离摩擦联结器的一端时,使用注油枪在丝杠母的注油孔中注入润滑脂。

(13)在转辙机静止不动时,对齿轮和摩擦联结器的带槽齿轮涂抹润滑脂。对表示杆(锁闭杆)的可及表面,分别在两种状态下(伸出和拉入)涂抹润滑脂。此外,通过左右方孔套上的注油孔注润滑油。

(14)锁块的两燕尾斜面和锁闭铁两端斜面涂润滑脂。应在两种终端的位置状态下(伸出和拉入)涂抹润滑脂,并使转辙机进行多次转换。

(15)当转辙机静止不动、滚轮抬起时,对动作板及速动片注油。

(16)推板套的下滑动面和侧滑动面,分别在两种位置(伸出和拉入)状态下涂润滑脂。

(17)在锁闭杆伸出或拉入位时,用目测方法检查锁闭柱两侧间隙,应在2.5~3.5mm范围内。

(18)确认设备无异常时合盖加锁;请行车值班员试验,动作良好、表示正确后,销记。

注意事项:润滑脂用TR-1润滑脂、润滑油用No20机械润滑油。

四、实训任务

实训内容	转辙机实际检修操作		
班级		姓名	
(1)对转辙机进行简单维护、调试,并写出具体步骤和注意事项。			
(2)对转辙机机体进行检查,并写出相关步骤。			
(3)对转辙机内部的状态进行检查,并写出具体实施步骤和注意事项。			

实训2-8　ZD6 型电动转辙机的拆装

一、实训目标

掌握转辙机的拆装过程。

二、实训设备

ZD6 型电动转辙机、专业拆装工具。

三、实训资料

(一)拆卸程序

ZD6 型电动转辙机的拆卸分为以下 5 个步骤：

1. 开盖

(1)用活扳手松动外壳上的紧固螺栓。

(2)拉下遮断器。

(3)用专用钥匙打开转辙机暗锁。

(4)打开转辙机盖。

2. 拆掉电机

(1)用套筒扳手拆掉电机上的 6 条配线(注意:拆掉时应对配线和对应的安装位置进行标注)。

(2)用大一字螺钉刀拧掉安装电机盖的 4 个固定螺栓。

(3)拆掉电机盖。

(4)拆掉缓冲垫。

(5)用大一字螺钉刀拧开安装电机的 4 个固定螺栓。

(6)取出电机。

3. 拆减速器

(1)用专用套筒扳手拆掉安装减速器的 4 个固定螺栓。

(2)取出减速器(注意:因摩擦联结器安装在减速器输出轴上,故拆掉减速器的同时摩擦联结器也同时被取出)。

4. 拆自动开闭器、表示杆

(1)用专用套筒扳手拆掉自动开闭器的 4 个固定螺栓。

(2)取出自动开闭器。

(3)拿掉套在主轴上的启动片、速动片、速动衬套。

(4)抽出表示杆。

5. 拆主轴

(1)用大一字螺钉刀拧掉动作杆和齿条块连接的挤切销盖。

(2)用专用卸销器取下主挤切销和副挤切销。

(3)拉出转辙机内动作杆。

(4)用活动扳手卸掉转辙机箱体上的后盖。
(5)将主轴上的止挡栓对准转辙机后盖豁口。
(6)用卸轴器拆卸主轴(含锁闭齿轮)和齿条块。

(二)安装程序

ZD6 型电动转辙机的安装为拆卸的逆过程,分为以下 5 个步骤:

1. 安装主轴

(1)将齿条块放在伸出位置。
(2)用卸轴器将主轴(含锁闭齿轮)安装回原位。
(3)将锁闭齿轮与齿条块安装。
(4)将动作杆插入齿条块。
(5)安装主挤切销和副挤切销,将动作杆和齿条块进行连接。

2. 安装自动开闭器、表示杆

(1)安装表示杆。
(2)在主轴上顺序安装速动衬套、速动片和启动片(注意速动衬套竖直安放)。
(3)将自动开闭器安装在主轴上。
(4)用专用套筒扳手拧紧自动开闭器 4 个固定螺栓。

3. 安装减速器

(1)将减速器输出轴对准启动片卡槽。
(2)让速动滚轮落入速动片凹槽内。
(3)用专用套筒扳手拧紧减速器 4 个固定螺栓。

4. 安装电机

(1)将电机配线从外壳上的电机孔位置穿入。
(2)用大一字螺钉刀将电机用 4 个螺栓固定在减速器上。
(3)使电机齿轮与减速器齿轮充分咬合。
(4)用套筒扳手安装电机配线(注意:应按照标注,在正确的位置对应安装配线)。
(5)用大一字螺钉刀将电机罩用 4 个螺栓安装上。

5. 关盖

(1)提起遮断器动接点止挡;
(2)合上遮断器;
(3)盖上转辙机盖;
(4)拧紧外壳上的紧固螺栓。

四、实训任务

实训内容	ZD6 型电动转辙机的拆装		
班级		姓名	
(1)梳理 ZD6 型电动转辙机的拆装步骤,在教师的指导下完成 ZD6 型电动转辙机的拆卸工作。			
(2)回顾 ZD6 型电动转辙机的拆卸过程,完成 ZD6 型电动转辙机的安装工作。			

任务四　信　号　机

信号机是供地铁站场、区间作为进站、出站、进路、防护、预告、调车、复示、遮断、通过及引导等地面灯光信号之用,并保障行车安全的重要设备。信号机受联锁关系的制约,通过不同色灯显示为司机指示前方进路或轨道区段状态。信号机的显示由信号联锁设备结合轨道、道岔、进路、列车位置及行车人员的操作意图所决定。两显示、三显示信号机直观图,见图 2-34;LED 信号机背视图,见图 2-35。信号的种类见二维码 10。

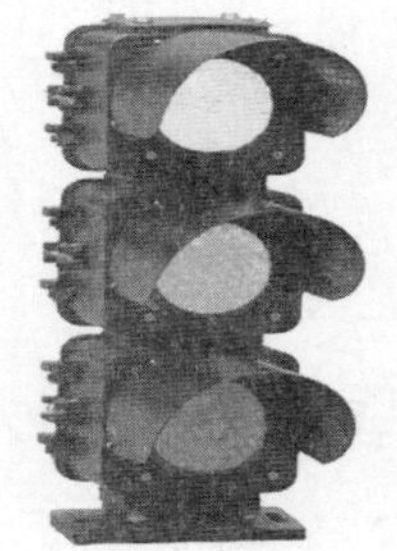

图 2-34　两显示、三显示信号机直观图

图 2-35　LED 信号机背视图

二维码 10

一、信号机设置

(一)信号机的设置

一般情况下,在正线站台头部设出站信号机,道岔区设防护信号机,尽头线设阻挡信号机;特殊情况可增设进站信号机、预告信号机、区间分界点信号机、出站兼防护信号机。

(二)定位显示

定位显示即一般情况下显示的颜色。

(1)出站信号机:绿、红两显示信号机;定位显示绿灯。

(2)出站兼防护信号机:黄、绿、红三显示信号机;定位显示红灯。

(3)防护信号机:黄、绿、红三显示信号机;定位显示红灯。

(4)阻挡信号机:绿、红两显示信号机;定位显示红灯。

(5)反向阻挡信号机:定位显示红灯;绿灯显示机构封闭。

(6)顺向阻挡信号机:定位显示绿灯;作为折返进路终端时,显示红灯。

(7)区间分界点信号机:绿、红两显示信号机;定位显示绿灯。

二、固定闭塞色灯信号机的显示含义

(一)进站信号机显示信号的意义

一个绿色灯亮——表示接车线路空闲,准许列车进站(见图 2-36)。

一个黄色灯亮——表示接车线路空闲,准许列车进站(见图 2-37)。

一个红色灯亮——表示列车须在该信号机前停车(见图 2-38)。

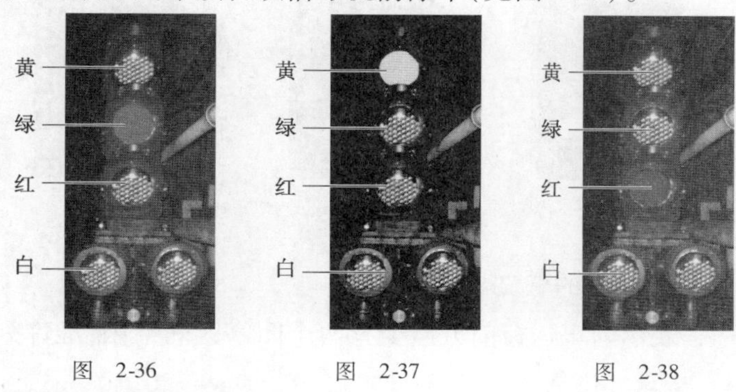

图 2-36　图 2-37　图 2-38

(二)出站信号机显示信号的意义

一个绿色灯亮——表示发车进路上的有关道岔开通于发车方向,准许列车由车站出发(见图 2-39)。

一个闪动绿色灯亮——表示发车进路上的有关道岔开通于发车方向,站间区间空闲,准许列车由车站出发(见图 2-40)。

一个黄色灯亮——表示发车进路上的有关道岔开通于发车方向,发车前方至少有一个闭塞区间空闲,准许列车按有关规定出发;实行电话闭塞法行车时,该信号机由人工控制,则表示发车前方站间区间空闲(见图 2-41)。

一个红色灯亮——表示列车须在该信号机前停车(见图 2-42)。

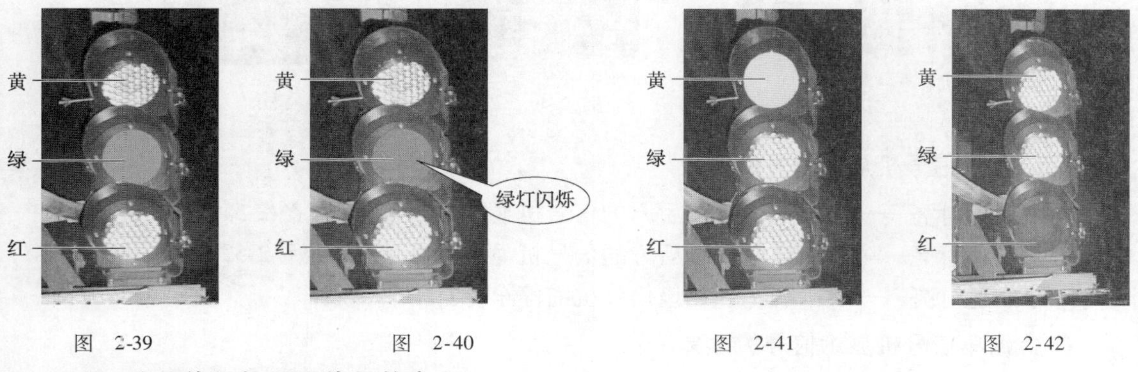

图 2-39　图 2-40　图 2-41　图 2-42

(三)防护信号机显示信号的意义

一个绿色灯亮——表示所防护的道岔开通直向线路,准许列车按规定速度运行(见图 2-43)。

一个绿色灯亮及下侧方一个白色灯亮——表示所防护的道岔开通侧向线路，准许列车按规定速度通过道岔区段向侧向线路运行（见图2-44）。

一个黄色灯亮——表示列车运行前方至少有一个闭塞区间空闲，要求列车减速运行，准备在下一个信号机前停车（见图2-45）。

一个黄色灯亮及其下侧方一个白色灯亮——表示所防护的道岔开通侧向线路，准许列车按规定速度通过道岔区段向侧向线路运行（见图2-46）。

一个红色灯亮——表示列车须在该信号机前停车（见图2-47）。

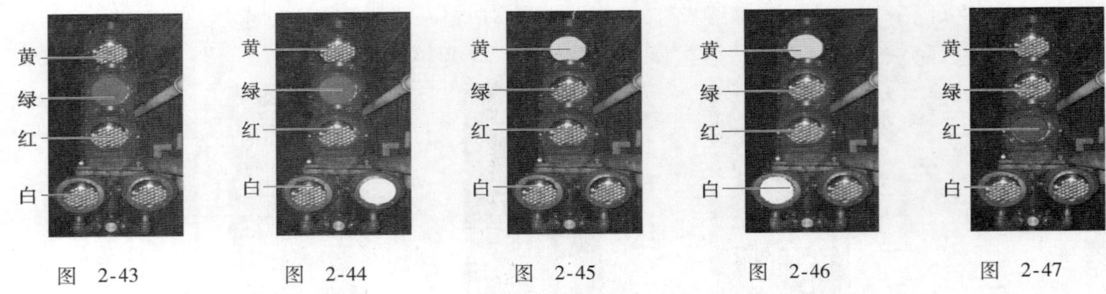

图 2-43　图 2-44　图 2-45　图 2-46　图 2-47

（四）通过信号机显示信号的意义

一个绿色灯亮——表示列车运行前方至少有两个闭塞区间空闲，准许列车按规定速度运行（见图2-48）。

一个黄色灯亮——表示列车运行前方一个信号机显示停车信号，准备在下一个信号机前停车（见图2-49）。

一个红色灯亮——表示列车须在该信号机前停车（见图2-50）。

图 2-48　图 2-49　图 2-50

（五）预告信号机显示信号的意义

一个绿色灯亮——表示该信号机后方的信号机显示进行信号（见图2-51）。

一个黄色灯亮——表示该信号机后方的信号机显示停车信号（见图2-52）。

一个红色灯亮——表示列车须在该信号机前停车（见图2-53）。

（六）调车信号机显示信号的意义

1. 在车辆段

一个月白色灯亮——表示调车进路在开通状态，准许机车或车辆越过该信号机调车（见

图 2-54)。

一个红色灯亮——表示机车或车辆须在该信号机前停车(见图 2-55)。

图 2-51　　图 2-52　　图 2-53

2. 在地下

一个黄色灯亮——表示调车进路在开通状态,准许机车或车辆越过该信号机调车(见图 2-56)。

一个红色灯亮——表示机车或车辆须在该信号机前停车(见图 2-57)。

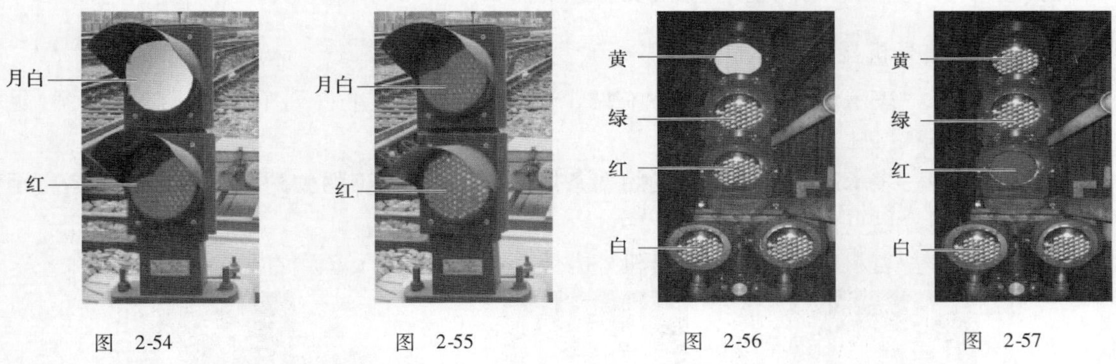

图 2-54　　图 2-55　　图 2-56　　图 2-57

(七)阻挡信号机显示信号的意义

反向阻挡信号机定位显示一个红色灯光——表示调车机车或车辆须在该信号机前停车(见图 2-58)。

顺向阻挡信号机定位显示一个绿色灯光——表示该信号机兼有通过信号机的作用(见图 2-59)。

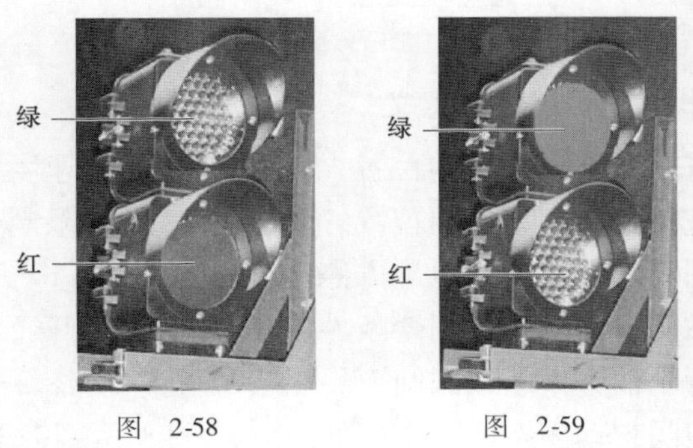

图 2-58　　图 2-59

顺向阻挡信号机采用人工控制方式，显示一个红色灯光——用以阻挡调车机车或车辆在该信号机前停车后，进行折返调车（见图2-60）。

（八）引导信号显示信号的意义

当信号机因故障而显示红色时，使设于其下方的引导信号显示月白色，准许列车以不超过20km/h的速度越过该信号机进站、调车或继续运行（见图2-61）。

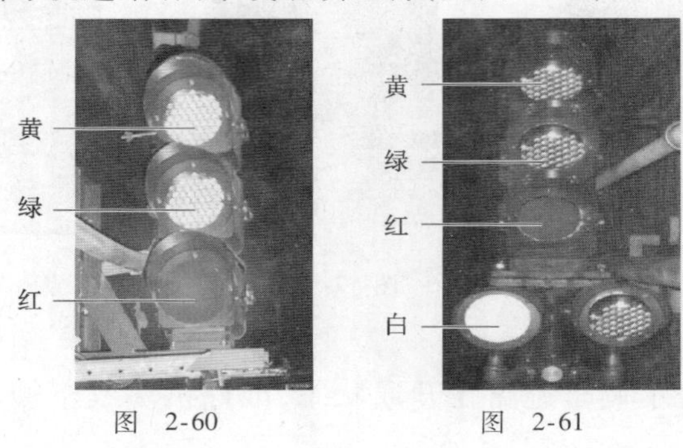

图 2-60　　图 2-61

三、准移动闭塞及移动闭塞组合信号的显示含义

（一）出站信号机显示信号的意义

绿色灯光——表示信号机内方至少有两个闭塞分区空闲，准许列车按规定速度出站（见图2-62）。

绿色闪光——表示站间自动闭塞的闭塞条件成立，准许人工驾驶列车按规定速度运行至前方车站或区间分界点信号机前（见图2-63）。

红色灯光——表示列车须在该信号机外方停车（见图2-64）。

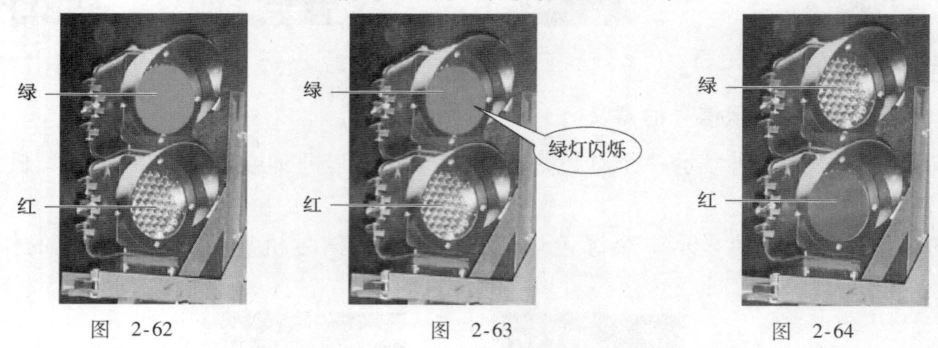

图 2-62　　图 2-63　　图 2-64

（二）出站兼防护信号机显示信号的意义

绿色灯光——表示进路开通道岔直向位置，准许列车按规定速度发车（见图2-65）。

黄色灯光——表示进路开通道岔侧向位置，准许列车按规定限制速度发车（见图2-66）。

红色灯光——表示列车须在该信号机外方停车（见图2-67）。

绿色闪光——表示站间自动闭塞的闭塞条件成立，发车进路开通道岔直向位置，准许人工驾驶列车按规定速度运行至前方车站或区间分界点信号机前（见图2-68）。

黄色闪光——表示站间自动闭塞的闭塞条件成立，发车进路开通道岔侧向位置，准许人工驾驶列车按规定速度运行至前方车站或区间分界点信号机前(见图2-69)。

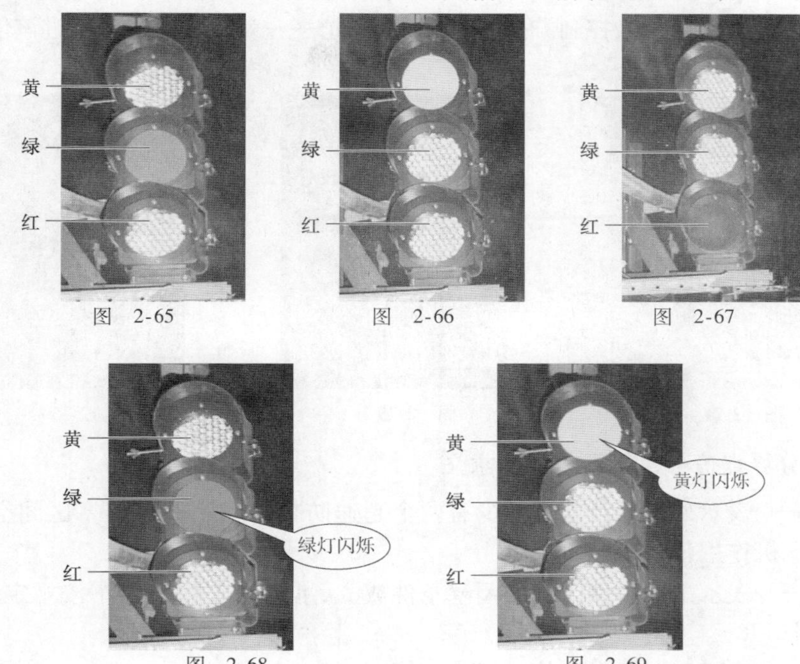

图　2-65　图　2-66　图　2-67

图　2-68　图　2-69

(三)防护信号机显示信号的意义

绿色灯光——表示进路开通道岔直向位置,准许列车按规定速度越过该信号机(见图2-70)。

黄色灯光——表示进路开通道岔侧向位置,准许列车按规定限制速度越过该信号机(见图2-71)。

红色灯光——表示列车须在该信号机外方停车(见图2-72)。

红色灯光+黄色灯光——表示开放引导信号,准许列车以不大于27km/h的速度越过该信号机并随时准备停车(见图2-73)。

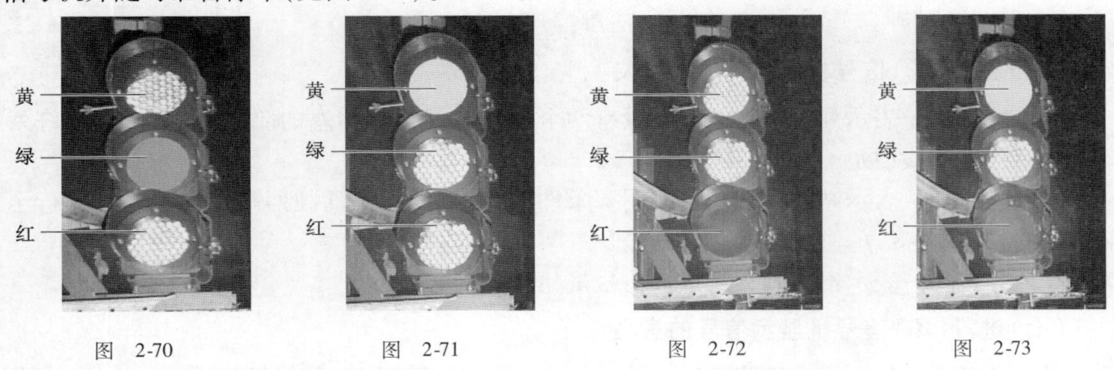

图　2-70　图　2-71　图　2-72　图　2-73

(四)阻挡信号机显示信号的意义

红色灯光——表示列车须在该信号机外方停车(见图2-74)。

顺向阻挡信号机定位显示绿色灯光——表示列车运行前方至少有两个超速防护自动闭塞

的闭塞区间空闲，准许列车越过该信号机（见图2-75）。

顺向阻挡信号机采用人工控制方式，显示红色灯光——表示不准列车越过该信号机，进行折返作业（见图2-76）。

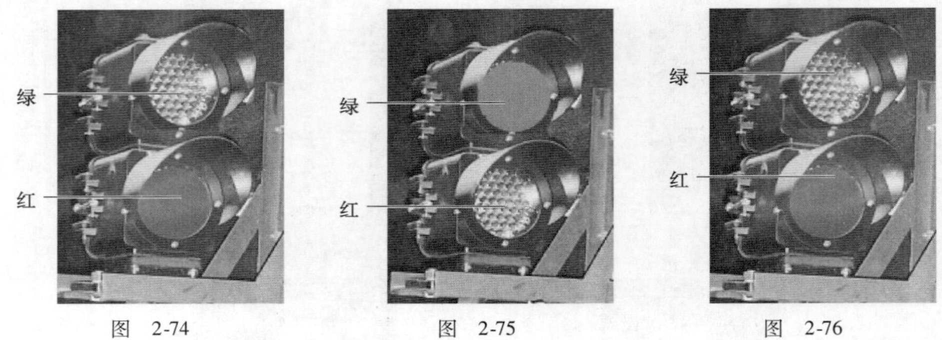

图 2-74　　图 2-75　　图 2-76

（五）区间分界点信号机显示信号的意义

绿色灯光——表示列车运行前方至少有两个超速防护自动闭塞的闭塞区间空闲，该信号机兼有通过信号机作用（见图2-77）。

绿色闪光——表示站间自动闭塞的闭塞条件成立，准许人工驾驶列车按规定速度运行至前方车站（见图2-78）。

红色灯光——表示列车须在该信号机外方停车（见图2-79）。

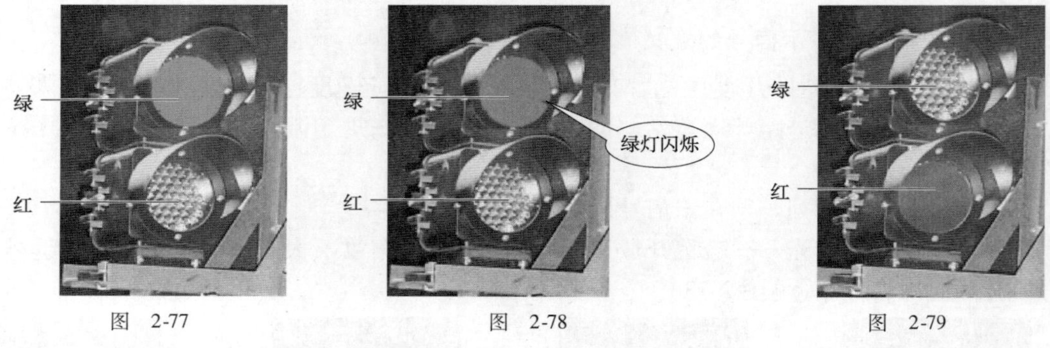

图 2-77　　图 2-78　　图 2-79

（六）出段（场）信号机显示信号的意义

绿色灯光——表示列车运行前方至少有两个超速防护自动闭塞的闭塞区间空闲，准许列车按规定速度出段（场）（见图2-80）。

绿色闪光——表示站间自动闭塞的闭塞条件成立，准许人工驾驶列车按规定速度运行至前方车站（见图2-81）。

红色灯光——表示不准列车越过该信号机（见图2-82）。

（七）进段（场）信号机显示信号的意义

绿色灯光——表示前方进路开通，准许列车按规定速度越过该信号机（见图2-83）。

红色灯光——表示不准列车越过该信号机（见图2-84）。

红色灯光+黄色灯光——表示开放引导信号，准许列车以不大于27km/h的速度越过该信号机并随时准备停车（见图2-85）。

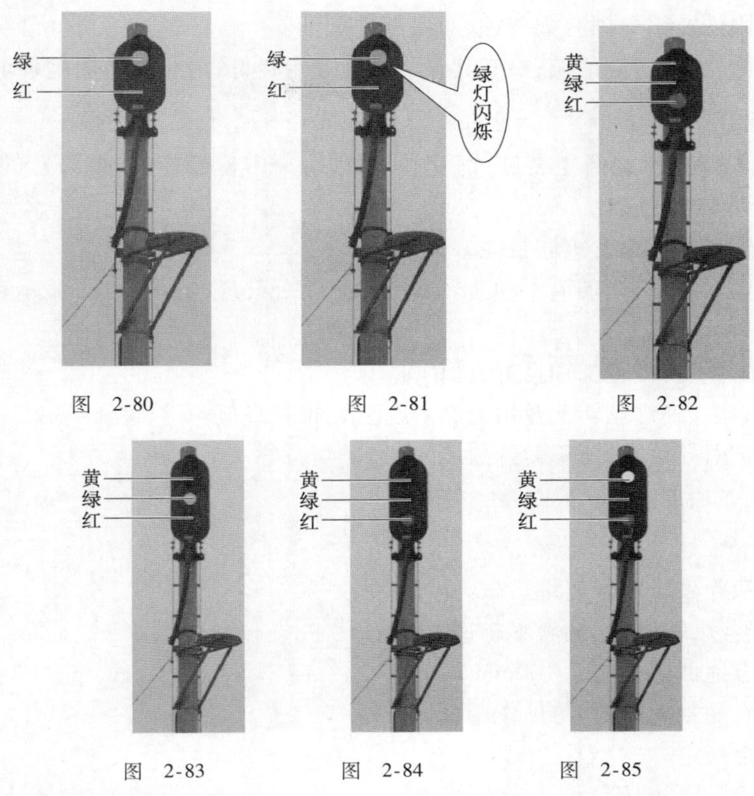

图 2-80　　图 2-81　　图 2-82

图 2-83　　图 2-84　　图 2-85

(八)调车信号机显示信号的意义

月白色灯光——表示准许列车按规定的速度越过该信号机(见图 2-86)。

红色灯光——表示不准列车越过该信号机(见图 2-87)。

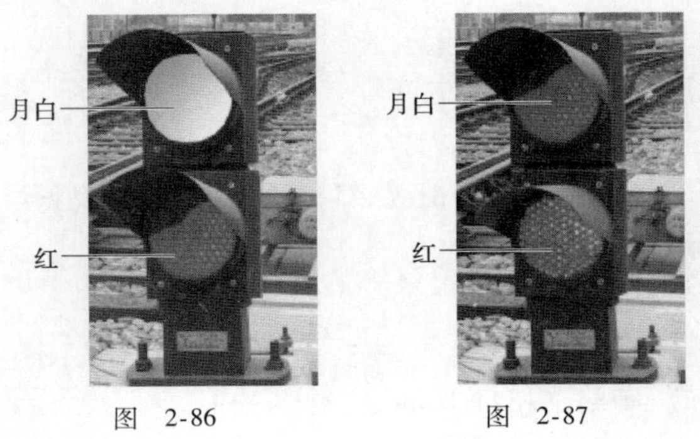

图 2-86　　图 2-87

四、信号机养护检修

(一)日常养护

信号机的日常养护每月进行一次。其主要作业内容包括如下几个方面:

(1)信号机构、基础、箱盒外观检查,基础牢固,外观无损伤。

(2)检查设备有无受外界干扰,加锁是否良好。

(3)检查紧固件及信号锁有无锈蚀,对各部件加油。

(4)清扫机构内部、透镜玻璃;检查其显示情况是否良好;清扫设备周围环境,保持清洁。

(二)集中检修

色灯信号机的集中检修每季度进行一次。当进行集中检修作业时,该月的日常养护作业取消。其主要作业内容包括:

(1)检查机构、基础、箱盒牢固且完好无损伤。

(2)清扫机构,保持透镜玻璃干净无污染;检查清扫箱盒、机构内部,显示良好、显示距离不小于200m。

(3)清扫周围环境,检查加锁良好,无锈蚀。

(4)正线试验主、副灯丝转换及报警,转换正常、报警良好。

(5)正线测试引导信号,能正常开放。

(三)检修作业标准

1. 外观检查

(1)信号显示距离应符合要求。

(2)基础无裂纹,不腐蚀,倾斜不超过10mm。

(3)基础露出地面应不超过100mm。

(4)机柱引入蛇管无破损,防护作用良好。

(5)限界符合规定。

(6)机座螺钉紧固,螺栓至少与螺钉平齐。

2. 机构内部

(1)机构安装牢固、平直,遮檐紧固、合适。

(2)透镜组完好、严密,不透尘土。

(3)机构门、盘根密封,作用良好。

(4)线头无磨卡、无破皮,断股不超过1/3。

(5)端子不松动,双帽、垫圈齐全。

(6)灯泡无裂纹、断丝、弯曲、开焊等情况;灯口不旷动,接触良好。

(7)灯泡端电压应保持在额定电压。

(8)灯丝转换及报警功能良好。

3. 检查电缆盒外部

(1)基础完整、无裂纹,倾斜不超过10mm。

(2)盒盖严密,有防尘措施,防尘良好。

(3)端子安装牢固;螺钉、垫圈紧固齐全。

(4)配线不破皮,不卡线,连接良好。

五、信号机常见故障及处理流程

(一)信号点灯电路故障。

信号点灯电路断线,信号机灭灯。该情况下,允许灯光灭灯,要使信号显示降级,禁止灯光灭灯时，不允许信号机再开放；一般在每一个信号灯泡的点灯电路上都串有灯丝继电器，用以监督灯泡的完整性。

信号点灯电路混线，将会点亮平时不应该点亮的灯光。在进站信号机上同时点亮一个红灯一个月白灯是引导信号，因此月白灯混线导致错误亮灯是不允许的。红灯和绿灯，红灯和黄灯同时亮完全是乱显示，乱显示被认为是禁止信号。因此，绿灯和黄灯因混线导致错误点灯也是不允许的。为了减少室外联线，对出发兼调车信号机和调车信号机，降低要求，不加混线防护措施。

（二）处理信号点灯电路故障的技巧

当信号点灯电路发生故障时，可以在分线盘上快速区分故障的范围及性质。其方法如下（设允许灯光故障）。

（1）将万用表置于250V挡位，在分线盘测量（重复开放信号时）。有电压，则为室外故障；无电压，则为室内故障。进行此项操作时须确认室内的电压已经送出。

（2）若是室内电压已经送出，则故障在室外，可以将万用表置于欧姆挡位，在分线盘测量：

①若阻值在100Ω左右，说明分线盘至信号机BX_1-34型变压器的Ⅰ次正常，Ⅱ次或信号机内部故障。

②若阻值在0Ω左右，说明分线盘至信号机处的电缆短路，此故障使熔断器熔断。

③若阻值在20Ω左右，说明BX_1-34型变压器Ⅰ次短路（视该信号机距信号楼的距离，应注意判断）。

④若阻值为∞，说明电缆或BX_1-34型变压器Ⅰ次断路。

实训2-9　更换信号机灯泡

一、实训目标

能够更换信号机的灯泡。

二、实训设备

常用更换信号灯泡的专业工具。

三、实训资料

更换信号机灯泡（点灯单元）——

（1）更换前检查灯泡（点灯单元）与使用设备型号是否一致，确认状态良好。

（2）更换灯泡必须采用与灯座口径一致的灯泡，以防短路和接触不良。

（3）更换时必须保证灯泡（点灯单元）接触良好。

（4）更换后要求灯丝转换和报警状态良好。

（5）测试端电压，要求信号显示达到标准，实际显示与复示器表示一致。

（6）电动转辙机的清洗间，不准安装产生火花的设备（如开关、插销、电炉等），以及可能引起火灾的取暖设备，并应有良好的通风设备。禁止在室内进行电动转辙机的试验工作，严禁烟火。

四、实训任务

实训内容	更换信号机灯泡		
班级		姓名	
写出更换信号机的实施步骤,并在教师的指导下自行更换信号机灯泡。			

实训2-10　信号机维(检)修

一、实训目标

掌握具体的日常维护方法,指标测试方法。

二、实训设备

常用检测信号设备的专业工具。

三、实训资料

1. 安全提示

(1)工作前,工作负责人应全面检查,不坚固的梯子不准使用。

(2)在信号机上离开梯子或站在梯子架外侧工作时,应使用安全带;禁止两人在同一信号机柱上,一人在上部,一人在下部,同时进行作业;不得将工具、材料放在信号机上,不准上、下抛递工具、材料,应用吊绳递送工具、材料,以免将人砸伤。

(3)当有人在信号机上工作时,禁止有人在其下方工作或休息,以免工具材料掉落将人砸伤。

(4)禁止攀登底座尚未安装牢固的信号机;列车通过时,禁止在该股道两侧信号机上工作或休息。

(5)学徒工或实习生练习登杆作业或检修信号机工作时,应有师傅或熟练人员在场指导下进行。

(6)不得人扛、手提笨重物品及工具攀登信号机。

(7)雷雨或暴风时,禁止在信号机上作业;打雷时,禁止检修避雷器、地线。

2. 信号机巡检修技术指标

(1)LED 信号机输入电压范围为 AC80 ~ 110V +5%。

(2)根据不同距离,调整点灯变压器的输出电压,但要保证信号机交流总电流达 143 ~ 153mA(确保信号机 LED 在损坏 25% 时,信号机电流仍能使 JZXC-H18 继电器可靠工作)。

(3)LED 光源灭灯时,灯丝继电器回路电流小于 40mA,保证 JZXC-H18 继电器可靠落下,为计算机联锁提供断丝条件。

(4)在电气化区段,门限电路能防止干扰信号(60V 以下)干扰信号机。信号机输出点灯电压小于60V 时,LED 应灭灯,反之则应点亮。如不良应进行更换。

(5)在信号机点灯变压器的1、4 管脚之间,用万用表测量点灯电流,保证其在规定范围内。如果信号机输出电流小,应调节点灯变压器的输出电压(出厂时一般调到49V)。如果信号机输入电压为100V,输出电压接在49V 挡位上,点灯电流肯定偏低。此时应把点灯变压器的输出电压接在50V 挡位上,保证点灯回路的电流值在规定的范围之内。

四、实训任务

实训内容	信号机维检修		
班级		姓名	
1. 参照如下步骤,对信号机室外设备进行维护,并做好记录。 (1)信号机构中灯位方向一致,显示距离符合规定,设备标志清晰、正确,机构油漆无脱落。 (2)设备无损害,基础、机构、梯子安装稳固。 (3)梯子不弯曲,支架水平,梯子中心线与机柱中心线一致。 (4)水泥机柱应当采取加固措施,不得有贯通圆周的裂纹,纵向裂纹不得外漏。任何部分不得侵入界限,机柱顶端封闭、不会进入雨雪。 (5)箱盒、机构、蛇管无损伤,开口销齐全,螺钉紧固、加锁良好。 (6)整洁无杂物。 (7)电气化区段安全地线连接良好。			
2. 参照如下步骤对信号机箱盒内部设备进行维护,并做好记录。 (1)箱盒、机构内部检查、清扫,防尘、防水设施良好,信号锁和盒盖开关部位油润。 (2)透镜安装牢固,无裂纹、破损,内外透镜整洁、无污物。 (3)灯室、灯口安装牢固、不活动,弹片压力适当、接触良好。 (4)器材选型正确、不超期使用,固定良好。 (5)各部位螺钉紧固,套管、备帽、垫片齐全。 (6)配线绑扎整齐、无破皮老化,线头焊接牢固无毛刺,各部配线整齐,端子不松动,接插件接触良好。 (7)引入、引出口处配线无摩卡,孔口防护良好。 (8)铭牌、标记齐全、正确,字迹清楚,图纸塑封,与实物相符。 (9)箱盒、机构、梯子油饰。			

任务五 计 轴 设 备

计轴设备用于实时检测轨道区段的状态,其作用与轨道电路类似,通过比较列车驶入或驶出轨道区段计轴点时所记录的轴数,确定该轨道区段处于占用还是空闲状态。在监测的区段上安装一个计轴点,这些计轴点可以监测该轨道区段上运行的机车和车辆的运行方向以及轴数,每个计轴点均可以通过一根两芯的电缆把这些信息传送到相应的运算单元中。同时,该电缆也可用来向计轴点进行供电。

计轴系统是用于自动监控区间的线路和车站的线路,将相应的线路检测区段、道岔和股道等显示“空闲”或“占用”。AZS 350U 型计轴系统组匣,如图 2-88 所示;计轴系统室内设备直观图,如图 2-89 所示。

计轴系统工作原理:列车首先从所检测区间的一端出发,经过计轴点时,运算单元会对传感器产生的轴信号进行处理、判别以及计数,此时轨道继电器处于落下状态。发车端会不断地将"计轴数"和"驶入状态"等有效信息编码传给接车端。当列车驶出该区间,经过接车端的计轴点时,接车端计数,接车端也会不断地将"计轴数"及"驶出状态"等信息传给发车端。当两端对"计轴数"和"驶入、驶出状态"校核无误后,才能使两端轨道继电器吸起,同时给出所检测区间的空闲信号。如图 2-90 所示为计轴系统工作原理。计轴器基本原理和使用见二维码 11。

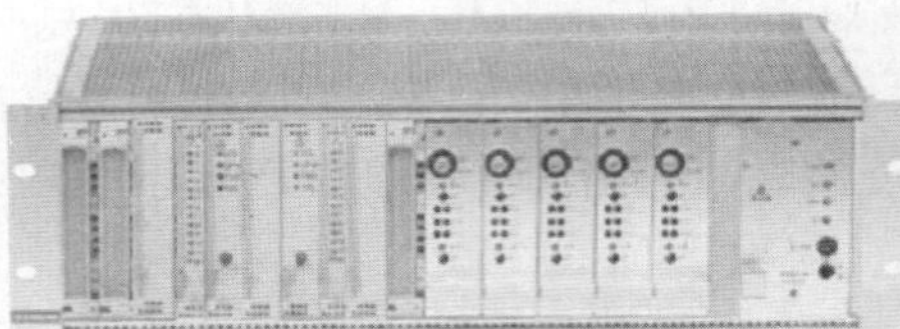

图 2-88　AZS 350U 型计轴系统组匣

二维码 11

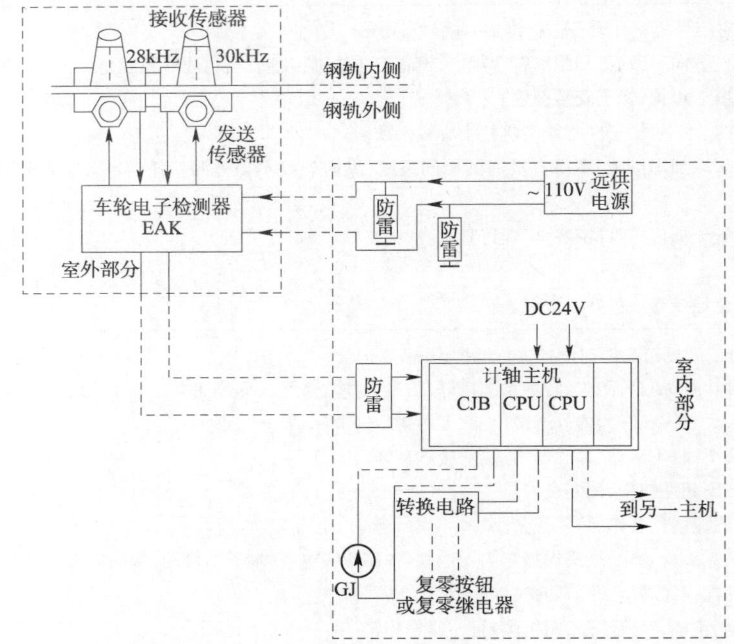

图 2-89　计轴系统室内设备直观图

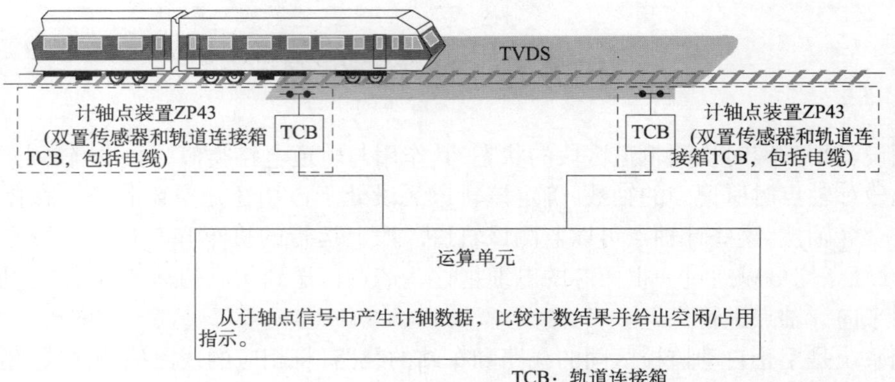

图 2-90　计轴系统工作原理

任务六　应　答　器

二维码 12

应答器是在车辆处于降级模式运行情况下执行车-地信息传输的设备。当列车经过应答器时,应答器被激活,发送一条应答器报文到车载子系统,该报文提供应答器的标识、到 TDB 的数据入口以及中心点的地理位置。应答器,如图 2-91 所示。应答器基本原理和使用见二维码 12。

a)

b)

图 2-91　应答器

一、应答器的安全定位

应答器支持安全定位,为了实现应答器的安全定位,车载天线到应答器的距离超出给定距离时,列车接收不到应答器报文。应答器定位精度,如图 2-92 所示。

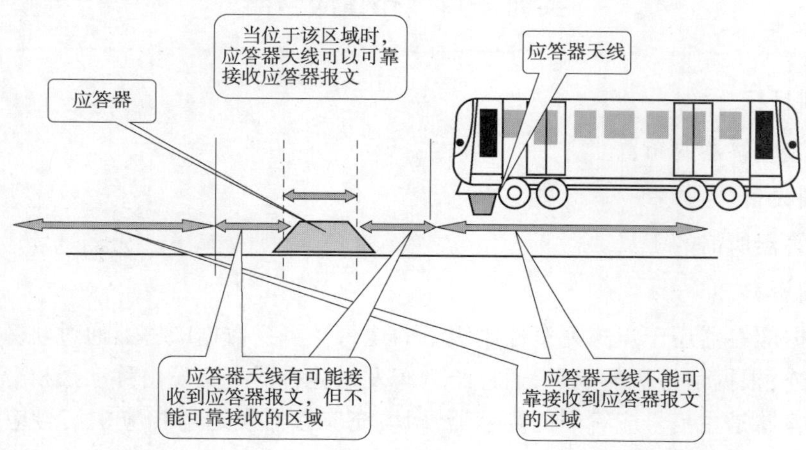

图 2-92　应答器定位精度

二、应答器类型

(1)固定数据应答器:一般位置参考应答器、重定位应答器。

(2)可变数据应答器:主信号应答器、填充应答器。

应答器的类型取决于列车的运行方向,如同一个应答器在“正”方向上可以为主信号应答器,而在“负”方向上可以为重定位应答器。在轨道数据库中对应答器的类型进行了标注。

三、应答器的功能

所有类型的 Trainguard MT 应答器(固定数据应答器及可变数据应答器)都安装于线路沿线,所有的应答器都可作为位置参考点。其功能有如下几点:

(1)在列车接近固定闭塞或移动闭塞区域时初始化列车的位置。

(2)在固定闭塞或移动闭塞区域内再次初始化列车的位置。

(3)使列车位置的不确定性维持在一个预先定义的极限值内。

(4)确保列车在车站停车时所要求的安全和非安全的停车精度。

四、应答器丢失的影响

车载设备通常允许在其数据库中描述的一个应答器丢失(或未读到),对运行的影响取决于丢失应答器的类型。

(1)一个固定数据应答器(一般位置参考应答器)的丢失对列车的运行没有直接的影响。

(2)在降级控制级别下,任一填充应答器的丢失将导致列车司机或 ATO 应用常用制动,直到列车在相应的主信号应答器前速度达到释放速度值。

(3)在降级控制级别下主信号应答器的丢失将导致紧急制动。

(4)在降级控制等级下重定位应答器的丢失将导致列车失去定位从而应用紧急制动。

实训 2-11　布置应答器

一、实训目标

能够完成应答器的布置。

二、实训设备

布置应答器所需的工具。

三、实训资料

可变数据应答器用于点式列车控制级下的运行。可变数据应答器通过轨旁电子单元与主信号机相连,根据信号机的显示,通过给列车发送应答器报文发出移动授权。

填充应答器是主信号应答器的复示器,即填充应答器发送与相应主信号应答器相同的报文信息(除了应答器 ID 及应答器版本)。填充应答器位于主信号应答器前方,其距离至少要大于列车的常用制动距离。填充应答器用于固定闭塞等级下的运行,如果列车在主信号机开放的情况下经过填充应答器,可以避免列车在主信号机前方的制动。

图 2-93 所示为典型的固定数据应答器与可变数据应答器的布置。

车载设备通常允许在其数据库中描述的一个应答器丢失（或未读到），对运行的影响取决于丢失应答器的类型。

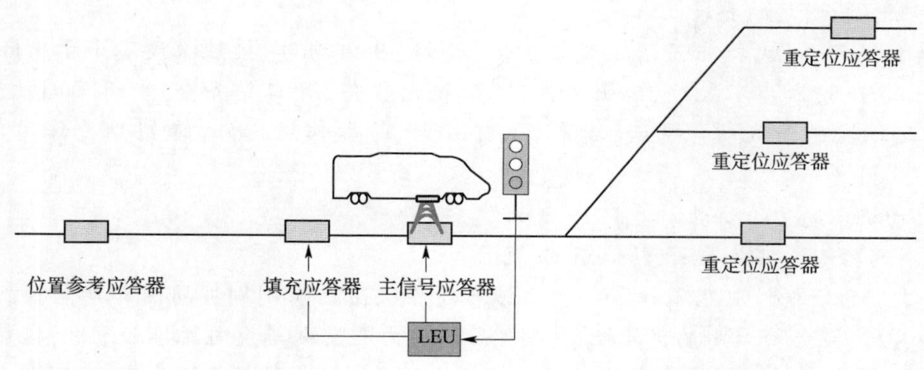

图 2-93　固定数据应答器与可变数据应答器的布置

（1）一个固定数据应答器（一般位置参考应答器）的丢失，对列车的运行没有直接的影响。

（2）在降级控制级别下，任一填充应答器的丢失将导致列车司机或 ATO 应用常用制动，直到列车在相应的主信号应答器前速度达到释放速度值。

（3）在降级控制级别下主信号应答器的丢失将导致紧急制动。

（4）在降级控制等级下重定位应答器的丢失，将导致列车失去定位从而应用紧急制动。

四、实训任务

实训内容	布置应答器		
班级		姓名	

按照以下操作流程，布置应答器，并做好情况记录。

（1）根据车载天线位置，可变数据应答器应设置在信号机前 0.71m。

（2）填充应答器通常设置在信号机前一个制动距离处（300 ~ 500m，取决于坡度）。

（3）根据天线位置，重定位应答器放置在正常驾驶方向上的 4 个定位窗口中。

（4）考虑前后天线，车站内共设置 8 个固定数据应答器。

（5）在进入 CTC 区域时，放置 2 个应答器来实现列车定位以及发送 ITC 移动授权。

（6）存车线或折返线上固定数据应答器和可变数据应答器之间的距离通常设置为 3.5m，但随着轨道上限速度的变化而调整。

（7）2 个应答器之间最大距离 1000m。如果间距太大，应在它们之间设置 1 个固定应答器。

（8）安装精度取决于应答器的作用（停车定位需要精确安装，其他可以非精确安装）。

（9）精确安装要求：+ / − 2cm；非精确安装要求：+ / − 60cm；可变数据应答器通常是精确安装：+ / − 5cm。

（10）应答器应放置在轨道中心，按照短边与轨道平行，长边与轨道垂直的要求装配。应答器的底部距离钢轨顶面为（125 ± 20）mm。

ZD6 系列电动转辙机内部检修

1. 遮断器应满足的要求

遮断器动作灵活，接点清洁无烧痕、接触良好、压力均匀、接触深度不小于4 mm，旷动量小于2mm。胶木座不裂纹，线头不松动，配线无损伤，开口销齐全，劈开角度大于60°。钥匙孔、摇把孔的堵板动作灵活，堵塞严密，防尘、防水作用良好，暗锁开关作用良好，锁闭可靠。

2. 电动机应满足的要求

(1)外观检查。安装牢固，转速正常，无异声。

(2)炭刷的检查。用毛刷、吹风鼓、白纱布清除吸附在炭刷刷握周围和换向器表面的炭粉。清扫光洁后，检查炭刷的灵活性、炭刷弹簧的压力及炭刷与换向器接触情况；接触面应不小于炭刷面的3/4，磨耗后炭刷长度不小于总长度的3/5。炭刷帽不松动，拧炭刷帽力度要适宜(黑电料的炭刷帽易碎，尼龙炭刷帽易脱扣)。

(3)扳动检查。通过扳动测试道岔故障电流，检查换向器表面火花。火花过多，检查是否有转子断格或接触不良情况。用万用表电阻挡逐个对换向器每一格进行测试，若为5Ω左右为正常，过大或过小均为接触不良。

3. 减速器应满足的要求

(1)减速器的输入轴及输出轴在减速器中的轴向窜动量应不大于1.5mm，动作灵活，通电转动时声音正常，无异常噪声。

(2)减速器内的润滑脂应满足使用环境的要求。

4. 摩擦联结器应满足的要求

(1)道岔在正常转动时，摩擦联结器不空转；道岔转换终了时，电动机应稍有空转；道岔尖轨因不能转换到位时，摩擦联结器应空转。

(2)摩擦联结器弹簧调在规定摩擦电流条件下，弹簧有效圈的相邻最小间隙不小于1.5mm，弹簧不得与夹板圆弧部分触碰。

(3)摩擦带与内齿轮伸出部分应经常保持清洁，不得锈蚀或沾油。

5. 启动片、速动片与速动爪应满足的要求

(1)速动爪与速动片间隙，解锁时不小于0.2 mm，锁闭时为1～3mm；速动爪的滚轮落下后不得与启动片缺口底部相碰；速动爪、滚轮轴连接牢固、滚轮灵活。在道岔转换过程中，滚轮在速动片上顺利滚动，落下后不得与启动片相碰，否则会造成滚轮轴连接松动和滚轮变形、不灵活。

(2)速动衬套处要适当注入钟表油，并保持清洁。

6. 自动开闭器应满足的要求

1)自动开闭器的检查与调整。

(1)动、静接点组安装紧固，接触良好，保证同时接、断，接点片无严重磨损、烧损，压力适当，胶木无裂纹。配线整齐、无断股，线头无松动，备母垫片齐全、作用良好。

(2)动接点在静接点内的接触深度不小于4mm,用手扳动动接点,其摆动量不大于3.5mm;动接点与静接点座间隙不小于3mm;接点接触压力不小于4.0N,动接点组打入静接点组内,动接点环不低于静接点片。同时静接点片下边不应与动接点绝缘体接触,速动爪落下前,动接点在静接点内有窜动时,应保证接点接触深度不小于2mm。

(3)保证动接点环与静接点片接触深度的情况下,应检查每组动接点环与静接点片的接触情况,应使静接点片平、直、正,接点压力均匀,保证动接点环与静接点片可靠接触,即线接触,不应点接触。

(4)静接点片压力不能过大,主要是1~4排静接点组。如果接点片压力过大,拉簧长期疲劳使用,拉力减小,如果轴销缺油,就会由于机械磨损造成接点故障。

(5)在调整动接点与静接点接触深度时,特别是动接点与第2.3排静接点的接触深度按标准进行调整;如没有标记,要把调整接点顶丝全部松开,使检查柱落在表示杆上,静接点与动接点的接触深度应保证不小于4mm且不大于8mm。调整速动爪上的螺栓,逆时针旋转调整螺栓,直到相应的动接点与静接点的接触最深,然后再顺时针旋转螺栓,使静接点与动接点相对移动2mm即可。

2)自动开闭器的注油。

(1)检查、清扫开闭器后,应采用专用润滑油和润滑脂注油。要求使用专用工具注油,既准确又清洁,注油部位一般是左、右拐轴两端、速动爪滚轮。

(2)开口销齐全,焊接部分无脱焊、焊接良好,活动部分适当注油。

(3)柱与开闭器座孔间隙处禁止注油。

7. 锁闭齿轮、齿条块、动作杆及表示杆应满足的要求

(1)动作杆不得有损伤;动作杆与齿条块的轴向移位量和圆周方向的转动量均不大于0.5mm;齿条内各部件和联结部分须油润,各孔内不得有铁屑及杂物;挤切销固定在齿条块圆孔内的台上,不得顶住或压住动作杆。锁闭齿条圆弧与动作齿条削尖齿圆弧应吻合,无明显磨耗,接触面不小于50%,在动作齿条处于锁闭状态下,两圆弧面应保持同圆心;检查块的上平面应低于表示杆或锁闭杆的上平面0.2~0.8mm;检查柱落入检查块缺口内,两侧间隙为1.5±0.5mm。

(2)锁闭齿轮与齿条块无卡阻,止挡和止挡栓无损伤、裂纹,挤切销无位移。齿条块与动作杆两部件通过挤切销结合,挤切销带动道岔可靠转换,所以挤切销是道岔转辙至关重要的部件。它受多方面因素的影响,易造成疲劳、甚至折断。如挤切销与动作杆孔间隙大,在尖轨夹异物或列车车轮挤压等情况下,挤切销非正常受力,会使挤切销变形甚至折断,造成动作杆与齿条移位,使移位接触器接点接触不良或跳起,造成故障。因此,要定期检查挤切销。

8. 移位接触器应满足的要求

(1)当主销折断时,接点应可靠断开,切断道岔表示。

(2)顶杆与触头间隙为1.5mm,接点不应断开,用2.5mm垫片试验或用备用销带动道岔(或推拉动作杆)试验时,接点应断开,非经人工恢复不得接通电路。其“复位按钮”在所加外力复位过程中不得引起接点簧片变形。

课后交流

1. 简述直流无极继电器的组成及其工作原理。
2. 简述道岔区段轨道电路工作原理及其作用。
3. 简述信号机的颜色及其表示意义。
4. 简述转辙机的作用及功能。

项目三　信号联锁设备

学习目标

1. 了解联锁的基本含义。
2. 能够判断及控制进路。
3. 掌握计算机联锁系统的操作与维护。

任务描述

1. 工作对象

进路图一张，TYJL-II 型计算机联锁系统。

2. 工作内容

(1)正确识别进路图上各种进路。
(2)正确识别计算机联锁设备组成、名称和作用。
(3)操作 TYJL-II 型计算机联锁系统，建立或封闭进路，操作电动转辙机扳动道岔。
(4)检查、评价工作质量；整理工具，将设备恢复初始状态清洁工作场地。

3. 工作目标与要求

(1)具备信号工作人员应有的安全意识。
(2)熟悉信号联锁设备组成部分及设备的工作原理。
(3)能按规范的步骤，完成进路排列、解锁，转辙机的控制。
(4)在工作结束后，做好设备的初始化工作，保持工作环境整洁。

内容结构

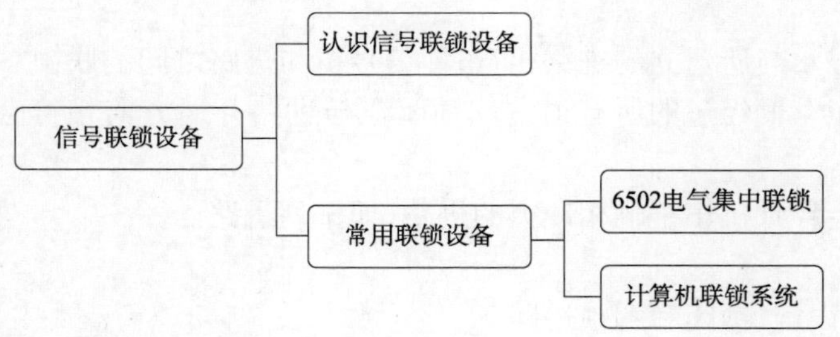

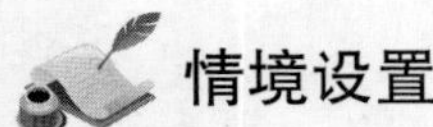

情境设置

小李在停车场看见密密麻麻的钢轨线路，每趟列车井然有序地运行着，它们先后通过同一段线路而不发生碰撞。小李注意到，列车运行的时候，转辙机带动道岔，恰好使列车通过该段线路，同时信号灯也自动地根据列车的运行而显示禁止或通行，是什么设备使这一切安全而高速地运行？师傅带小李来到了联锁控制室，里面一排排的继电器柜不停地传出继电器吸合、落下的声音，计算机联锁屏幕上显示整个车站的运行状态。这就是联锁设备，它控制着转辙机和信号机，使列车安全而高效地运行着。师傅让小李坐到控制台前，观察屏幕上各种设备的显示，总结运行规律，为操作计算机联锁设备打下基础。

任务一　认识信号联锁设备

联锁系统是信号系统中保证列车行车安全的核心设备。铁路或地铁车站以及车辆段、正线都有很多线路，线路的两端以道岔连接，如图 3-1 所示，根据道岔的不同位置组成列车的不同进路，每条进路只允许一列列车使用。列车能否进入某进路，是否会发生进路冲突，这些都由联锁系统来协调。

一、联锁的含义

为了保证车站行车安全，必须制定一系列联锁规则以制约信号机的开放与关闭、道岔扳动和进路；必须以技术手段来实现这些联锁规则。因此，联锁是“通过技术方法，使信号、道岔和进路必须按照一定程序并满足一定条件，才能动作或建立起来的相互关系”。联锁系统以电气设备或电子设备实现联锁功能，具体设备以信号机、动力转辙机和轨道电路室外三大件来实现联锁功能，如图 3-2 所示。

图 3-1　列车场站图

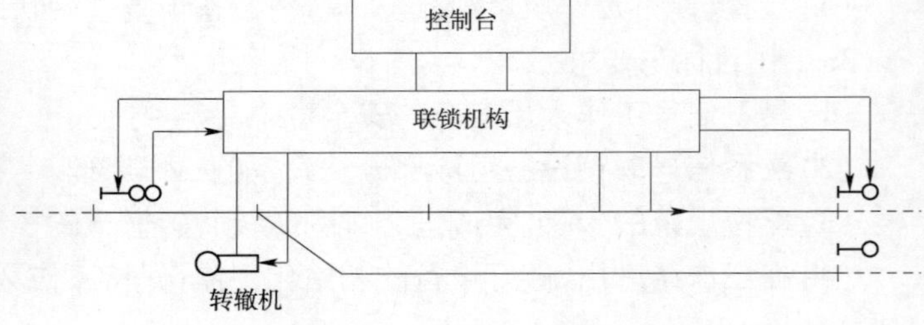

图 3-2　联锁示意图

1. 联锁的内容

（1）信号机的显示与所建立的进路相符，即信号机与进路之间的联锁。

（2）列车或调车车辆经过的所有道岔均锁闭在与进路开通方向相符合的位置，即道岔与进路之间的联锁。

（3）防止建立会导致机车车辆相冲突的进路，即排列进路。

2. 联锁的功能

（1）进路控制：设定、锁闭和解锁进路。

（2）信号机控制：根据进路控制，确定信号机的显示。

（3）道岔控制：根据进路控制，解锁、转换和锁闭道岔。

（4）轨道电路信息处理：处理列车检测功能的信息输出，以提高列车检测信息的完整性。

（5）联锁逻辑运算：接收 ATS 或车站值班员的进路命令，进行联锁逻辑运算，实现对道岔和信号机的控制,采用电气联锁或电子联锁方式。

二、进路的种类

列车在车站内运行时所经由的路径称为进路。进路是联锁关系里重要的一项。按作业性质,进路大体上可分列车进路和调车进路两类。

列车进路又可划分为接、发车进路、通过进路以及转场进路。凡是列车开进站车所经由的路径称为列车接车进路;列车由车站发往区间所经由的进路称为发车进路;列车所经过的正线接车进路和正线同方向发车进路组成的进路,称为通过进路;列车由一个车场开往另一车场时所经由的进路称为转场进路。

各种不同性质的进路,应有不同用途的信号机或者车挡、站界标、警冲标等进行防护。如接、发车进路应有进、出站信号机防护;调车进路应有调车信号机进行防护;转场进路有进路信号机防护等。根据进路的性质不同,不但这些信号机显示和数目不同,且开放信号机所应满足的技术条件也不相同。

三、进路的划分

进路的划分,即确定每条进路的始端和终端。将进路的起始端明确了,信号机所防护的空间也就明确了,这样联锁关系里的进路、道岔、信号机的设置也就明确下来。进路的始端处应设置信号机加以防护,而其终端处也多以同方向的信号机为界,在进路的终端处无信号机时,需要以车挡、站界标或警冲标(不设出站信号机的车站)为界。

从图 3-3 所示可以得出列车进路的划分原则是:

(1)进路的始端一般是信号机。

(2)发车进路的终端可以是信号机、站界标以及警冲标。

(3)一架信号机同时可防护几条进路,即它可作为几条进路的始端(如进站信号机、接车进路信号机等)。

(4)进路范围内包括道岔和道岔区段。

(5)调车进路和列车进路一样,也要有一定的范围,(与列车进路相比较短些)才能对它进行防护。调车进路的始端是由防护该调车进路的调车信号机和出站兼调车信号机开始,终端则视具体情况而定。

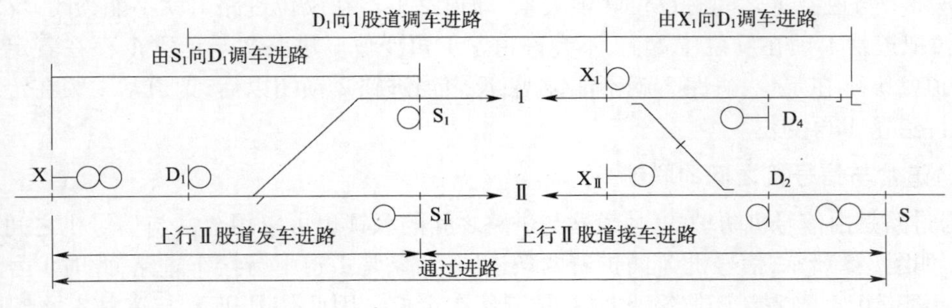

图 3-3　进路的划分

四、车站联锁关系

进路是由道岔的定反位置所决定的,在进路的入口处必须设有信号机进行防护。所谓建立进路,就是先把进路上的道岔扳到进路所要求的定位或反位上,然后再将该进路的防护信号机开放。若道岔位置错误,则不允许信号机开放,进路不能建立。而一旦信号机开放后就不准许进路上的道岔再变换位置,进路进行锁闭,直至信号机关闭,列车或机车车辆越过道岔为止。

联锁必然存在于两个对象之间。例如上面所说的道岔和信号机之间有联锁,上行信号机与下行信号机之间有联锁等。联锁既然存在于两个对象之间,且又是相互制约的,所以在一般情况下必然是互锁的。假如道岔不扳在规定位置,那么把信号机锁在关闭状态,而一旦信号机开放,信号机就把道岔锁在规定位置上。这样做的理由很简单,若信号机不锁道岔,在信号机开放后,道岔仍可变换位置,则道岔锁信号机就没有意义了。因为在信号机开放以前道岔位置虽然正确,但信号开放以后,道岔仍可扳到错误的位置上去,这样是很危险的。

下面介绍存在于道岔、进路和信号机之间的基本联锁关系。

(一)道岔、进路之间的联锁

道岔有定位和反位两个工作位置,进路则有锁闭和解锁两个状态。道岔位置正确,进路才能锁闭,进路解锁后,道岔才能改变其工作位置。这就是存在于道岔和进路之间的基本联锁关系,这种关系如图 3-4 所示。

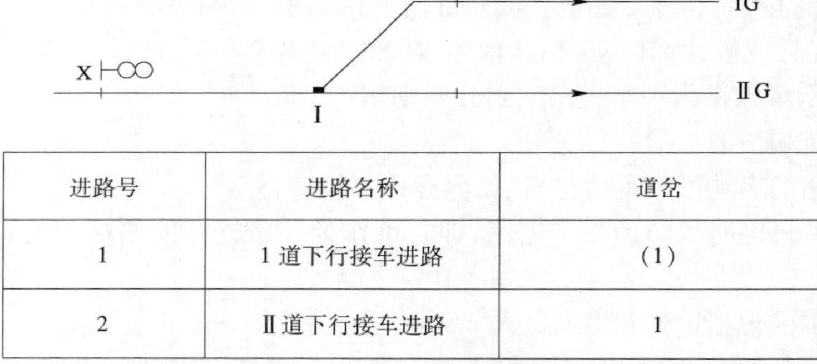

进路号	进路名称	道岔
1	1 道下行接车进路	(1)
2	Ⅱ道下行接车进路	1

图 3-4　道岔与进路间的联锁

在图 3-4 中,进路 1 是指 1 道下行接车进路,进路 2 为Ⅱ道下行接车进路。进路 1 要求道岔 1 在反位;进路 2 要求道岔 1 在定位。带括号的代表道岔在反位,不带括号的则表示道岔在定位。进路 1 与道岔 1 之间有反位联锁关系,即道岔 1 不在反位进路 1 就不能锁闭;反之进路 1 锁闭后,把道岔 1 锁在反位位置上,不允许道岔 1 再变位。进路 2 与道岔 1 存在着定位锁闭关系,即道岔 1 不在定位,进路 2 就不能锁闭;反之当进路 2 锁闭以后,把道岔 1 锁在定位位置上,不准许道岔 1 再变位。

(二)道岔与信号机之间的联锁

因为进路是由信号机防护的,故道岔与进路之间的联锁也可以用道岔与信号机之间的联锁来描述。如图 3-5 所示,信号机 X 防护着两条进路:一条是 1 道下行接车进路,此时 1 号道岔在反位;另一条是Ⅱ道下行接车进路,此时 1 号道岔在定位。因此信号机 X 与道岔 1 之间的联锁关系,既有定位锁闭关系,又有反位锁闭关系,叫作定反位锁闭,应记作“1,(1)”。

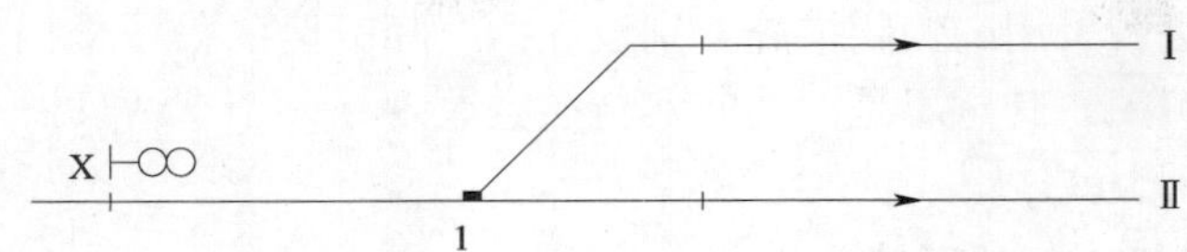

信号机	信号机名称	道岔
X	下行进站信号机	1,(1)

图 3-5　道岔与信号机的联锁

定反位锁闭就意味着道岔 1 在定位时,允许信号机 X 开放;在反位时也允许信号机 X 开放,那么可否不采取锁闭措施呢?这样是不允许的,因为道岔除定位和反位以外,还有一种非工作状态,即不在定位又不在反位的状态,如道岔不密贴或被挤岔等。也就是说,道岔在不正常状态,是不允许信号机开放的。

(三)进路与进路间的联锁

进路与进路之间存在着两种不同性质的联锁关系:一是抵触进路;二是敌对进路。

1. 抵触进路

抵触进路,如图 3-6 所示。下行接车进路有三条,即进路 1、进路 2 和进路 3。这三条进路因为要求道岔位置各不相同,且在同一时间只能建立起一条进路。也就是说,任何一条进路锁闭以后,在其未解锁以前,因为把有关的道岔锁住了,不可能再建立其他两条进路了。这种用道岔位置可用区分的进路叫作抵触进路。

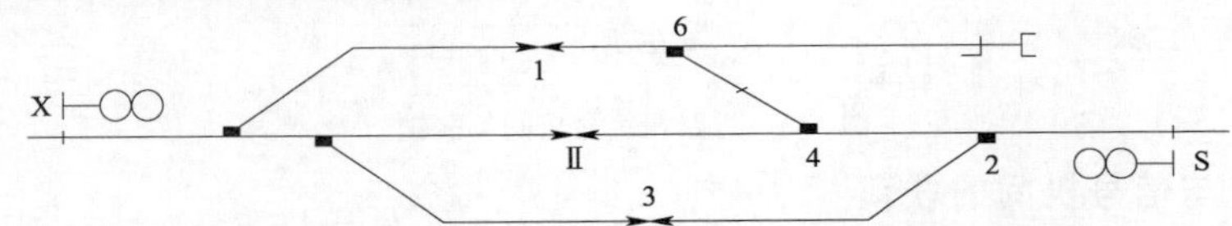

进路号	进路名称	敌对进路	抵触进路
1	1 道下行接车进路	6	2,3
2	Ⅱ道下行接车进路	4,5,6	1,3
3	3 道下行接车进路	4,5,6	1,2
4	3 道上行接车进路	2,3	5,6
5	Ⅱ道上行接车进路	2,3	4,6
6	1 道上行接车进路	1,2,3	4,5

图 3-6　进路与进路间的联锁

既然抵触进路不能同时建立,那么在抵触进路之间要不要采取锁闭措施呢?回答是不需要。不需要采用锁闭措施的联锁内容,没有必要列在联锁表内,也就是说,在联锁表中不考虑抵触进路。

2. 敌对进路

用道岔位置不能间接控制的两条进路,这两条进路又存在着抵触或敌对关系,我们称为敌对进路。如图 3-6 所示,进路 5 和进路 2 是敌对进路;进路 5 和进路 3 也是敌对进路。进路 5 是Ⅱ道上行接车进路,进路 2 是Ⅱ道下行接车进路。它们是同一股道不同方向的接车进路,不能用道岔位置间接控制,允许同时接车有危险,所以这两条进路为敌对进路是很明显的。有时,我们把进路 5 和进路 2 这两条敌对进路叫作迎面敌对进路:又因为这两条进路分别属于两个不同的咽喉区,过去所采用的锁闭措施分别设在两个咽喉区的信号楼内,故进路5和进路2之间锁闭,又称照查锁闭。其意思是两楼间实行照查。现在一个车站只设一个信号楼,但我们仍沿用照查锁闭这个概念。

(四)进路与信号机之间的联锁

进路与进路之间的联锁之间关系,可用进路与信号机之间的联锁关系来描述。因为进路较多时,这样描述较明显,不需要从进路号码中查找进路名称了。如图3-7所示,进路1是从D21信号机至无岔区段W的调车进路,D23信号机所防护的进路与上述进路为敌对进路,所以把D23为进路1的敌对信号,在联锁表进路1的敌对信号栏内记作"D23"。D33信号机防护着两条进路:一条经由道岔19反位;另一条经由道岔19定位至无岔区段W由于无岔区段一般较短,故禁止同时由两个方向向该无岔区段内调车。即D21至W的调车进路与D33至W的调车进路是敌对进路。但这两条敌对进路,只是在道岔19在定位时,才能构成,反之则构不成。这种有条件的敌对进路在进路1的敌对信号栏中记作" < 19 > D33"。如果记作" < (19) > D33",则说明是反位条件。

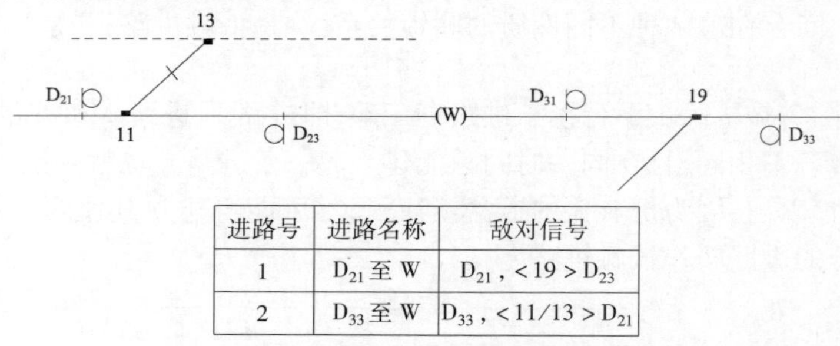

进路号	进路名称	敌对信号
1	D_{21}至W	D_{21}, < 19 > D_{23}
2	D_{33}至W	D_{33}, < 11/13 > D_{21}

图3-7　进路与信号机间的联锁

(五)信号机与信号机间的联锁

因为进路与进路之间联锁可以用进路与信号机间的联锁关系来描述,所以也可以用信号机与信号机间的联锁关系来描述。若以图3-7中的四架调车信号机为例,则这四架信号机之间的联锁关系可用图3-8所示。

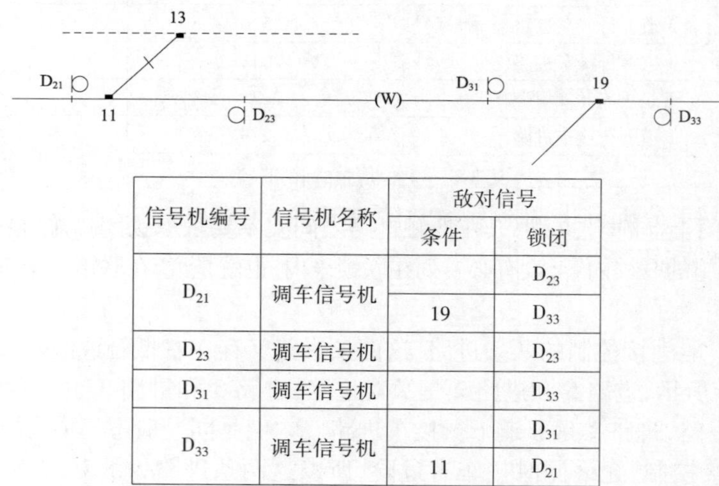

信号机编号	信号机名称	敌对信号	
		条件	锁闭
D_{21}	调车信号机		D_{23}
		19	D_{33}
D_{23}	调车信号机		D_{23}
D_{31}	调车信号机		D_{33}
D_{33}	调车信号机		D_{31}
		11	D_{21}

图3-8　信号机与信号机间的联锁

图 3-8 中，D_{21} 和 D_{33} 是条件联锁，相应条件是道岔 11/13 定位和道岔 19 定位。

任务二　6502 电气集中联锁

一、6502 电气集中联锁概述

车站联锁设备是保证站内运输作业安全、提高作业效率的轨道信号设备。它控制道岔、进路和信号机，将道岔、进路和信号机用电气方式进行集中控制与监督，并实现它们之间联锁关系的技术方法和设备，称为电气集中联锁；而采用继电器实现联锁关系的，称为继电式电气集中联锁（以下简称电气集中）。6502 电气集中是我国目前应用最普通的一种继电式电气集中联锁。

6502 电气集中具有电路定型化程度高、逻辑性强，操作方法简便灵活、不易出错，维修、施工比较方便，符合"故障-安全"原则，易与区间闭塞设备及其他信号设备结合等优点；又是调度集中和调度监督的基础设备。6502 电气集中主要分为室内设备和室外设备两大部分。

1. 室内设备

（1）控制台：用于控制和监督道岔、进路和信号，设在车站中心。

（2）电源屏：不间断地供给电气集中设备用的交、直流电源。

（3）继电器组合及组合架：是实现联锁的设备。

（4）区段人工解锁按钮盘：是辅助设备，它装在离控制台一定距离的墙面上；用于因故进路不能解锁和信号不能关闭时。

（5）分线盘：是室内和室外电缆连接的地方。

2. 室外设备

（1）色灯信号机：给出各种信号显示。

（2）电动转辙机：转换道岔。

（3）轨道电路：监督进路是否空闲；检查钢轨线路完整性及向机车信号传递信息。

（4）电缆和箱盒设备：用于室内外设备连接及安装。

二、室内外设备概况

1. 控制台

控制台由各种用途的按钮和表示灯构成的单元块拼装而成，称为单元控制台（不同于面板式）。它是车站值班员控制和监督全站信号机、道岔和进路，指挥列车运行和调车作业的控制设备，也可供信号工分析、判断控制系统故障范围用。它包括：

（1）各种用途的按钮。

（2）各种用途的表示灯。

（3）报警电铃和电流表。

2. 区段人工解锁按钮盘

（1）按钮的设置：对应设区段组合的道岔区段及无岔区段均设一个带铅封的按钮（SGA）。

（2）作用：与总人工解锁按钮配合来实现对区段的故障解锁及特殊情况下关闭信号。

（3）使用方法：破封登记，两人协同操作，一人按相应咽喉的总人工解锁按钮（ZRA），另一人按相应区段的 SGA。

3. 继电器组合及组合架

继电器组合是实现电气集中联锁的设备(见图 3-9)。继电器以组合的形式放置在组合架上(见图 3-10)。将具有相同控制对象的一些继电器组合在一起,构成定型电路环节。这些定型电路环节,称继电器组合,每个组合继电器数不超过 10 个。

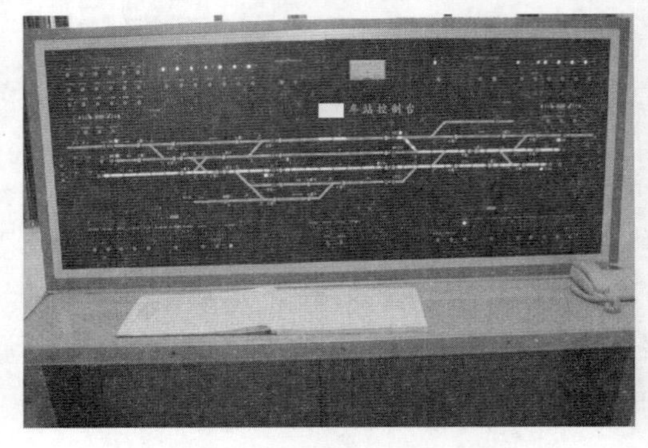

图 3-9 6502 电气集中联锁控制台

图 3-10 继电器组合架

4. 信号机

(1)列车信号机设置。列车作业包括接车、发车和通过列车。把由区间开来的列车接入到车站内准许接车的股道里来叫作接车;进站列车所经过的路径称为接车进路。因此,在车站的每一个接车口应各设一架进站信号机,用它来指挥列车能否进站。把由车站内的列车开往区间去的叫作发车;出站列车所经过的路径称为发车进路。为此,在车站的每条发车进路的起始点应各设一架出站信号机,用它来指挥列车能否出站。通过列车进路实质是由一个咽喉的正线接车和另一个咽喉同方向的正线发车进路而组成;它是由一个咽喉的进站信号机和另一个咽喉同方向的出站信号机来共同指挥列车通过。

(2)调车信号机设置,顺序如下(按作用设):

①牵出线、专用线、编组线、到发线等向咽喉区调车作起始信号的调车信号机。

②起折返作用的调车信号机。

③起阻拦作用的调车信号机。

调车信号机按作用设置好后,为设计电路按位置又分为以下类型:尽头式、单置、并置、差置、出站兼调车,进站内方带调车。

5. 道岔编号

(1)由上行列车到达方向起,顺序编为双数;由下行列车到达方向起,顺序编为单数。如车站一端有两个以上方向时,道岔应按主要方向编号。

(2)在尽头站,向线路终点方向顺序编号。双动或多动道岔应连续编号。

(3)一个车站有几个车场时,每个车场的道岔必须单独编号,不得重复。为了区别车场,道岔号码使用三位数字。百位数表示车场号码,如:101 ~ 109 或 201 ~ 299。个别车场的咽喉道岔超过 50 组时,可以编为千位数,如:1101、1103、1110、1112。

6. 轨道电路

轨道电路的划分原则有如下几点:

(1)信号机前应划分为不同区段。

(2)能构成平行进路的,应设绝缘,划为不同区段。

集中道岔的绝缘节,岔尖一端的应装设在基本轨的接缝处;另一端的绝缘节应装设在警冲标外方3.5m处,若距警冲标的距离不足3.5m的绝缘节,则称为“超限绝缘节”。在车站信号平面图上应将超限绝缘用圆圈标明,以便设计电路时采取安全措施。

(3)轨道区段内道岔数不超过三组。

(4)为提高效率,可将轨道电路适当划短,但不少于25m。

(5)集中区与非集中区分界处信号机外方应划分一轨道区段。

7. 股道编号

单线区段的车站,从靠近站舍的线路起,向远离站舍方向顺序编号;双线区段内的车站,从正线起向两边顺序编号,上行为双号,下行为单号。

任务三　计算机联锁系统

计算机联锁系统是轨道车站基于微型计算机技术,保证行车安全的控制设备,在保障行车安全、节约运行成本、提高运输效率、降低劳动强度、改善劳动条件等方面都起着非常重要的作用。

计算机联锁系统在规定的联锁条件和时序下对进路、信号和道岔实行控制。同时,在满足继电联锁的技术条件和功能下,系统对于来自控制台的错误操作及ATS的错误命令具有有效的防护能力。

一、计算机联锁系统的组成

计算机联锁系统通常采用冗余的工业控制计算机作为主控设备,由一套专用的软件来实现车站信号、进路、道岔间的联锁关系。通过接口设备与轨旁设备交换信息。设备室内设置监控机等人机交互设备,使维护人员对联锁系统进行操作。计算机联锁系统的组成,如图3-11所示。

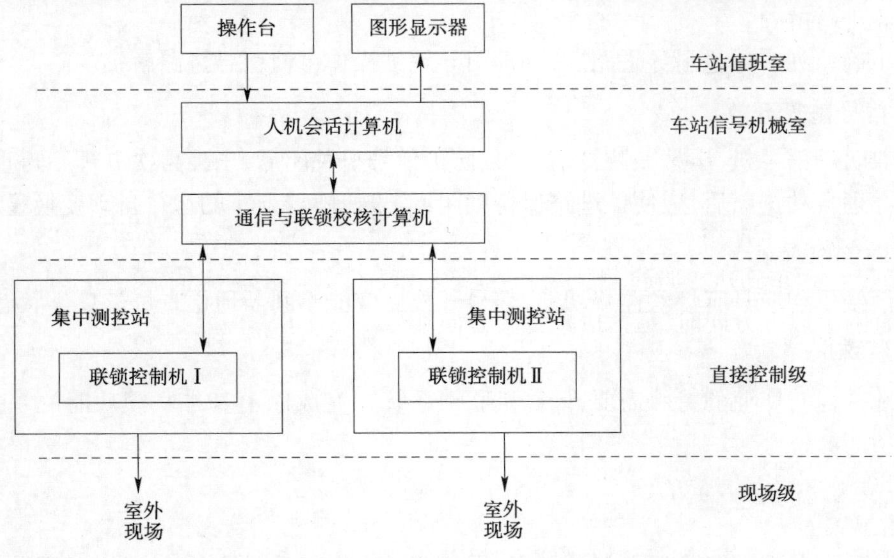

图3-11　计算机联锁系统的组成

二、计算机联锁系统主要功能

（一）进路的建立

根据需要，先确定相应进路的始端、终端，然后自动选出该进路及其保护进路，不能同时选出敌对进路。任何区段有车占用时，不允许办理经该区段的进路。

（二）进路的锁闭

进路的锁闭按时机分为进路锁闭和接近锁闭。进路锁闭是在进路选通，有关联锁条件具备时构成；接近锁闭是在信号开放后接近区段有车占用时构成，当无接近区段时，信号开放后接近锁闭立即构成。

（三）进路的解锁

1. 正常解锁

锁闭的进路在其防护信号机关闭后，能随着列车的正常运行，使各轨道区段分段自动解锁。

2. 取消进路解锁

进路未处于接近锁闭的情况下办理取消进路时，在检查信号机关闭和进路空闲后，进路应立即解锁。列车进路取消后其保护进路应随之自动解锁。

3. 进路人工延时解锁（人工解锁）

当进路处于接近锁闭而列车未驶入进路的情况下需要解锁时，应办理人工解锁。办理列车进路人工解锁时，其保护进路在列车进路解锁后应随之自动解锁。

4. 区段人工解锁

轨道区段在开机、停电恢复和因故障锁闭时，检查该区段，如果未排列在进路中且空闲，应采取该项操作实现故障解锁。

5. 引导进路解锁

在人工确认列车通过引导进路后，办理引导解锁操作可使引导进路解锁。

（四）信号重复开放

进站兼防护信号机、出站兼防护信号机、防护信号机关闭后，未经再次办理不得重复开放。但当正线办理自动进路后，应使该进路保持锁闭，信号机随着列车的运行自动变换显示。

（五）断丝检查

各类信号机均应具有灯丝监督功能，信号开放后应能不间断地检查灯丝良好状态。

（六）特殊联锁功能

根据地铁运营作业的特殊需要，计算机联锁系统在完成以上基本联锁功能的基础上增加新的控制功能。

（1）扣车；

（2）紧急关闭。

紧急关闭的办理及解除仅由车站办理，紧急关闭操作不受站控/遥控状态的限制。

三、TYJL-II 型计算机联锁系统

(1)TYJL-II 型车站计算机联锁系统为车站各种作业提供安全保障。TYJL-II 型计算机联锁设备的机柜,如图 3-12 所示;TYJL-II 型计算机联锁系统构成,如图 3-13 所示。

图 3-12 TYJL-II 型计算机联锁设备机柜直观图

(2)TYJL-II 型计算机联锁系统硬件系统。

①主控系统:主要由联锁机、执表机组成。

②监控系统:主要由监控机(又称上位机)和控制台组成。

③接口系统:主要由采集电路、动态驱动设备和继电控制电路组成。

④辅助系统:主要由电务维修机组成。

⑤电源系统:其中监控系统和主控系统的微机设备均为主、备双套,并具有热备、自动切换功能。

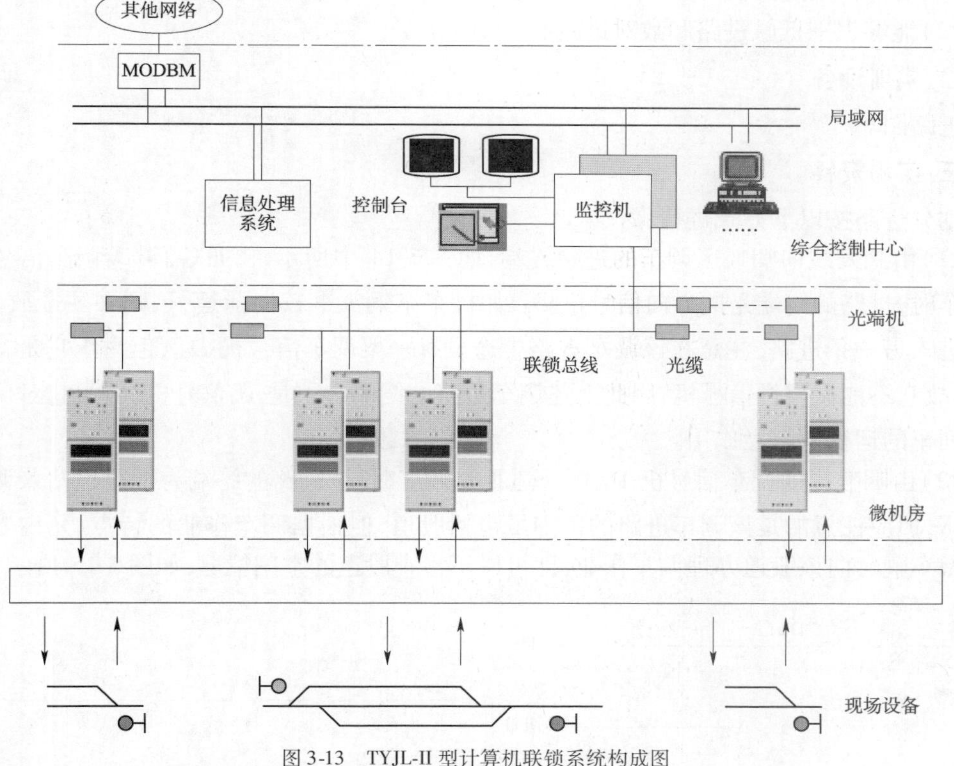

图 3-13 TYJL-II 型计算机联锁系统构成图

(3)TYJL-II 型计算机联锁系统的特点。

TYJL-II 型计算机联锁系统是完整的双机系统,其最大特点是单系统故障及维修时不影响整个系统的使用功能。

TYJL-II 型计算机联锁系统的切换主要有联锁机的切换、执表机的切换、监控机的切换,这些切换也称为系统的总线切换;另外,还有控制台的切换、动态电源极性的切换、动态电源的切

换等。

TYJL-II 型计算机联锁系统基本完整地保留了 6502 电气集中电路对室外设备的控制和表示电路(如道岔电路、信号机电路等),以这些电路中的相关继电器(定/反操纵继电器、定/反表示继电器、轨道继电器、信号继电器和灯丝继电器等)为接口进行控制和信息采集。

TYJL-II 型计算机联锁系统沿用电气集中使用安全型继电器控制现场设备的方式,而由主控系统驱动板给出的动态脉冲需经功率放大方能驱动安全继电器。II 型系统使用具有故障安全性能的专用输出驱动电路实现此功能。该电路主要由动态驱动电源、动态继电器、偏极 1000 安全型继电器组成。

实训 3-1　认识信号联锁设备

一、实训目标

(1)能够识别进路的种类,指出起始信号机。

(2)能够识别抵触进路和敌对进路。

二、实训设备

进路图。

三、实训资料

划分进路按以下方式进行:

(1)由到发线向咽喉区调车的进路终端,如图 3-14 中所示,由ⅢG 向 D_9 调车信号机方向调车时,进路的终端是同方向信号机 D_9,如机车车辆欲继续向前运行,则必须开放 D_9 信号机进入另一条进路,注意在该调车进路中途虽有一架调车信号机 D_{19};但由于它是背向设置的,故它不能做阻拦信号机,因此上述调车进路的终端必须是 D_9 信号机,因为它对调车机车或列车的运行起阻拦作用。

(2)由咽喉区的调车信号机 D_{19} 向股道ⅢG 调车时,该进路的终端为下行出站兼调车信号机 X,但应注意的是该调车进路的范围虽包括股道,但根据调车作业的特点,允许当股道上停留车辆时向该股道办理调车作业,即可以不检查股道的空闲情况,如图 3-15 所示。

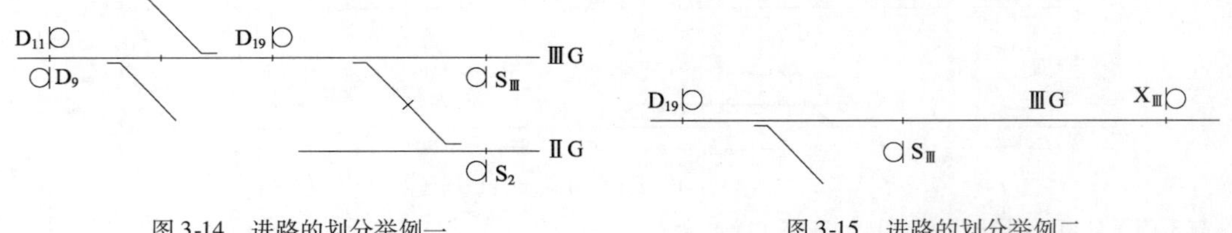

图 3-14　进路的划分举例一

图 3-15　进路的划分举例二

(3)调车进路包括无岔区段的进路终端。如图 3-16 所示,由出站兼调车信号机 S_2 向 D_5 信号机调车时,因 D_5 是阻拦信号机,故它应为进路的终端。该调车进路也应考虑无岔区段内允许暂时停有车辆。

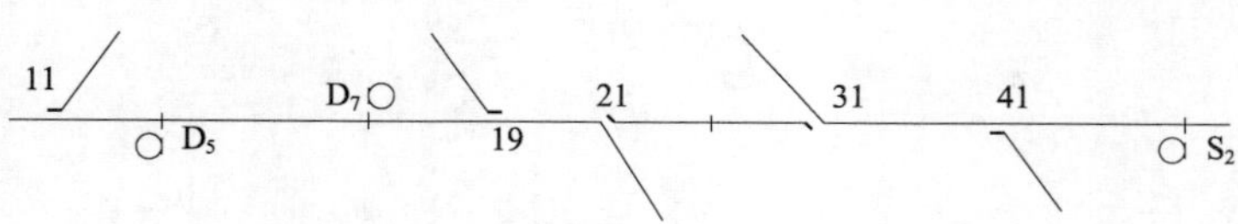

图 3-16　进路的划分举例三

（4）由咽喉区调车信号机向尽头线调车的进路终端，如图 3-17 中所示，由 D_5 向牵出线调车时，进路的终端为车挡。这样的调车进路也应考虑牵出线允许停有车辆。由于调车作业的需要，往往需要开放同方向的几架调车信号机才能达到调车作业的目的。这样的需要连续开放几架同方向调车信号机的调车进路称为长调车进路（复合调车进路），它由两条或多条调车基本进路所构成。

所谓长者系指由几条调车基本进路构成而言，并非指调车进路的实际长度，因此也可称复合调车进路的术语以资区别，但鉴于长调车进路已被信号人员所熟知并认可，故本书中仍沿用长调车进路这一术语，现举例说明。

如图 3-18 所示，由编组场间牵出线调车时，需要同时开放 D_5 和 D_{21} 两架调车信号机。在这条长调车进路中 D_5 信号机既是后一条调车进路的始端，又是前一条调车进路的终端。

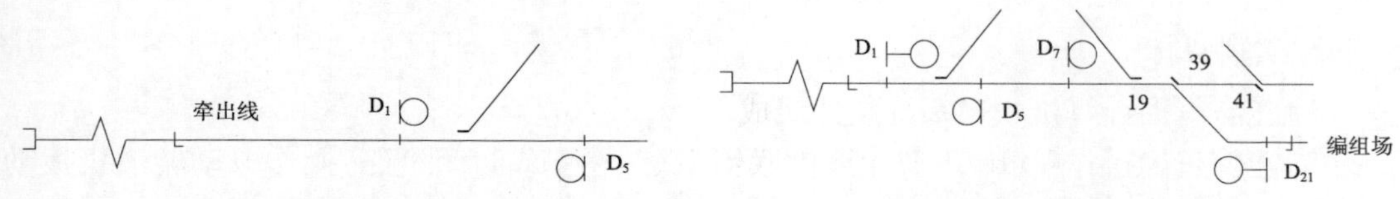

图 3-17　进路的划分举例四

图 3-18　进路的划分举例五

四、实训任务

实训内容	识别信号联锁设备		
班级		姓名	

（1）请识别下列进路的种类和起始信号机。

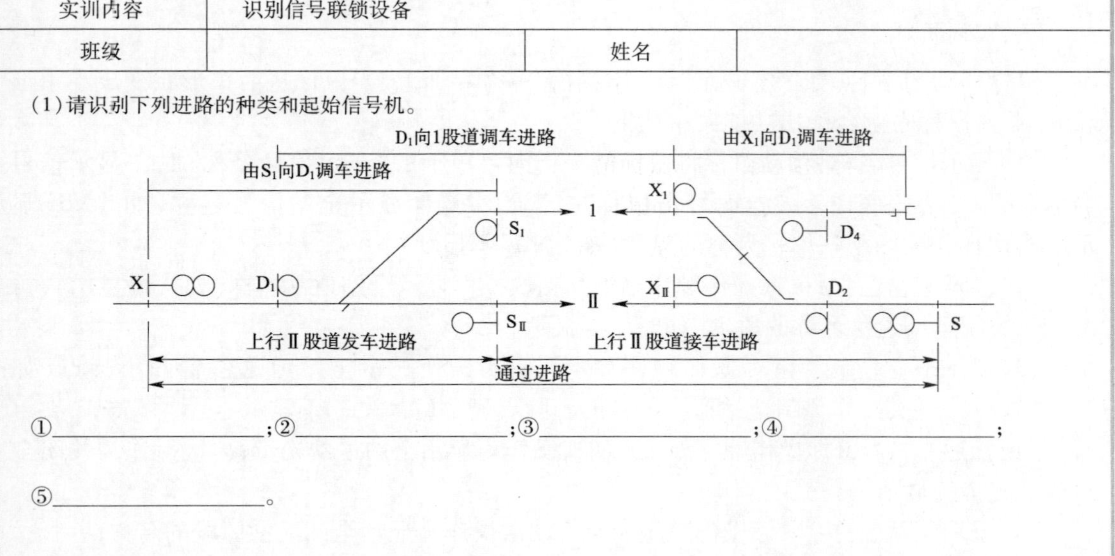

①________；②________；③________；④________；

⑤________。

（2）根据下图完成表格：

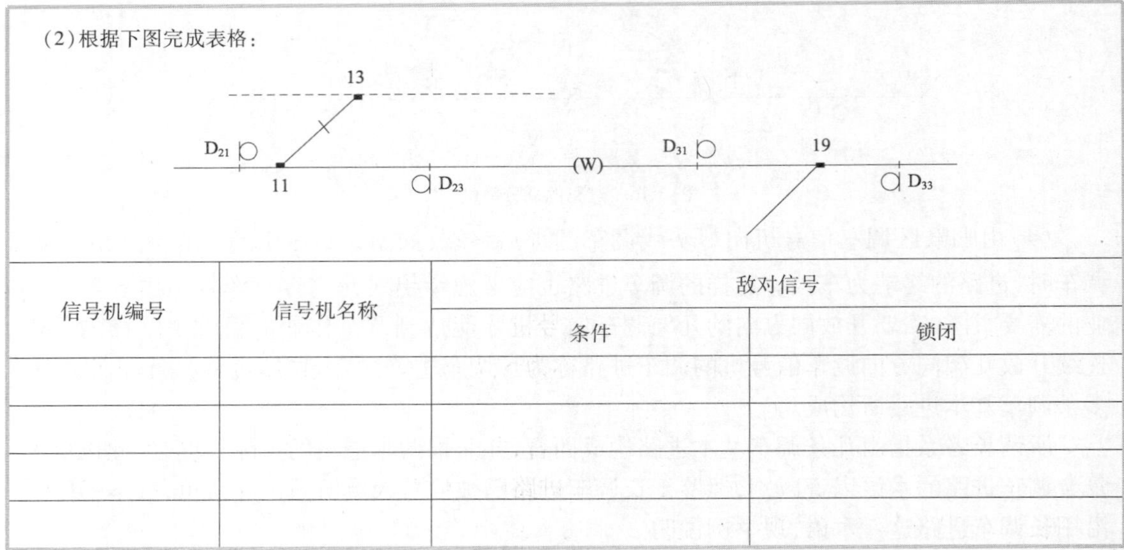

信号机编号	信号机名称	敌对信号	
		条件	锁闭

实训3-2　计算机联锁系统使用

一、实训目标

（1）能够掌握计算机联锁系统硬件组成。

（2）能够正确操作TYJL-II型计算机联锁系统，建立或封闭进路，操作电动转辙机扳动道岔。

二、实训设备

TYJL-II型计算机联锁系统。

三、实训资料

鼠标移动到站名（如“宁波东”）文字（任意一个字）上，当鼠标从箭头形状变成小手形状时，单击鼠标右键会弹出功能菜单如下：

（1）显示信号名称：移动鼠标将鼠标箭头指向菜单上的“显示信号名称”时，“显示信号名称”选项变为蓝底白字。这时轻击鼠标左键，初次操作显示全站信号名称（如“XII”显示），再次操作关闭全站信号名称的显示（如“XII”不显示）。

（2）显示道岔名称：鼠标操作顺序如上。初次操作显示全站道岔名称（如“2”显示）；再次操作关闭全站道岔名称的显示（如“2”不显示）。

（3）显示道岔位置：鼠标操作顺序如上。初次操作显示全站道岔位置的小圆点（如“·”显示）；再次操作关闭全站道岔位置的小圆点显示（如“·”不显示）。

（4）接通光带：鼠标操作顺序如上。初次操作为显示全站道岔光带；再次操作为关闭全站道岔光带的显示。

（5）显示无岔名称：鼠标操作顺序如上。初次操作为显示全站无岔区段的名称；

再次操作为关闭全站无岔区段名称的显示。

(6)显示辅助按钮:打开或关闭自动闭塞辅助按钮和铅封计数器的显示。

(7)停鸣:停止当前的语音报警,但不影响以后产生的新的语音报警。

(8)故障通知:当系统发生故障需要电务人员维修时,可以选择此项,系统将此消息发送给微机监测系统。

(9)取消故障通知:当电务人员得到故障通知或已经完成维修后,可以通过此项取消故障通知。

(10)缩屏:当站场用两个电脑显示屏时才有此项菜单显示;当一屏故障不显示时,可采用缩屏将全部站场缩小显示在一个屏幕上。在缩屏的情况下可以通过相同位置的"取消缩屏"命令取消以前的缩屏操作,使屏幕恢复正常。

(11)清除严重报警:当系统发生可能危及安全或有安全隐患的故障时,监控机会有"设备故障,请速联系电务维修"的报警显示。此时信号员应立即通知电务人员,经电务人员确认并修复故障后由电务人员来发放此命令清除报警字符显示。

(12)上电解锁:计算机停电恢复后,车务人员必须确认站场内无进路存在方可使用上电解锁方式一次性解锁站场上的所有轨道区段。否则,只可用区段故障解锁方式解锁不在进路上的区段。

(13)铅封计数:选择后显示"铅封计数"界面,可以查两个咽喉的破封按钮的使用情况,使用界面上的"关闭"按钮可以关闭界面。

四、实训任务

实训内容	计算机联锁系统使用		
班级		姓名	

(1)请识别 TYJL-II 型计算机联锁系统命令界面。

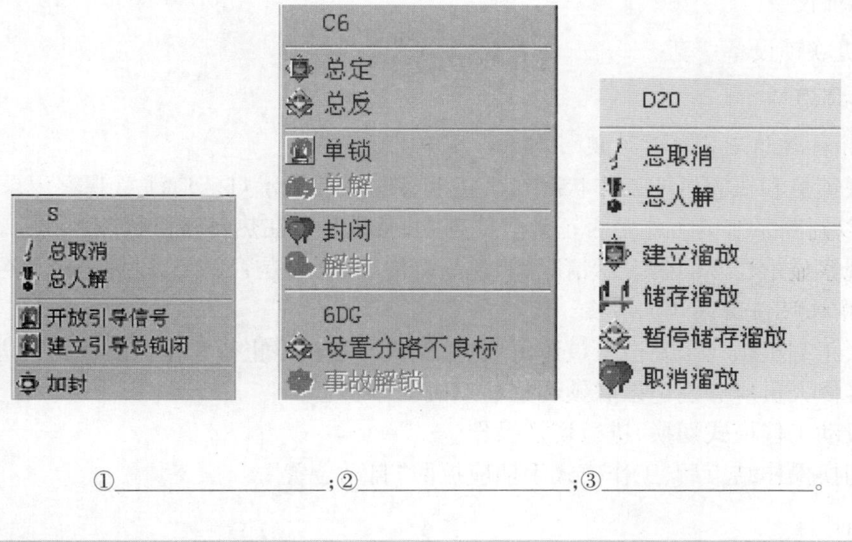

①________________;②________________;③________________。

(2)办理进路。根据指定的起始信号机办理进路,详细记录进路上信号机和转辙机的状态。

(3)操作电动转辙机。根据要求操作指定转辙机,分为手摇和操作台上操作两种,注意人身和设备安全。

实训3-3　计算机联锁设备实际检修操作

一、实训目标

(1)了解计算机联锁设备的组成。

(2)掌握计算机联锁设备的巡检修方法。

二、实训设备

计算机联锁设备一套。

三、实训资料

1. 计算机联锁设备日常巡视

(1)联锁机和执表机的工作状况在机柜上有明确的指示灯。应注意观察记录各种指示灯的状态以判断系统的工作是否正常。检查主、备机是否在热备联机状态。

(2)观察显示器画面的显示情况,颜色是否清晰、画面是否稳定、时钟是否运行。

2. 计算机联锁设备双机切换

(1)人工倒机须向车站值班员讲清要点,倒机必须在停止行车作业的情况下进行。

(2)维修人员应分别记录联锁和控显双机工作状态。

(3)扳动工作模式切换,进行切换操作。

(4)切换操作结束后,工作模式手柄应扳回“自动位置”。

3. 计算机联锁设备操作

(1)确认机柜、上位机和维修机开关在关闭状态。

(2)打开设备电源,启动联锁机、上位机、维修机,待全部计算机均正常启动后,观察联锁机面板各指示灯。

(3)按压备用联锁机的联机按键,使备机处于联机状态,在控制台上确认表示正常后办理全站道岔区段解锁。

(4)当全部道岔区段解锁完毕后,备用连锁机的同步灯应点亮,备机进入同步状态。

四、实训任务

实训内容	计算机联锁设备实际检修操作		
班级		姓名	

实施计算机联锁设备实际检修操作,并进行情况记录。

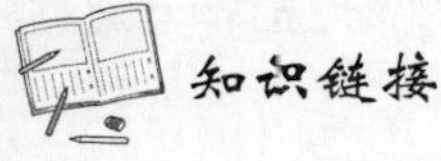

知识链接

TYJL-II 系统的维护

一、日常维护与监测

1. 日巡视

(1)在机柜上有明确的指示灯表示联锁机和执表机的工作状况。日巡视时,应注意观察、记录各种指示灯的状态以判断系统的工作是否正常;检查主、备机是否在热备联机状态。

(2)机柜电源层——STD5V、采集 12V、驱动 12V 指示灯应亮灯;灭灯表示电源故障。

(3)机柜 STD 层设有工作指示灯、备用指示灯、同步指示灯、联机指示灯,通过这些灯的状态表示联锁机的工作状态。

(4)正常工作时,主控机的工作灯应为稳定的绿灯,8 位 CPU 运行灯、中断 2 灯及 1.2.4 组通信收发灯均应快速闪烁;备机的工作灯应熄灭,其备用灯、同步灯应为稳定灯光,备机的运行灯、中断 2 灯及 1.2.4 组通信收发灯均应快速闪烁。

2. 巡视要求

(1)认真巡查各种指示灯,查看其显示是否正常。

(2)检查主、备机的工作状态是脱机、联机还是同步,并做记录。如果维修机上有报警记录、倒机记录时,需分析报警及倒机的原因。

(3)询问值班员设备的运行情况,控制台、鼠标台的使用情况,发现问题及时解决。

(4)观察显示器画面的显示情况,颜色是否清晰、画面是否稳定、时钟是否正常运行。

(5)监控机的开关上有三个指示灯和两个按键:第一个标注POWER的指示灯为电源指示灯,第二个标注H. D. D的指示灯为硬盘指示灯,第三个标注KB-LK的指示灯为键盘锁闭指示灯,红色自复式按键为复位键,蓝色非自复式按键为键盘锁闭键。蓝色按键按下时,第三个指示灯亮,表示键盘已锁。为了保证安全,最好将键盘锁闭以免误碰。

(6)当设备出现异常现象时,及时将数据存盘。

(7)监控机和维修机的显示器在不使用时应关闭,以保护屏幕。

二、系统的检修

1. 月测试要求

(1)每月测量联锁机、执表机机柜电源层面板上的各种电压,同时测量STD5V,采集、驱动12V的电压值并做记录。STD5V电源输出应不小于5V;总线板上的电压应不小于4.8V;采集、驱动12V电源输出应不小于11.5V;总线板上的电压应不小于11.3V。

(2)测量值只反映相应电源的输出,并不代表在STD层、采集层、驱动层总线板上的电压值;必要时测量STD层总线板、采集层、驱动层总线板上的电压值。每月测量UPS和配电柜的各种电源输出并做好记录。

2. 月、季的检修要求

(1)每周校对一次时钟。

(2)每月进行一次人工主、备机切换(包括联锁机、执表机、监控机),使主、备机轮流工作。

(3)每三个月进行一次UPS充放电,即在备机工作情况下,将备机UPS的220V电源断开,放电8min然后恢复即可。

(4)每三个月检查一次备用的动态电源,以确保备用动态电源的完好性。

(5)电源的输入电压是220V,观察原备用电源变为主电源后系统工作的情况。若系统工作正常,将断掉的原工作机的220V电源恢复,以保持A、B机电源处于热备工作状态。

(6)保持计算机房的温度及机柜的整洁,按规定周期清扫设备。在清扫、检查机柜时注意不要用力晃动各种板卡,以免造成虚接。

(7)定期检查备件的完好性,各种备用板卡最好存放于袋中防尘。

(8)定期做好防鼠工作,按时投放鼠药。

(9)设备出现异常工作的信息应进行存盘保存。

课后交流

1. 什么是车站联锁?其主要内容是什么?

2. 计算机联锁设备组成部分有哪些?请简述各设备的工作原理及作用。

项目四　信号通信设备

学习目标

1. 了解城市轨道交通通信系统的构成。
2. 掌握各种信号通信设备的基本组成、功能作用。
3. 能够根据操作规范完成信号通信设备的基础维修。

任务描述

1. 工作对象

待安装电话系统、广播系统、闭路电视监控系统、轨旁天线 AP、交换机各一套。

2. 工作内容

(1)领取所需要的工具,做好工作准备。

(2)正确识别通信的各基础设备,分辨并说出各零部件的名称和作用。

(3)熟悉基础设备的安装流程,反复确认各零部件的所在位置。

(4)安装完毕后检查各基础设备的安放位置是否正确。

(5)检查、评价工作质量;整理工具,清洁工作场地。

3. 工作目标与要求

(1)必须具备高度的安全意识。

(2)利用通信基础设备维修手册,团队合作制订并实施工作计划。

(3)能按规范的步骤,完成通信基础设备的安装,各零部件安装位置正确。

(4)在工作结束后,做好废料的处理工作,保持工作环境整洁。

内容结构

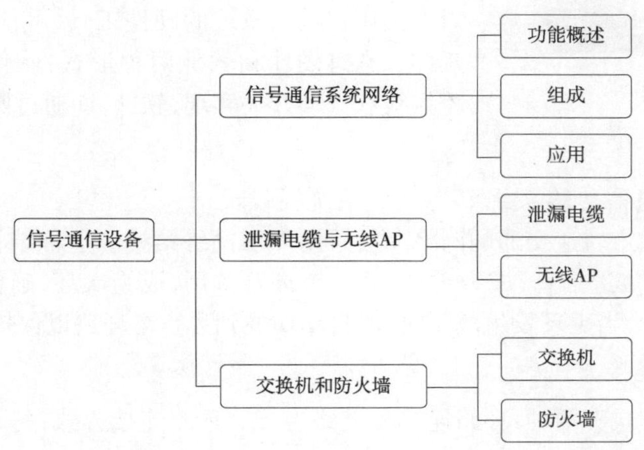

情境设置

师傅告诉小李信号通信设备是列车安全运行的保障，它是实现信号接收、处理和发出的基础，对一名地铁信号工作人员来说是必须掌握的部分。师傅带着小李来到设备室，向他介绍了电话系统、广播系统、闭路电视监控系统、交换机和无线 AP；师傅告诉他要通过不断的学习和操作练习，才能在以后的工作中维护好这些设备，保障列车正常运行。

任务一　城市轨道交通通信系统

城市轨道交通通信系统是构成城市轨道交通各部门之间有机联系，实现运输集中统一指挥、行车调度自动化，提高运输效率的必备工具与手段。城市轨道交通通信系统按其用途来分，可分为地区自动通信、城市轨道交通专用通信、有线广播、闭路电视、无线通信以及子母钟报时系统、会议系统、传真及计算机通信系统；按信息传输的媒介可分为有线通信和无线通信，有线通信又可分为光缆和电缆通信。城市轨道交通通信是既能传输语言，又能传输文字、数据、图像等各种信息的综合数字通信网。

一、信号通信系统组成

通信传输系统是系统各站点与中心及站与站之间的信息传输、不同线路的信息交换的通道。图 4-1 所示为控制中心画面。

（一）通信传输系统结构

通信传输系统由光纤骨干网、网络节点、用户接口卡、网络管理系统组成。光纤骨干网贯穿整个传输介质，它有光纤、电缆两种传输介质。短距离连接使用电缆或多模光纤和 LED 光源；长距离只能使用单模光纤。

图 4-1　控制中心

网络节点是用户访问网络、使用网络的途径，可为用户接口卡提供电源，接收用户接口卡信息并发送到光纤网络，同时接收光纤网络信息并传送到用户接口卡。用户接口卡是用户接入系统的硬件工具，可使自身系统无线向外延伸。它有硬件和软件两种形式：硬件，即通过板卡自身跨接线和微动开关实现；软件，即通过网络中心实现。

（二）网络结构

城市轨道交通通信传输系统要为其他系统提供灵活可靠的传输通道。城市轨道交通的网络一般采用环形网络结构。这种结构由两个环路连接：一个环路运行，负责传送信息，成为主环；另一个环路备用，成为次环，确保次环能随时启动。这种结构需要电缆少，当主环发生故障时，能自动切换到另一个环路以保持正常的通信。

（三）节点间的连接方式

节点间的连接方式有两种：环路连接和链路连接。环路连接方式：每个光/电收发器模块分别和前一节点和后一节点通信。链路连接方式：一个光/电收发器负责与前一节点通信，而另一个光/电收发器负责后一节点通信。

链路和环路连接方式相比，链路连接方式可以在同一节点针对不同连接距离采用不同的波长或收发器模块（光或电）。例如，短距离传输使用850nm的光收发器模块，而长距离传输使用1300nm的光收发器模块；或者在长距离传输使用光收发器模块，在短距离传输使用电收发器模块。

（四）通信传输系统的运行方式和故障恢复

通信传输系统采用双环路运行方式：一个环路（主环）运行，负责传送信息；另一个环路（次环）备用。两个环路功能一致，系统运行时，不断监测备用环路，确保备用环路能随时启动，主路若出现故障，备用环路将立即启动。

二、信号通信系统的应用

二维码13

城市轨道交通通信系统按设备可分为主干传输网（传输系统）、电话系统、广播系统、电视监控系统、时钟系统、无线通信系统。

（一）电话系统（相关教学资源见二维码13）

电话系统（见图4-2）为城市轨道交通的管理、运营和维修人员提供语音服务。电话系统主要分为公务电话系统和专用电话系统。目前，部分新建城市轨道交通线路采用公务、专用电话系统合并设计的方案，即公务、专用电话系统软、硬件分别设置，具有功能独立、维护管理独立的特点。

二维码14

（二）广播系统（相关教学资源见二维码14）

在城市轨道交通运营中，广播系统（见图4-3）主要用于控制中心调度人员、车站值班员、站台值班员向车站乘客进行如下服务：

（1）公众语音广播。

（2）通告城市轨道交通列车运行状况。

（3）提供安全、向导等服务信息。

（4）向工作人员发布作业通知。

（5）当车站发生火灾等灾难时，广播系统可兼做消防广播，包括防灾内容紧急广播。

图4-2　电话系统

图4-3　广播系统

图 4-4　闭路电视监控系统

(三)闭路电视监控系统

闭路电视监控系统(CCTV)是安全技术体系中的重要组成之一(见图 4-4),是一种领先的、防护能力很强的系统,可以通过遥控摄像机观看被监视地点的情景。同时,闭路电视监控系统可与防盗报警系统联动运行,使防范能力更加强大。闭路电视的作用和使用见二维码 15。

(四)时钟系统

二维码 15

时钟系统(见图 4-5)为控制中心调度员、车站值班员、列车司机、各部分工作人员及乘客提供统一的标准时间信息,为城市轨道交通其他系统的中心设备提供统一的时间信号。时钟系统的设置对保证地铁运行计时准确、提高运营服务质量起到了重要的作用。系统采用 GPS 时间信息。

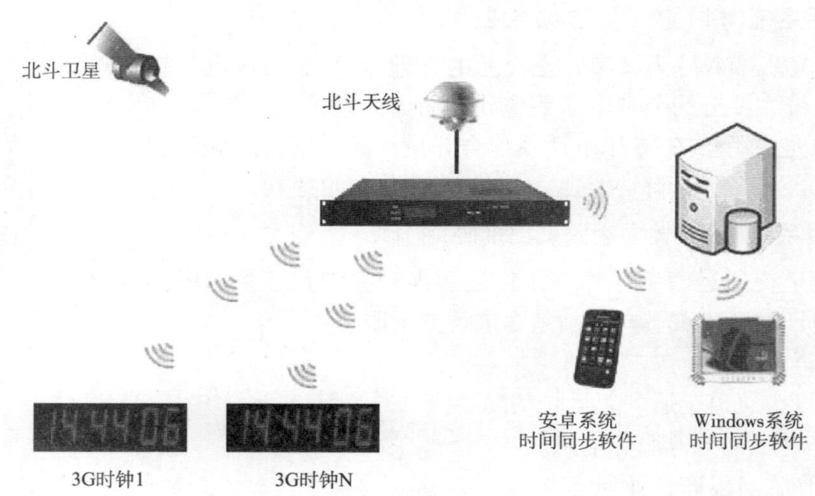

图 4-5　时钟系统

(五)无线通信系统

无线通信系统(见图 4-6)为行车调度员与司机、车站值班员与司机、司机与司机以及公安、维修等用户提供通信方式。无线通信将主要采用数字集群式调度系统、信道几种控制方式。

城市轨道交通无线通信系统除了能满足列车运营需要的列车无线调度通信和车辆段无线通信外,根据地铁实际的运营管理情况,还必须满足管理所需的必要的调度通信,如日常维修的维修调度无线通信,紧急情况下防灾调度无线通信以及必要的站务无线通信等。

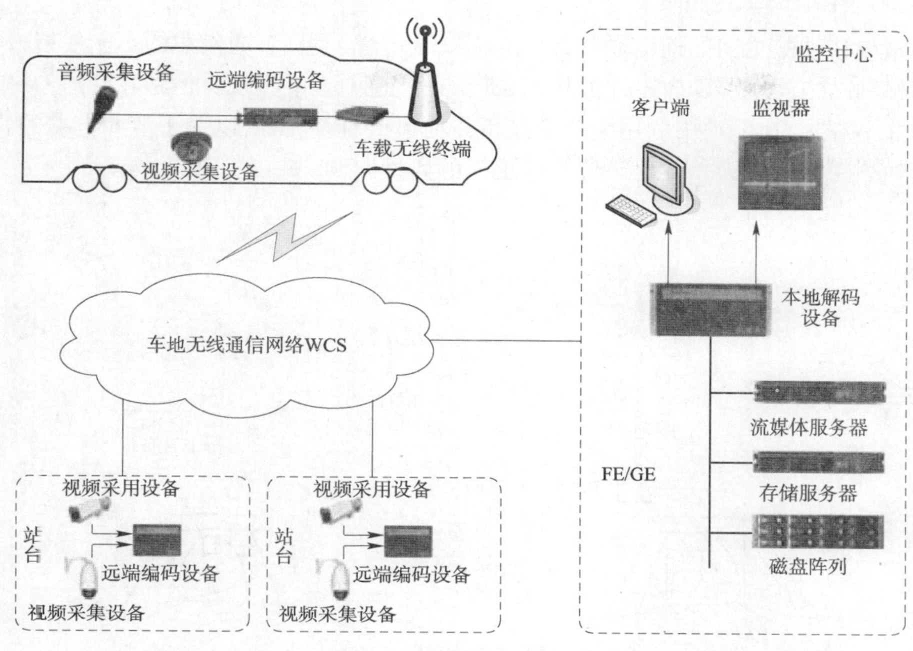

图 4-6　无线通信系统示意图

任务二　泄漏电缆与无线 AP

基于通信的列车运行控制系统(CBTC)通过车底双向数据通信的方式对列车进行控制和监督,增强列车运行安全的操作与管理,提高了列车的安全性和运输效率。无线 CBTC 是列车运行控制系统的发展方向。当下 CBTC 系统中应用的车-地双向无线通信方式有泄漏电缆、交叉感应环线方式和无线移动通信方式(如卫星通信、GSM-R、UHF 电波等)。

一、泄漏电缆

泄漏同轴电缆(Leaky Coaxial Cable)简称为泄漏电缆或漏泄电缆。它由内导体、绝缘介质和开有周期性槽孔的外导体 3 部分组成,如图 4-7 所示。电磁波在电缆中传输的时候,会通过槽孔向外界辐射电磁波;而外界的电磁场同时可以通过槽孔感应到泄漏电缆内部并传送到接收端。目前,泄漏电缆的频段覆盖为 450MHz ~ 2GHz,适应现有的各种无线通信体制,应用场合包括无线传播受限的地铁、铁路隧道和公路隧道等。

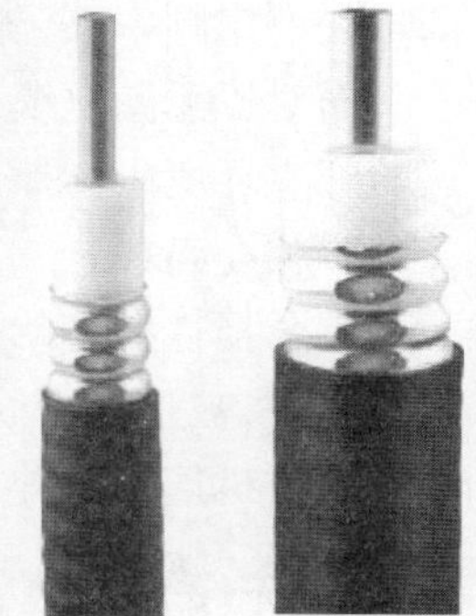

图 4-7　泄漏电缆

(一)泄漏电缆的特点

(1)使用频率宽,场强幅度均匀稳定,抗高压。

(2)信号覆盖均匀,特别适用于隧道等相对有限的空间。

(3)泄漏电缆绝缘在特性阻抗、驻波系数、衰减等方面更加稳定。

(4)抗潮气能力强,提高了产品使用寿命。

(二)泄漏电缆的工作原理

在基站与移动站之间的通信通常是依靠无线电传送。目前,通信业的不断发展,越来越要求基站和移动站之间能够随时随地的接通,甚至在隧道中也能实现。但是在隧道中,电磁波传播的结果并不理想,在隧道中利用天线来进行传输也很有难度,所以关于泄漏电缆的研究也逐渐产生。如图 4-8 所示为一发射站位于隧道口的典型图例。

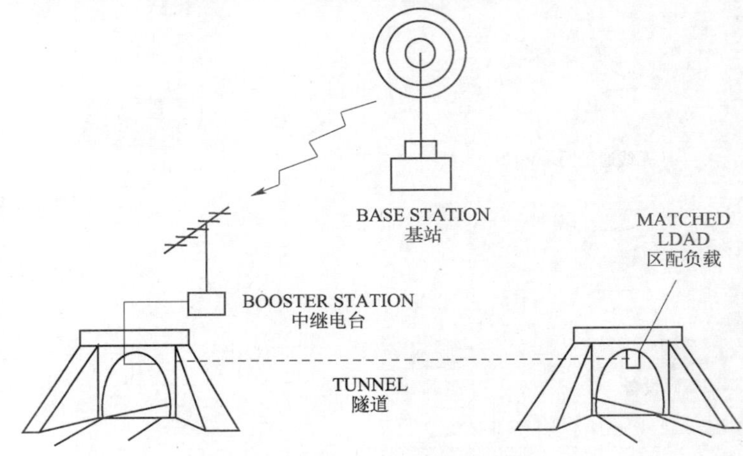

图 4-8　发射站位于隧道口的典型图例

横向电磁波通过同轴电缆从发射端传至电缆的另一端。当电缆外导体完全封闭时,电缆传输的信号与外界是完全屏蔽的,电缆外没有电磁场。外界的电场也不会对电缆内的信号造成影响。

然而通过同轴电缆外导体上所开的槽孔,电缆内传输的一部分电磁能量发送至外界环境。同样,外界能量也能传入电缆内部。外导体上的槽孔是电缆内部电磁场和外界电波之间产生耦合。

泄漏电缆的一个典型例子就是编织外导体同轴电缆。绝大部分能量以内部波的形式在电缆中传输,但在外导体覆盖不好的位置点上,就会产生表面波,沿着电缆正向或逆向向外传输。

(三)泄漏电缆的电性能指标

1. 纵向衰减

衰减常数是考核电磁波在电缆内部所传输能量损失的最重要特性。普通同轴电缆内部的信号在一定频率下,随传输距离而变弱。衰减性能主要取决于绝缘层的类型及电缆的大小。

而对于泄漏电缆来说,周边环境也会影响衰减性能,因为电缆内部少部分能量在外导体附近的外界环境中传播。因此衰减性能也受制于外导体槽孔的排列方式。

2. 耦合损耗

耦合损耗描述的是电缆外部因耦合产生且被外界天线接收能量大小的指标,被定义为特定距离下,被外界天线接收的能量与电缆中传输的能量之比。由于影响是互动的,也可用类似的方法分析信号从外界天线向电缆的传输。

二、无线 AP

无线 AP 是将无线信号接入轨旁有线以太局域网的无线设备。AP 沿轨道线路设置,安装于桅杆上或车站的建筑物上，或安装与轨旁的隧道壁上，如图4-9所示。由于地铁轨道的线性特征，轨旁无线AP采用定向天线来取得更高的接收信噪比和更大的无线覆盖。车辆段和停车线由于具有较大的弯度，为了达到全线覆盖采用大角度定向天线，使系统对于无线信道的衰落具有较强的抵抗能力。

车载移动电台MR和轨旁无线AP均采用业界卓越品质的系列无线通信设备，该设备为基础的无线通信，具有较小的传输延时和高可靠性。

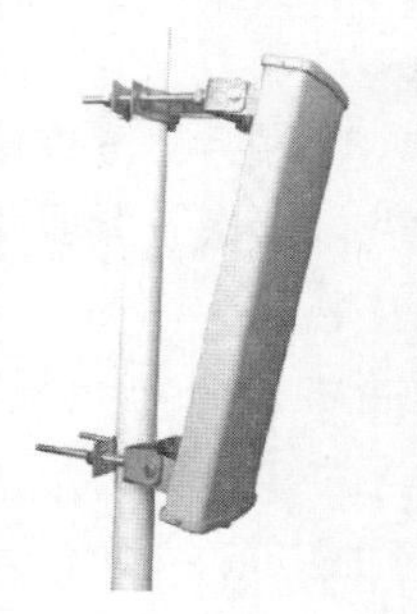

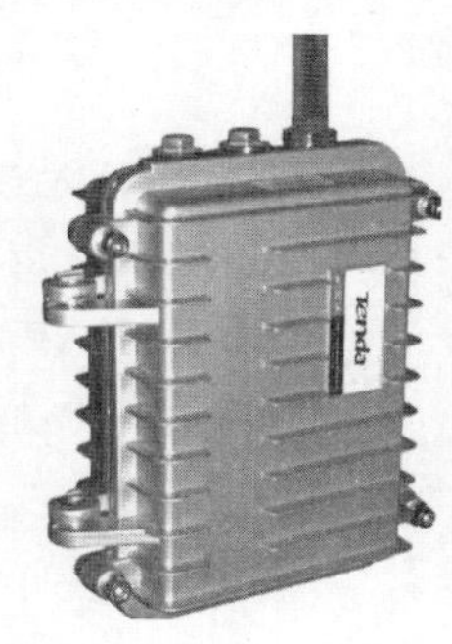

图4-9　无线AP的实地安装场景

WLAN网络工作在基础设施模式（Infrastructure），即所有列车和有线网络间通信都通过AP进行。几个AP能连接在一起形成更大的网络，允许天线设备其中漫游，定义为扩展服务集（ESS）。MR可在所有设置为同一扩展服务集的基站之间漫游，当相邻基站覆盖区域彼此重叠时，可以实现无缝切换。

实训4-1　无线接入设备（AP）的养护与检修

一、实训目标

（1）认识无线接入设备AP。

（2）能够按标准对其进行基本养护。

二、实训设备

完整的轨旁无线设备。

三、实训资料

1. 技术规范

（1）轨旁无线通信系统工作频段：2.4～2.483GHz。

（2）传输速率为2Mb/s。

（3）采用定向无线天线。

2. 操作规程

（1）当无线AP供电或电源模块出现故障更换后重新供电时，无线AP重新启动需要遵循以下操作规程：

①打开AP电源开关。

②系统启动过程中，密切留意系统启动信息。

③启动完成后，对系统设备进行全面检查。首先，检查无线AP的状态显示；其次，检查无线AP连接是否正常。

（2）当无线AP维护或出现故障需要关机时，无线AP关机需要遵循以下操作规程：

①关闭所有无线AP电源。

②关闭无线AP电源模块的开关。

3. 无线接入设备(AP)的养护与检修

二级保养,每半年进行一次。其具体工作如下:

(1)清洁 AP 箱的卫生。

①检查 AP 箱上是否堆积有泥土或其他凝结物,如有,应把它清除掉,保持 AP 箱表面洁净。

②用软毛刷子和白毛巾清除所有天线线缆接口的凝结物或灰尘,保持天线线缆接口洁净。

(2)检查天线、AP 箱是否密封紧固。

①检查天线、AP 箱紧固情况,确定所有固定架都紧固,如有松动的,重新紧固。

②检查 AP 箱密封完好。

(3)检查尾纤插头及防雷光纤盒是否紧固。

(4)AP 箱线缆及防雷端子整治。

①检查天线连接头和电缆、光缆的接头是否有损坏和松脱、线缆是否有老化现象,将损坏部分进行修理或更换。

②检查地线固定螺钉是否牢固,必要时重新紧固,检查螺钉是否生锈。

③检查防雷单元。防雷端子完好。

(5)测试电气。

①测试 AP 箱 24V 电源输出的电压,输出的电压在设计的范围之内。

②测试 AP 箱输入电压在设计范围内。

(6)天线功能测试。

①观察天线的安装角度是否正确,天线应安装成水平方向。

②测试各处的无线信号场强,确定所有区域场强均符合要求。

③记录检查和测试日期、结果,包括所有有关部件的检查,记录结果应详细、准确。

(7)中修,每五年进行一次。

对整机部件性能老化度评估,根据评估结果更换老化部件。

(8)大修,每十五年进行一次。

更换系统,根据采购合同系统生命周期而定,性能不能低于原设备标准。

四、实训任务

实训内容	无线接入设备(AP)的维护		
班级		姓名	

(1)认识无线 AP 接入设备。按如下操作规程进行操作,并记录有关信息。

①打开 AP 电源开关。

②系统启动过程中,密切留意系统启动信息。

③启动完成后,对系统设备进行全面检查。首先,检查无线 AP 的状态显示;其次,检查无线 AP 连接是否正常。在操作过程中,认识无限 AP 各部分的功能。

(2)练习对无线 AP 的二级保养。按如下操作规程进行操作,并进行情况记录。
①清洁 AP 箱的卫生。
②检查天线、AP 箱是否紧固。
③检查尾纤插头及光纤盒是否紧固。
④AP 箱线缆及防雷端子整治。
⑤电气测试。
⑥天线功能测试。
学会无线 AP 的二级保养。

任务三　交换机和防火墙

一、交换机

(一)概念

交换机(Switch)(译为"开关")是一种用于电信号转发的网络设备,可以为接入交换机的任意两个网络节点提供单独的电信号通路,如图 4-10 所示。最常见的交换机是以太网交换机;其他常见的还有电话语音交换机、光纤交换机等。

图 4-10　交换机

(二)工作原理

交换机的控制电路接收到数据包以后,由处理这些数据的端口找到内存中的地址对照表,明确目的 MAC(网卡的硬件地址)的 NIC(网卡)接在哪个端口上。通过内部矩阵将数据包传送到目的端口,目的 MAC 若不存在,广播到所有的端口,接收端口回应后交换机可以"学习"MAC 地址,并把其存放在内部地址表中,通过在数据帧的始发者和目标接受者之间建立临时的交换路径,使数据帧直接由源地址到达目的地址。使用交换机也可以把网络"分段",通过对照 MAC 地址表,交换机只允许必要的网络流量通过交换机。交换机的工作原理,如图 4-11 所示。

通过交换的过滤和转发,可有效地减少冲突域,但它不能划分网络层广播及广播域。交换机在同一时间点可以进行多个端口对间的数据传输。每个端口都可当作独立的网段,连接在它上边的网络设备可在多个端口对之间的进行数据传输。同时,每个端口也可视为独立的网段,连接在它上边的网络设备都可以独自享有全部的带宽,而无须与其他的设备竞争使用。当 A 节点向 D 节点发送数据时,B 节点可同时向 C 节点发送数据,而且这两个传输都享有网络的全部带宽,都有着自己的虚拟连接。

以 10Mb/s 的以太网交换机为例,该交换机总流量为 2×10Mb/s=20Mb/s,而使用 10Mb/s 的共享式 HUB 时,一个 HUB 的总流量也不会超出 10Mb/s。因此,交换机是一种基于 MAC 地址识别,可实现封装转发数据帧功能的网络设备。

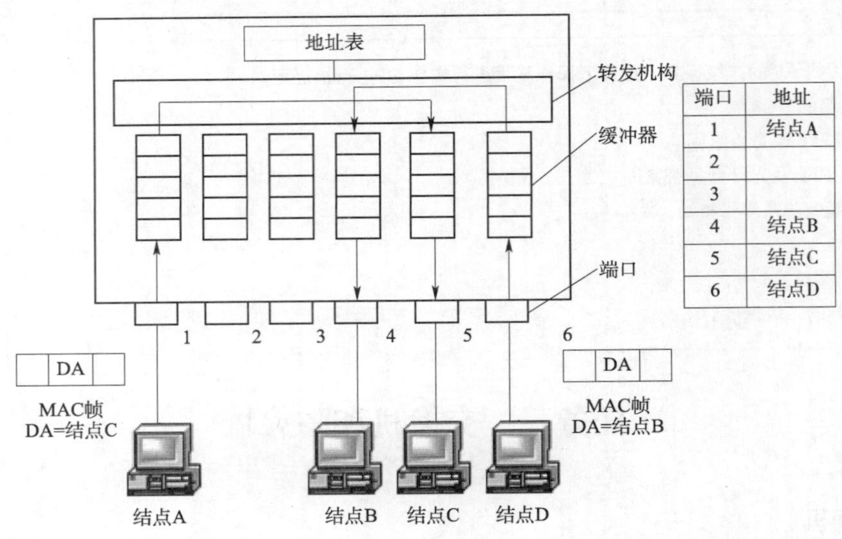

图 4-11　交换机的工作原理

(三)功能

交换机的基本功能可概括如下;

(1)交换机将局域网分为多个冲突域,每个冲突域都有独立的带宽,因此大大提高了局域网的带宽性能。

(2)交换机也提供了大量可供线缆连接的端口,因此可采用星形拓扑布线的方式。

(3)交换机在每个端口上都使用相同的转发或过滤逻辑。

(4)当交换机转发帧时,会重新产生一个不失真的方形电信号。

(5)此外交换机还提供了更先进的功能,如虚拟局域网(VLAN)。

二、防火墙

防火墙(firewall)是一种特殊编程的路由器,它安装在一个网点和网络的其余部分之间,它安装的目的是为了实施访问策略。这个访问策略由使用防火墙的部分自行制定。如图4-12所示,防火墙一般位于因特网和内部网络之间,因特网一般称为防火墙的外面,内部网络这边被称为是防火墙的里面。图4-12所示为防火墙功能示意图。

防火墙的功能有两个:一个是"阻止",另一个是"允许"。"阻止"就是要阻止特定种类的流量经过防火墙(即流量从外部网络进入到内部网络,或是反过来)。"允许"的功能与"阻止"恰好相反。防火墙需要能识别各种流量的类型。在大多数情况下,防火墙的功能是"阻止"。

但是,"绝对阻止所不希望的通信"和"绝对防止信息泄漏"一样,往往比较难做到。直接使用一个商用的防火墙一般不能得到必需的保护,但适当地配置防火墙则可将安全风险降低到可接受的水平。

防火墙技术一般分为两类,即:

(1)网络级防火墙。它主要用来防止整个网络出现外来的非法入侵。属于这类的有分组过滤(packet filtering)和授权服务器(authorization server)。前者检查所有流入网络的信息,拒绝与事先定下的准则不符合的数据;后者能够检查登录的合法性。

（2）应用级防火墙。从应用程序进行访问。通常通过使用应用网关和代理服务器（proxy server）进行区分各种应用。

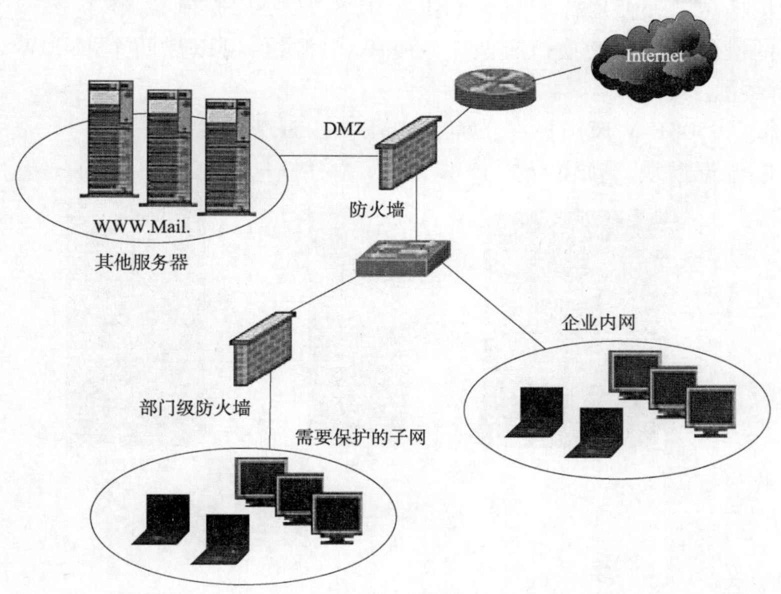

图 4-12 防火墙功能示意图

图 4-12 所示的防火墙包括两个分组过滤路由器和一个应用网关，通过两个局域网连接在一起。

这两个分组过滤路由器都是标准的路由器，但增加了一些功能，这就是对每一个通过的分组进行检查。这两个路由器中的一个专门检查进入内联网的分组，而另一个则检查出去的。符合条件的分组就能通过，否则就丢弃。使用两个局域网的原因是，使穿过防火墙的各种分组必须经过分组过滤路由器和应用网关的检查，而没有任何其他的路径。

分组过滤是靠查找系统管理员所设置的表格来实现的。表格列出了可接受的或必须进行阻挡的目的站和源站，以及其他的一些通过防火墙实现的规则。

实训 4-2 认识交换机结构

一、实训目标

（1）能够依据外观来识别变换机的外观结构。

（2）能够正确识别接口板指示灯的状态意义。

二、实训设备

S9505E 交换机。

三、实训资料

1. 正面结构

交换机的正面结构，如图 4-13 所示。其具体部件的含义如下：

(1)主控板槽位。每个交换机有两个主控板槽位,1+1 备份。

(2)接口板槽位。9505E 有 5 个,9508E-V 有 8 个,9512E 有 12 个。

(3)电源框槽位。每个交换机有两个 3500W 电源框,可以插两个 1800W 电源块(需要使用 16A 电源线)。

(4)风扇框。9508E-V 风扇框在正面,9505E 和 9512E 在背面。

(5)POE 电源框模块。预留支持 POE 供电。

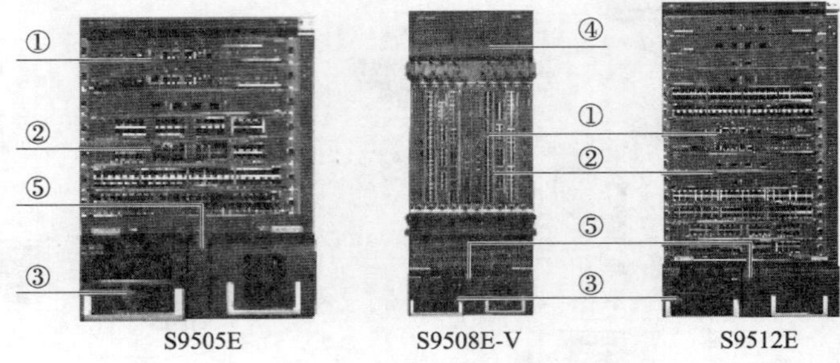

图 4-13　交换机正面结构

2. 背面结构

交换机的背面结构,如图 4-14 所示。其具体部件的含义如下:

(1)风扇框。9505E 有一个风扇框;9512E 有两个风扇框,两种风扇框相同。

(2)后盖板把手。不能承重,搬运机箱时勿动。

(3)接地端子。

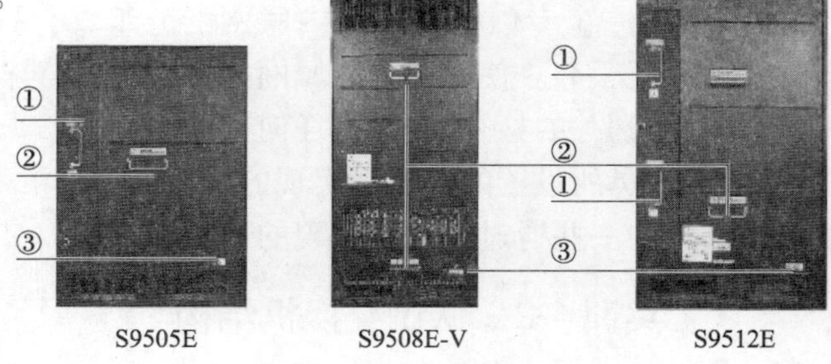

图 4-14　交换机背面结构

3. 技术特性

S9505E 可安装在 19in(1in=2.54cm)标准机柜中,需装在机柜上滑道上并固定挂耳;机柜滑道承重,需大于设备质量,地板承重板需要大于机柜及内部设备质量之和。

4. 面板指示灯及含义

面板指示灯的外观,如图 4-15 所示。

面板接口的含义如下:

(1)SMB 同轴时钟接口(预留)。

(2)接口板状态指示灯(LPU)。

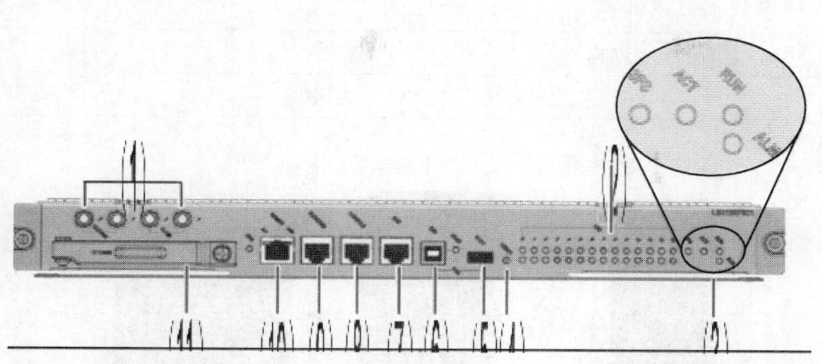

图 4-15　交换机面板接口

（3）主控板状态指示灯。

（4）RESET 键。

（5）主 USB 接口（HOST）。

（6）从 USB 接口（DEV）及其指示灯。

（7）AUX 接口。

（8）Console 接口。

（9）RS232/485 接口（暂未支持）。

（10）网络管理接口。

（11）CF 卡槽及其指示灯。

其中接口板指示灯的状态及含义，如表 4-1 所示。

接口板指示灯的状态及含义　　表 4-1

接口板指示灯	状　态	含　义
RUN（上）	灯长亮	表示接口板有故障
	灯长灭	表示接口板有故障或单板不在位
	灯正常闪烁	表示接口板正常工作
	灯快速闪烁	接口板启动时 RUN 灯长亮或者快闪，一直处于快闪表示接口板注册不成功
ALM（下）	灯长灭	表示接口板无告警或接口板不在位
	灯长亮	表示接口板有告警
0～13	分别对应 0～13 槽位	

四、实训任务

实训内容	认识交换机结构		
班级		姓名	

(1)请结合本部分的介绍,参观实训室交换机设备,识别下列结构的名称。

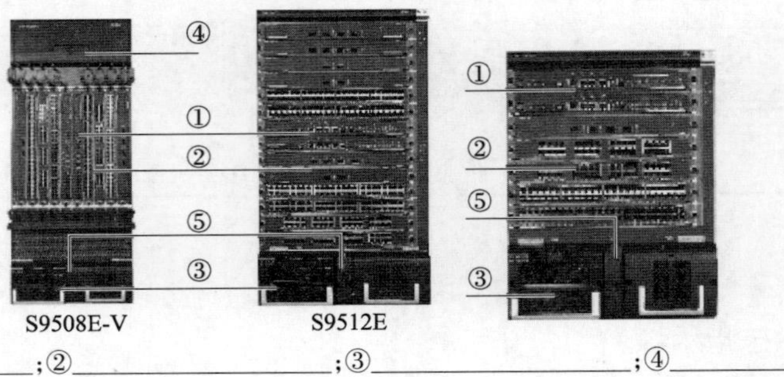

①__________;②__________;③__________;④__________;

⑤__________。

(2)完成如下接口板指示灯的状态及含义表。

接口板指示灯	状态	含义
ALM(下)	灯长灭	
		表示接口板有告警
0~13		

知识链接

泄漏电缆的分类

电缆槽形式及外界环境对信号的干扰或反射将影响耦合的损耗。宽频范围内,辐射越强意味着耦合损耗越低。根据信号与外界的耦合机制的不同,将泄漏电缆分为辐射型(RMC)、耦合型(CMC)和漏泄型(LSC)3 种。

1. 辐射型泄漏电缆(RMC)

辐射型电缆的电磁场是由电缆外导体上周期性排列的槽孔产生的。槽孔间距 d 与工作波长 λ 相当,如图 4-16 所示。

辐射模式所有槽孔都符合相位迭加原理。只有当槽孔排列恰当及在特定的辐射频率段,才会出现此模式;也只在很窄的频段下,才有低的耦合损耗。高于或低于此频率,都将因干扰因素导致耦合损耗增加。

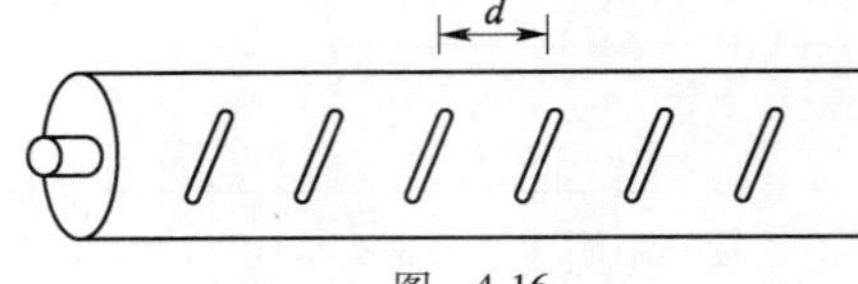

图 4-16

电磁波的传播方向,如图 4-16 所示呈放射状发散。

2. 耦合型泄漏型电缆(CMC)

耦合型电缆有不同的结构,例如,它在导体的外侧开一长条形槽口,或者打开一组间距大大小于工作波长的孔洞(见图4-17)。还有一种形式,就是在导体两侧各自打开一个缝。

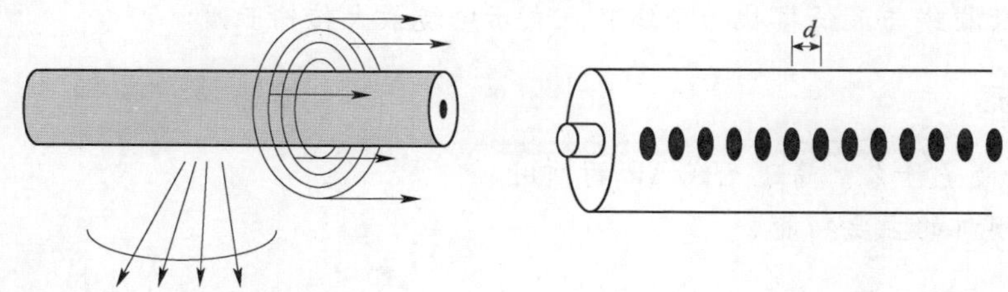

图　4-17

与耦合模式对应的电流平行于电缆轴线,整个电磁波以类似同心圆的形式分布在电缆外侧,并随着离电缆距离的远近而逐渐变小。这种电磁波的模式称为“表面电磁波”,也有少量因随机存在于附近的障碍物和间断点(如吸收夹钳、墙壁等)而被衍射,如一部分能量沿径向随机衍射。

3. 漏泄型泄漏电缆(LSC)

漏泄型泄漏电缆这种模式可理解为在一根非漏泄电缆中,插入一段漏泄电缆(见图4-18)。

使用漏泄型电缆的系统的一个特点是漏泄部分长度占电缆总长度不到2%~3%。这些模式转换器有很低的插入损耗,通常只有0.3dB或0.2dB,所以应用这种模式转换器引起的电缆纵向衰减增加很小。

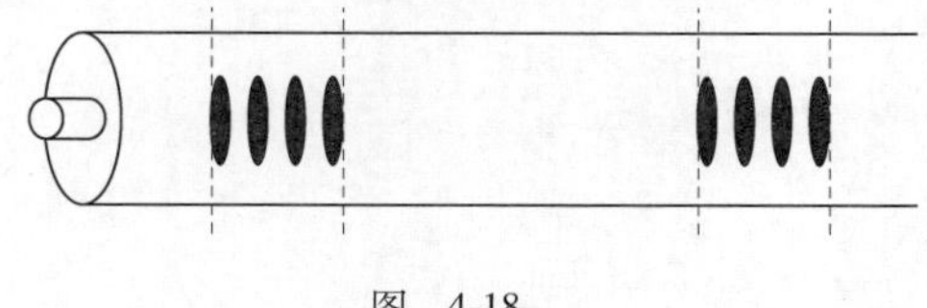

图　4-18

例如,图4-19表示的是使用完全相同的等间距的模式转换器后,场强沿电缆长度方向变化的情况。

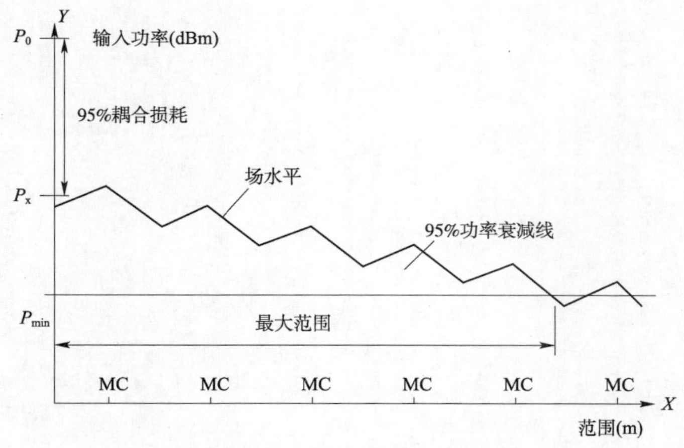

图4-19　场强沿电缆长度方向变化

图中:

X轴表示的是模式转换器在X轴上的位置,用“MC”表示。

P_x =95%功率接收可能性对应的电平与Y轴的交点。

P_0 = 输入功率。

P_{rmin} = 最低接收功率(灵敏度)。

P_x 与 P_0 之间差为漏缆的耦合损失。

95% 功率衰减线与最低接收功率线交点表示电缆最大传输长度。

课后交流

1. AP 的含义是什么？简述无线 AP 的作用。
2. 简述交换机的主要功能。

项目五　信号电源设备

学习目标

1. 了解城市轨道交通信号电源系统的主要设备。
2. 掌握信号电源设备的基本组成、功能作用。
3. 能够根据操作规范完成信号电源设备的维修。

任务描述

1. 工作对象

信号系统的电源设备，主要包括信号电源屏、UPS 电源及蓄电池等。

2. 工作内容

(1) 了解信号电源系统的各主要设备及主要特性。

(2) 熟悉各主要设备的接线和安装。

(3) 熟悉各电源设备的维护与检修流程，掌握设备维护与检修内容。

(4) 按照维护与检修规范要求完成对信号电源设备的日常维护。

(5) 检查、评价工作质量；整理工具，清洁工作场地。

3. 工作目标与要求

(1) 维护与检修工作人员应具有安全意识。

(2) 能够利用各信号电源设备维护手册，制订并实施工作计划。

(3) 能按规范的步骤，完成信号电源设备的维护与检修。

(4) 在工作结束后，做好维护与检修记录，工具归位，保持工作环境整洁。

内容结构

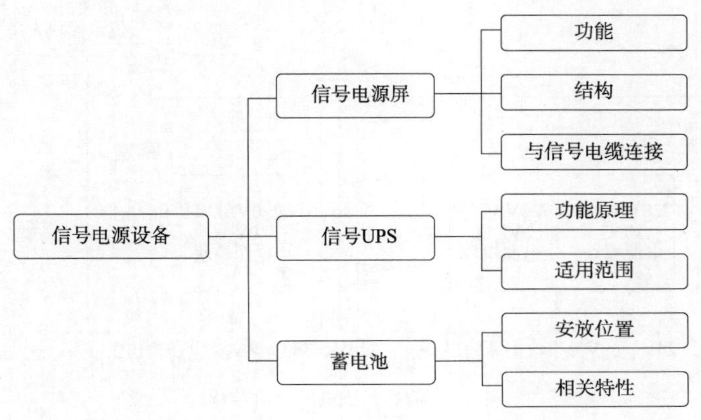

情境设置

轨道交通信号系统正常工作离不开电源设施设备。小李的同学大明被分配到某车辆段综合机电中心工作，负责信号系统电源设备的维护与检修。在师傅的带领下，大明首先要对信号系统的电源设备进行了解，熟悉设备的结构、功能原理、安装要求及相关特性，并能够按照规范要求，完成设备的日常维护与检修任务。

任务一　信号电源屏

一、信号电源屏的功能

信号电源屏的主要功能是向地铁线路的正线、控制中心、车辆段及试车线的所有的信号系统设备(含信号机、电动转辙机、DCS 轨旁设备、计轴设备、设备室内的区域控制器、DCS 设备、继电器、联锁设备等)提供稳定可靠的交、直流电源。其系统结构，如图 5-1 所示。随着城市轨道交通信号电源设备的技术进步，当前的信号电源已由过去的单体分立元件式的信号电源向智能化、模块化的综合信号电源屏发展。

(一)信号电源屏原理

城市轨道交通中使用的信号电源屏多是模块化信号电源屏，根据不同的用电要求，通过选配不同的高频开关电源模块，实现智能化供电。直流模块采用 N + 1 均流并联方式，交流三相转辙机模块采用 1 + 1 热备，交流 230V 通过 UPS 输出配电直接输出。图 5-1 所示为信号系统电源屏的结构。

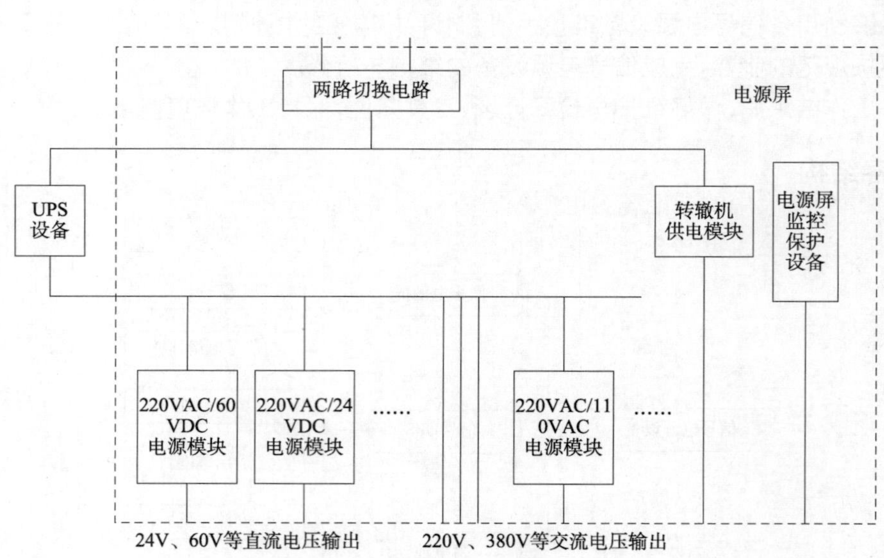

图 5-1　信号系统电源屏的结构

(二)信号电源屏的功能要求

1. 高可靠性

所有元器件均降额使用,延长使用寿命;电源模块采用备份方式,以确保系统的高可靠性。

2. 适应性强

(1)能够在较大温度范围内正常工作,例如:-5 ~ +50℃时,在没有空调的房间能可靠正常运行。

(2)较宽的允许工作电压范围,如:AC380/220V ±25%,特别适用于电网电压不稳定的电化区段。

(3)电磁兼容性好,不影响其他电子设备的正常使用。

3. 可维护性好

(1)能够故障定位,显示故障信息。

(2)除集中液晶显示外,所有电源模块均设有电压、电流、频率、相位数字显示装置。

(3)电源模块可实现热机插拔,在线维护简单快捷。

(4)输入配电和输出配电采用抽屉式插框方式,维护方便。

4. 完善的自我保护功能

(1)输入过/欠压保护。

(2)输出过压/限流/短路保护。

(3)完善的雷击防护措施。

(4)模块过温保护。

5. 绿色环保

(1)工作效率要高:单个电源模块效率要大于90%,整机系统效率要大于80%。

(2)高功率因数:所有电源模块功率因数超过0.9,尽量减少前级供电系统的无功损耗,降低投资费用,减少运营成本。

(3)低噪声:采用新的电子技术或产品,避免工频噪声和风扇运转噪声。

(4)无污染:避免模块内部高次谐波对外电网的污染,电磁兼容性好。

二、信号电源屏的应用

城市轨道交通应用的智能综合电源屏一般采用高频开关和有源功率因数校正技术。其提供的电源三要包括直流电和交流电,其中,交流电分为50Hz 和25Hz 两种。该功能的应用分别通过信号电源屏的直流模块和交流模块来实现。

(一)直流模块

在实际工作中,1 台直流电源往往不能满足系统要求,一般采用一定规格系列的模块电源,按照串联或并联方式,分别达到输出电压、输出电流、输出功率扩展的目的。

城市轨道交通信号电源系统的直流模块多采用 N + M 均流并联冗余方案,即在1 个 UPS 单机内部,采用 N + M 个相同的电源模块并联组成 UPS 主机。其中 N 代表向负载提供额定电流的模块个数,M 表示冗余模块个数,M 值越大,系统工作可靠性越高,但是成本也相应增加。

(二)交流模块

在一些可靠性要求比较高的场合可采用双机热备、3 取 2,2 ×2 取 2 等系统冗余模式;一旦系统故障,系统可自行恢复正常,并提示维护人员进行维修。

正常情况下,交流主、备模块同时工作,但只有交流模块(主)输出至负载。当交流模块(主)故障时,与火线(L)、零线(N)相连的继电器接点断开,自动切换至交流模块(备),以保证交流输出模块的正常供电。

(三)电源监控组网

为了有效实施电源的监控,及时高效地进行电源的维护,全线各个站点的电源设备一般需进行集中组网监控。当前普遍采用的方式是通过通信专业传输网的时隙插入方式组网。这种方式相对简单,信号电源屏只需提供 RS -485/RS -422(实现不同厂家产品兼容的串行数据接口标准)接口,就可接入传输网的网络接点中,是最好的组网方式。

三、信号电源和信号电缆的接线

(一)信号电源屏的接口

两路外部输入三相四线制电源经信号电源屏的自动切换装置后提供给 UPS(不间断电源)。电源屏与 UPS 监测单元采用 RS-232 串行接口通过屏蔽通信电缆连接,电源屏的监控单元实时采集或接收 UPS 的状态信息,通过电源屏集中组网对全线电源设备进行监控。UPS 的干接点信息通过电源屏接点排集中转接,并与电源屏本身的干接点信息一起提供给信号系统的 ATS 子系统。

(二)主接线结构分析

主接线结构连接各模块构成一套完整的信号电源系统,是实现系统先进性、安全性和可靠性的关键技术,也是电源屏的设计方案框架。因此,研究和制造时应严格按照标准和规范进行。

目前所使用的信号电源屏(系统)产品基本上使用以下几种主接线结构方式:

(1)二路输入电源引入后利用交流接触器相互切换的方式。

(2)二路输入电源经整流变换、合并母线实现零中断时间的方式。

(3)二路输入电源加前置 UPS 电池组,具有零中断时间的方式。

(4)输出电源设备按同类设备供电要求分束供电的方式。

(5)输出电源设备交、直流均分别供电,采用 N + M 备用,实现均流 + 热备份的方式。

(6)输入、输出单元部分模块化的接线方式。

(7)输入、输出单元完全模块化的接线方式。

(8)辅助管理功能采用集中采集、集中监测的方式。

(9)辅助管理功能采用分散采集、集中监测的方式。

(三)常用的三种接线方式对比分析

常用的信号电源接线方式主要有 3 种,包括普通电源屏主接线、H 型接线智能型电源屏主接线和综合智能电源屏主接线。3 种接线方式的特点,见表 5-1 所示。

常用信号电源接线方式对比表　　表 5-1

对比项目＼主接线	普通电源屏主接线	H 型接线智能型电源屏主接线	综合 UPS 信号智能电源屏主接线
工作方式	二路电源一主一备工作，由交流接触器控制切换供电	二路引入电源同时工作，稳压、整流后，经 DC/DC 变换为直流负荷供电；经 DC/AC 变换后为交流负荷供电	二路输入电源方式随意，前置 UPS，直流、交流电源输出均可实现并联-均流冗余-热备份
结构对比	（1）元器件分置，部分电源单元模块化。 （2）采用电磁器件，吸收浪涌和抗冲击性能比较好	一路电源断电或模块故障不影响系统正常工作，但不同种类电源进行隔离	（1）前置 UPS，可对二路供电电源谐波干扰抑制 （2）采用系统模拟盘显示方式
主要问题	（1）一套稳压设备，没有备用； （2）主切备时，易造成供电中断； （3）冷备用屏无法验证工作状态	输入电源若其中一路停电，易产生反向感应电动势，对设备产生冲击	成本相对较高

实训 5-1　信号电源屏的检查级养护

一、实训目标

（1）掌握信号电源屏的功能、结构及各部分作用。

（2）熟悉信号电源屏的接线，各接线的主要作用，辅助设备等。

（3）能够按照维护与检修流程完成信号电源屏的检查及养护。

二、实训设备

信号电源屏及其相关辅助设备。

三、实训资料

程序	项　目	检修内容及质量标准
1	联系登记	按相关规定要求办理检修登记，经主管人员同意并签字后方可开始工作
2	电源屏背面的清扫检查	（1）内外清扫，各部清洁无灰尘。 （2）各种器材元件无异状，无过热；交流接触器、继电器、变压器、参数稳压器无过大噪声。 （3）配线排列整齐，无破损，各部端子不松动，压紧螺母垫圈齐全，线头无伤痕，焊点焊接良好，无毛刺、无混电可能。 （4）机壳保护地线接触良好。
3	电源屏前面的清扫检查	（1）内外清扫，各部清洁无灰尘。 （2）手柄、闸刀、按钮、表示灯作用良好，接点不发热、不烧损，表示灯显示正确。 （3）线头焊接良好，配线无破皮、无混线可能。 （4）各部端子无松动，压紧螺母垫圈齐全。 （5）仪表完整无损，显示正确。

续上表

程序	项目	检修内容及质量标准
4	试验	(1)调压屏:自动电压调整器作用良好,用手动方式,按升压按钮,当输出电压增至420±5V时,过压保护装置应及时动作,切断升压回路,但不应造成停电。电机制动电路作用良好。 (2)交直流屏:主副屏倒机试验,输出电源的断电监示装置、各屏内表示和声光报警装置均应正常工作。 (3)转换屏:两路电源切换试验正常
5	测试记录	(1)交流输入电压。 (2)两路电源相序测试检查应一致。 (3)交流输入电流,以本屏仪表实际正常运用情况下读数为准。 (4)各种电源输出电压:直流220V应在210~240V之间;直流24V应稳定在23.5~27.5V范围内。 (5)闪光电源的频率应为90~120次/min。 (6)各回路对地绝缘电阻符合维护规定。 (7)填写测试记录
6	清扫检查电缆地沟	检查各种线缆无鼠咬、无破损,同时清扫干净;地沟盖板严密,引入引出孔堵塞良好
7	消记	检修结束,会同主管负责人确认良好,按要求办理消记手续,经主管负责人签字后方可离开

四、实训任务

实训内容	信号电源屏的检查级养护		
班级		姓名	

(1)信号电源屏背面和前面的清扫检查记录:

(2)信号电源屏的试验测试情况:

(3)信号电源屏的测试记录:

实训5-2　信号电源和信号电缆的接线

一、实训目标

(1)了解当前主流的信号电源和信号电缆的接线方式及其主要优缺点。

(2)掌握信号电缆的接续要求。

二、实训设备

信号电源屏和信号电缆。

三、实训资料

1. 信号电缆接续要求

电缆接续应A端与B端相接,相同的芯组内颜色相同的芯线相接。电缆芯线不得有任何损伤。室内架(柜)设备间的零层配线,宜采用配线电缆;架(柜)间的侧面端子配线,宜采用多股铜芯塑料绝缘软线。芯线上的端子必须固定、拧紧,每个配线端子不得超过三根芯线,芯线之间应放垫圈。屏蔽连接线、电缆芯线焊接时不得使用腐蚀性焊剂,严禁虚接、假焊、有毛刺。信号电缆引入箱盒时,其金属护套应与箱盒金属构件相绝缘。电缆金属护套应进行屏蔽连接。电缆引出端应有标明去向的铭牌。

2. 信号电源和信号电缆接线时的主要注意事项

(1)为满足电源屏输入、输出在短路、过流时断路器应可靠断开的技术要求,新增的电磁断路器必须要根据现场设备实际用电负载进行选择,防止因短路、过流时断路器不断,烧损信号设备或顶开上一级断路器,扩大故障范围。断路器选择必须满足输入电源设置的断路器(熔断器)应不大于实际负载电流的2倍,输出应不大于1.5倍的标准。为此,在满足电源屏有关标准的同时,核对电源屏输入、输出配置的电磁断路器是否满足上述标准,对不符合标准的断路器进行更换,真正使电源屏输入、输出设置的断路器起到分级保护作用。

(2)三相交流输出电源应确保相序正确,若相序错误,应报警。例如,三相交流转辙机的供电是三相电源,其相序必须正确,一旦发生相序错误,将会造成转辙机反转,这是不允许的。所以三相交流输出电源须设相序检查,一旦发生错相应报警。转辙机的三相交流电机,当三相中缺任一项时,将引起电流增大,有可能烧坏电机,使转辙机不能正常工作,所以还应有断相检查。

(3)改善信号设备供电质量,提高信号设备供电的可靠性和可维护性。智能电源屏必须具备输入电源过、欠压,电源模块故障、过温,输出电源过载,三相电源缺相、错相,稳压装置故障时的报警,及时准确地提示维修人员进行维护。

四、实训任务

实训内容	信号电源和信号电缆的接线		
班级		姓名	
(1)记录信号电源和信号电缆的接续方式。			

(2)记录信号电源和信号电缆在接线前需要做的准备工作,并完成接线。
(3)记录信号电源和信号电缆在接线时的注意事项:

任务二　信　号　UPS

一、信号 UPS 的功能原理

(一)UPS 电源的应用要求

由于城市轨道交通线路运营的特殊性,其信号系统的 UPS 的应用要求如下:

(1)可靠性高。能够在瞬间停电或两路切换过程中,确保信号系统正常工作。

(2)安全性高。能够保证信号系统设备在供电中断的情况下一定时间内稳定、可靠运行。

(3)高效环保。电源质量优,整机效率高,能源消耗少;能够消除"电源污染",改善电源质量,避免污染电力环境。

(4)可扩展性。便于近、远端管理,有标准的通信接口及开放的通信协议。

(二)UPS 的工作方式

按照 UPS 位于市电与负载之间的工作方式来区分,可分为后备式 UPS、互动式 UPS 和双变换式 UPS 等 3 种。各方式的特点,见图 5-2 所示。

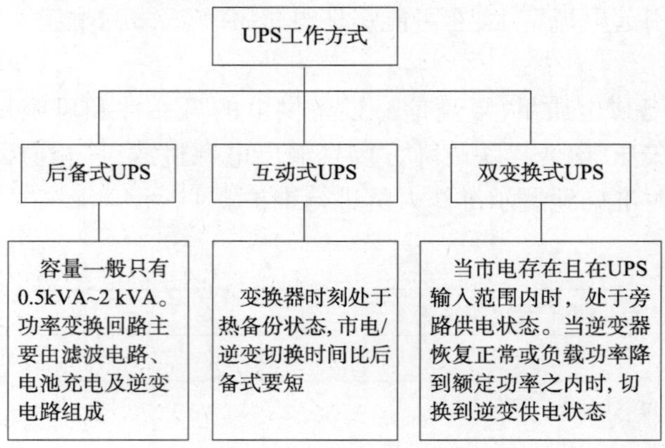

图 5-2　UPS 各工作方式的特点

1. 后备式 UPS 工作原理

当市电正常时，UPS 一方面通过滤波电路向用电设备供电，另一方面通过充电回路给电池充电，电池充满时充电回路停止工作。在这种情况下，UPS 的逆变电路不工作。当市电发生故障，逆变电路开始工作，后备电池放电，在一定时间内维持 UPS 的输出。

2. 互动式 UPS 工作原理

在市电正常时直接由市电向负载供电，当市电偏低或偏高时，通过 UPS 内部稳压线路稳压后输出；当市电异常或停电时，通过转换开关转为电池逆变供电。其特点是：有较宽的输入电压范围，噪声低，体积小等特点，但同样存在切换时间，但和一般后备 UPS 相比，这种机型保护功能较强，逆变器输出电压波形较好，一般为正弦波。

3. 双变换式 UPS 工作原理

市电正常供电时，交流输入经 AC/DC 转换成直流，一方面给蓄电池充电，另一方面给逆变器供电。逆变器自始至终都处于工作状态，将直流电压经 DC/AC 逆变成交流电压给用电设备供电。当市电中断或不能满足 UPS 的输入要求时，UPS 的输入 AC/DC 整流器将关闭，蓄电池将以无切换时间的方式向逆变器供电。当市电重新恢复供电时，蓄电池便停止向逆变器供电，此时机内充电器向蓄电池组补充消耗的电能，以备再次使用。

二、信号 UPS 的适用范围

（一）UPS 电源主要技术参数

（1）提供的 UPS 在安全性、电磁兼容性和机械保护等方面，应满足国际标准和国内相关标准。

（2）输入电压：三相五线交流 380V 或单相三线交流 220V，电压波动范围 −20% ~ +15%；输入频率：50 × (1 ± 0.01) Hz；三相电压不平衡度 ≤5%；输入功率因数 >0.9。

（3）输出电压：三相五线制交流 380 × (1 ± 0.01) V 或单相三线交流 220 × (1 ± 0.01) V；输出频率：50 × (1 ± 0.005) Hz（逆变时）；输出功率因素 ≥0.8；整机效率 ≥ 85%。

（4）过载能力：125% 时，持续时间 ≥ 10min；150% 时，持续时间 ≥1min；1500% 时，持续时间 100ms。

（5）转换时间：主电源供电转电池供电时间为 0ms；逆变器供电转旁路供电转换时间 ≤2ms；旁路转主电源供电转换时间 ≤ 2ms。

（6）蓄电池连续浮充工作寿命应不少于 15 年（25℃）。循环使用寿命应满足：80% 放电深度时 ≥600 次，浅充放电 ≥ 4000 次；电池再充电时间 8 ~ 10h，电池容量达到 90% 以上；老化系数 ≤ 0.8。

（7）在温度为 15 ~ 35℃、相对湿度为 45% ~ 80% 的气候条件下，输入、输出对地正常绝缘电阻 ≥25MΩ。

（二）常用方案对比

常用的信号系统 UPS 电源配置方案主要包括两种：完全独立设置 UPS 和集中设置 UPS。这两种方案各有优缺点，其各自特点见表 5-2 所示。

常用信号系统 **UPS** 电源配置方案比较 表 5-2

进行比较 / 配置方案	方案内容	优点	不足之处
完全独立设置UPS电源及电池	信号系统UPS电源完全独立,专为信号系统提供不间断电源	完全满足UPS电源高可用性、高可靠性的要求	单独招标,往往与其他系统的UPS产品型号不统一,不便于统一维护和管理
UPS电源整合方案	各弱电系统的UPS有效整合,有利于电源系统的硬件整合和集中布置	结构紧凑,便于维护,降低成本,提高利用率	UPS的容量大幅增加,必须通过冗余配置来提高系统可靠性

实训5-3 UPS的检查及养护

一、实训目标

(1)熟悉UPS的功能、结构及各部分作用。

(2)能够按照维护与检修流程完成UPS的检查及养护。

二、实训设备

UPS及其相关辅助设备。

三、实训资料

1. UPS主机的维护

UPS主机是整个UPS电源系统的心脏,需要加强对UPS电源主机的功能维护。

(1)定期检查各种自动告警和自动保护功能均应正常;定期检查设备工作和故障指示是否正常。

(2)定期进行UPS电源系统各项功能测试,检查其逆变器、整流器的启停、UPS与市电的切换等是否工作正常。

(3)定期查看UPS主机内部的元器件的外观是否正常,发现异常现象应查明原因及时处理。

(4)定期检查UPS各主要模块和风扇电机的运行温度有无异常,经常保持机器清洁,定期清洁散热风口、风扇及滤网。

(5)定期检查主机、蓄电池组、配电部分引线及接线端子的接触情况,检查馈电母线、电缆及软接头等各连接部位的连接是否可靠,并测量其压降和温升是否符合要求。

2. UPS电池的维护

为提高利用率、降低维护成本、延长使用寿命,对蓄电池的维护检查是UPS电源系统维护的主要部分:

(1)定期检查蓄电池清洁、单体电池两端的电压、电池温度;电池之间连接处有无松动、腐蚀现象,压降是否符合要求;电池外壳是否完好、有无外壳变形和渗漏;极柱、安全阀周围是否有酸雾逸出。

(2)UPS电源系统使用的阀控式密封蓄电池,长期处于浮充电状态,为提高电池寿命,

UPS 蓄电池应每季做一次核对性放电试验。放电时间可根据蓄电池的容量和负载大小确定,一般放出额定容量的30% ~40%;对于单体2V 的电池,每三年做一次容量试验;使用六年后,应每年做一次容量试验;对于单体6V 及12V 的电池,应每年做一次容量试验。一次全负荷放电完毕后,按规定再充电8h 以上。

(3)如 UPS 电源系统可提供详尽数据的,蓄电池每季进行参数自检并记录,以此作为电池状态的定性参考依据。

四、实训任务

实训内容	UPS 的检查及养护		
班级		姓名	
(1)按照 UPS 日常巡检要求进行检验,并记录相关结果。			
(2)按照局检内容完成检查并记录相关数据。			
(3)了解年检程序,尝试完成 UPS 断电检查的操作。			

任务三 蓄 电 池

一、蓄电池的安装

1. 安装方式

对于一些电源机房比较宽敞的场合,可以将电池分成单列、双列或几列排放在地面上连接安装;对于一些机房比较紧凑的场合,可采用电池柜安装;在既能减少电池占地空间,又便于适应不同组合电压的安装排列,可采用电池架安装。

2. 安放位置

(1)放置蓄电池的地面应有足够的承载能力,当蓄电池布置在楼板上时，电气专业应向土建专业提供荷重要求；蓄电池可布置在单独的蓄电池室内，也可将蓄电池布置在交流或直流配电室内。

(2)蓄电池室应有必要的通风设施。蓄电池应避免阳光直射，不能置于大量放射性红外线辐射、紫外线辐射、有机溶剂气体和腐蚀气体的环境中。蓄电池应离开热源和易产生火花的地方，且安全距离应大于1m。

(3)蓄电池应有经常照明和事故照明，其照明器具应布置在走道左方。

3. 安装要求

(1)安装前要求。

①搬运:禁止在端子部位受力,防止端子损伤和密封部位裂开;避免蓄电池倒置、遭受摔掷或冲击;绝对避免使用钢绳等金属线类,防止蓄电池短路。

②检查:包装箱、蓄电池外观无损伤。

③点验:电池数量、配件齐全。

④参阅:说明书、安装图、注意事项。

(2)安装时要求。

①应尽可能将蓄电池放在电池房最低处。

②避免将电池安装在靠近热源(如变压器)的地方。

③因为电池储存时可能产生易燃气体,安装时应避免靠近产生火花的装置(如保险丝)。

④连接前,擦亮电池端子,使其呈现金属光亮。

⑤小心导电材料短接蓄电池正负端子。

⑥多个电池一起使用时,首先使保证电池间连接正确,再将电池与充电器或负载连接。

⑦接线时注意连接牢固,但不可用力过大,以免损伤端子;不要在端子部用过大的力,每个连接螺母与螺栓一定要扭紧。

二、蓄电池的相关特性

关于蓄电池的技术特点,下文以通信系统中常用的2V蓄电池为例来说明蓄电池的相关特性:

1. 主要技术参数

(1)单体电池额定电压:2V。

(2)单体电池浮充电电压:2.23~2.27V。

(3)单体电池均衡充电电压:2.30~2.40V。

(4)单体电池放电终止电压:≥1.8V。

(5)电池容量550AH及以上(10h放电)。

2. 主要技术性能

(1)蓄电池结构应保证在使用寿命期间,不得渗漏电解液。蓄电池间接线板、终端接头应选择导电性能优良的材料,并具有防腐蚀措施。蓄电池槽、盖、安全阀、极柱封口剂等材料应具有阻燃性。蓄电池必须采用全密封防泄漏结构,外壳无异常变形、裂纹及污迹,上盖及端子无损伤,正常工作时无酸雾溢出。

(2)当环境温度在 -10 ~ +45℃条件下时,蓄电池性能指标应满足正常使用要求。蓄电池在环境温度 20 ~25℃时的浮充运行寿命应不低于 18 年。同一蓄电池组中任意两个电池的开路电压差,在环境温度 5 ~35℃条件下完全充电后静置 24h,对于 2V 单体电池不应超过 30mV,对于 12V 单体电池不应超过 60mV。

(3)蓄电池使用期间安全阀应能自动开启闭合,闭阀压力应在 1 ~10kPa 范围内,开阀压力应在 10 ~49kPa 范围内。蓄电池除安全阀外,应能承受 50kPa 的正压或负压而不破裂、不开胶,压力释放后壳体无残余变形。

(4)蓄电池组的绝缘电阻,直流母线电压为 220V 的蓄电池组不小于 200kΩ;电压为 110V 的蓄电池组不小于 100kΩ。

(5)蓄电池可 90°倒放使用。蓄电池自放电率每月不大于 4%。

(6)蓄电池在 -30 ~65℃温度范围内时,封口剂应无裂纹和溢流,密封性应符合规定要求。80% 放电深度的循环寿命大于 1200 次。

(7)蓄电池在充电过程中,蓄电池外部遇明火时,不应内部爆炸。制造厂提供的蓄电池内阻值,应与实际测试的蓄电池内阻值一致,允许偏差范围为 ±10%。蓄电池组应考虑装设蓄电池管理单元的位置。

三、蓄电池使用时注意事项

影响蓄电池使用寿命的因素主要有环境温度、过压充电、过度放电、长期浮充电等。因此,蓄电池使用时应注意以下问题:

1. 防止过放电

蓄电池放电到终止电压后,继续放电称为过放电。蓄电池放电到终止电压时内阻较大,电解液浓度非常稀薄,特别是极板孔内及表面几乎处于中性,过放电时内阻有发热倾向,体积膨胀,放电电流较大时,明显发热(甚至出现发热变形),存在枝晶体短路的可能性增大,易形成不可逆硫酸盐化,将进一步增大内阻,充电恢复能力很差,甚至无法修复。蓄电池使用时应防止过放电,采取“欠压保护”是很有效的措施。

2. 避免过充电

过充电会加大蓄电池的水损失,会加速板栅腐蚀,活性物质软化,会增加蓄电池变形的概率,应尽量避免过充电的发生。不要将蓄电池置于过热环境中,特别是充电时应远离热源。蓄电池受热后要采取降温措施,待蓄电池温度恢复正常时方可进行充电。蓄电池的安装位置应尽可能保证良好散热,发现过热时应停止充电,应对充电器和蓄电池进行检查。

3. 防止连接松动和不牢

若接触不牢,程度较轻,会发生导电不良,使其线路接触部位发热,线路损耗较大,输出电压偏低;若在接线端子部件接触不牢,端子会大量发热,易发生漏液现象。

4. 尽量避免新旧电池混用

当新旧电池串联在一起充电时,旧电池内阻大分压较大,新电池内阻小分压较小,容易使某些电池长时间处于过压充电或欠压充电的情况,进而导致蓄电池容量下降、寿命缩短。

四、蓄电池使用隐患

1. 蓄电池寿命无法达到设计要求

在实际应用中,使用超过 5 年的蓄电池劣化程度非常严重,几乎很少能够达到标称容量。

这其中存在两个方面的问题：

(1)蓄电池厂家对于蓄电池的使用寿命年限是在较为理想的状态下预测的。

(2)在使用中对于蓄电池的管理以及维护不及时，造成蓄电池在劣化早期，没有及时发现落后电池，致使劣化积累、加剧，导致蓄电池过早报废。

2. 对于蓄电池的运行情况不明

由于没有良好的手段以及管理，蓄电池的使用者对于蓄电池的运行情况缺乏足够的了解；特别是缺乏对于蓄电池历史数据的整理以及分析，而这些数据的整理与分析需要较强的专业知识。

3. 对于蓄电池的性能状况不明

对于蓄电池性能状况，如蓄电池的阻抗、当前的剩余容量，无法清楚、及时地了解和判断。

4. 缺乏温度补偿

由于蓄电池的工作环境比较复杂，而环境温度对于蓄电池使用寿命影响较大。在实际中用户能够做到温度补偿的很少，这也是许多蓄电池无法达到设计寿命的原因之一。

5. 蓄电池的初检缺乏手段

在大多数地方，新电池采购后，对于蓄电池的检验，仅仅根据电池厂家的说明，进行蓄电池的初检。

五、蓄电池常见故障及维护措施

1. 蓄电池出现爬酸及极柱受腐蚀

(1)原因：对于成组使用的蓄电池，维护中时常发现有些蓄电池使用时间并不长，但爬酸现象较多。有的爬酸现象出现在蓄电池的盖与壳体的连接处，有的出现在极柱与盖的连接处，有的出现在蓄电池的阀体与盖的连接处。一些运行了3年以上蓄电池的极柱受腐蚀现象也时有发生。产生爬酸现象的原因可能是：蓄电池盖与壳体、阀体与盖之间的热封或胶封不严、开裂，或是由于极柱与密封胶的粘接处受到腐蚀等；或是由于蓄电池生产时灌酸过多，开阀后气体将液体带出来所造成的。

(2)维护措施：对于极柱受腐蚀，只要彻底清理被腐蚀极柱的表面，拧紧固定连接条的螺钉(但用力不能过大，以免螺钉溢扣)，再涂抹上一些凡士林即可。如果由于热封或胶封不严、开裂引起的爬酸，一般需要更换；如果因为灌酸过多，随着蓄电池的使用，这种现象将逐渐消失。

2. 蓄电池出现漏液

(1)原因：目前蓄电池外壳一般采用ABS和PP两种材料，虽然ABS材料的强度较好，但也会因为材料本身的原因、电池搬运磕碰的原因、安装时基座坚硬物体损伤蓄电池底部等原因造成漏液。

(2)维护措施：发现漏液蓄电池必须及早采取措施，如果壳体四周有轻微漏液可以采取与壳体材料相同的材料进行粘补，然后将此电池四周紧箍起来；如果壳体四周漏液较多或壳体底部漏液，必须及早更换。

3. 蓄电池出现壳体膨胀鼓肚

(1)原因：如果存在端电压正常的轻微膨胀蓄电池，可能是因为蓄电池生产组装时采用紧装配所造成;如果没有较大的变化,就属于正常现象。如果有些蓄电池的开阀压力过高,不能及时泄放壳内压力就必然造成蓄电池的鼓肚。如果蓄电池生产企业选用的壳体厚度太薄,即使开阀压力在行业标准规定的范围内,也会出现蓄电池鼓肚现象;当蓄电池长时间使用后硫酸铅化、极板增大,也会使蓄电池壳体鼓肚;发生热失控的蓄电池也会出现鼓肚现象。

(2)维护措施:对于鼓肚的蓄电池,必须进行全面的质量鉴定,测量其端电压、进行小容量的放电后采用浮充电压进行恒压补充电;观察鼓肚的变化情况,如果没有减轻,就应立即对鼓肚的蓄电池进行更换。当然由于极板硫酸铅化而增大以及热失控原因造成鼓肚的蓄电池,是无法修复的,只能进行更换。

实训5-4　蓄电池的安放

一、实训目标

(1)掌握蓄电池的安放位置及主要特性。

(2)了解蓄电池的常见问题及维护措施。

二、实训设备

蓄电池。

三、实训资料

针对蓄电池安放过程中的常见问题所应采取的具体措施:

1. 蓄电池到达现场后保管不善

首先应检查产品的技术文件是否齐全,是否符合设计要求的规格、型号,并应在产品规定的有效保管期限内进行安装充电。

若不立即安装,其保管应符合以下要求:

(1)酸性和碱性蓄电池不得存放在同一室内。

(2)蓄电池不得倒置;开箱存放时,不得重叠。

(3)蓄电池应放在清洁、干燥、通风良好,无阳光直射的室内;存放中,严禁短路、受潮,并应定期清除灰尘,保持清洁。

(4)酸性蓄电池的保管室温宜为5~40℃,碱性蓄电池的保管温度不宜高于35℃。存放宜在放电状态下,拧紧密闭气塞,清理干净,在极柱上涂抹防腐脂。

2. 不按要求进行蓄电池母线安装

蓄电池母线及其支持件和支架的安装应平整,固定牢靠,母线平直,弯曲处弯度均匀一致,母线穿墙接线板固定牢固,密封良好。

母线相间对地距离不小于50mm。母线连接应采用焊接,焊缝无裂纹,气孔等缺陷。母线与蓄电池连接处应测锡,母线表面应涂凡士林,母线用绑线与绝缘子固定,绑线材质要与母线材质相同。

母线安装后要刷耐酸相色油漆,正极为橘色,负极为蓝色,色标均匀准确。

电缆引出线应采用塑料色带,标出正、负极的相色。电缆穿出蓄电池室的孔洞、保护管口,应用耐酸材料密封。

3. 铅酸蓄电池安装不符合要求

蓄电池的正、负极正确,无变形,防酸栓、催化栓等齐全,滤气帽的通气性良好。温度计、密度计完整无损,连接条、螺栓、螺母齐全。

在进行蓄电池安装时,首先要清除表面污垢,对合成树脂制作的槽,应用脂肪烃、酒精擦拭,安装的平台、基架及间距要符合要求。蓄电池安装要平稳,间距均匀,高低一致,排列整齐。

连接条及抽头的接线应正确,接头连接部分应涂以电力复合脂,螺栓应紧固;有抗震要求时使用的设施应符合有关规定,并牢固可靠。

4. 铅酸蓄电池施工时不注意通风及防火,充放电过量

蓄电池施工时要确保人身安全和安全运行,要求做到:

(1)蓄电池室外通风必须良好,走道通畅,室内温度保持在 10~30℃,室内严禁用火及吸烟。

(2)极板焊接时,必须由有经验的焊工进行,电工配合。

(3)蓄电池配液应由有施工经验的电工操作,并设专人监护。

(4)配液时蓄电池室应放 5% 的碳酸钠溶液和清水以防发生意外。

(5)配注电解波时,严禁把蒸馏水向硫酸内倾倒;操作人员必须佩戴专用保护用品(防护眼镜、胶皮手套、胶皮围裙、胶皮靴、口罩),确保操作安全。

四、实训任务

实训内容	蓄电池的安放		
班级		姓名	
(1)记录蓄电池安装现场的注意事项:			
(2)记录蓄电池在安装过程中的注意事项,并在指导下安装。			

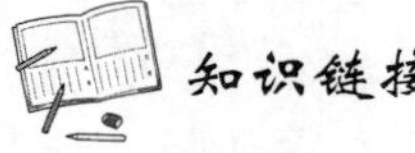

蓄电池性能评估预判

蓄电池的使用寿命理论上可达 15~20 年,厂家一般建议使用 8~10 年。但在实际使用中,由于蓄电池本身质量或维护的原因,部分蓄电池的使用寿命往往达不到 8 年。为了能够及时更换性能下降电池,应对电池性能进行评估预判。

蓄电池的评估预判应包括运行记录分析与现场测试评估。运行记录分析主要是对日常维

护记录、充放电情况记录、电池出现的问题记录以及采取的措施记录等进行分析;从容量、内阻等方面进行运行性能参数与设计性能参数对比分析,提供支撑数据及性能预测结论。

现场测试评估是在蓄电池将要达到使用年限或预计性能无法满足使用需求的时候所进行的设备评估。现场测试评估,主要包括外观检查、电压测量、容量测量、内阻测量四个方面。

1. 外观检查

蓄电池的外观检查主要是用目测的方法检查电池壳体变形与裂纹情况,极柱周围、安全阀周围与电池壳与盖封合处有无漏液情况,连线与紧固螺钉的腐蚀情况。

2. 电压测量

蓄电池的性能状态最终体现在电池的容量与电压上,电池电压可以在一定程度上反映出电池性能的好坏。在放电状态下,测试蓄电池组各个电池的端电压。

3. 容量测量

电池的容量是电池在一定放电条件下所能供给的电量。蓄电池是保证不间断供电的关键设备,要求其容量必须满足负载所需最小容量要求,所以检测蓄电池的容量是非常重要的。可采用恒电流法测量电池容量,即对蓄电池采用恒定电流放电到规定的终止电压。蓄电池组的容量受一组电池中最差的一只电池的容量影响,在放电过程中,一组电池中只要有一只电池已放到终止电压,就应该停止放电。

4. 内阻测量

单纯依靠测量电池的电压和容量两个指标无法准确反映出电池的真实状况,因此蓄电池的性能评估还应结合电池的内阻变化情况。大量的研究与试验数据证明,在电池寿命期内,电池实际容量的单调下降,总是会伴随着内阻的单调上升。也就是说,在同一条件下测量比较电池内阻的变化可以对电池性能提供预判信息。因此,在蓄电池进行核对性放电过程中,还需要定时对蓄电池进行内阻测量。

报废蓄电池的存储

废蓄电池存储时间不应超过一年。废蓄电池储存设施应符合以下要求：酸性铅酸蓄电池应与碱性镍镉蓄电池分区域存放;储存点应防雨，必须远离其他水源和热源；储存点应有耐酸、耐碱地面隔离层，便于截留和收集废电解液；应有足够的废水收集系统，以便溢出的溶液送到酸性电解液及碱性电解液的处理站；应只有一个出入口，在一般情况下，应关闭此出入口以避免灰尘的扩散；应具有空气收集、排气系统，用以过滤空气中含金属灰尘和更新空气；应设有适当的防火装置;作为危险品储存点，必须设立警示标志，只允许专门人员进入储存设施；储存点应有足够的空间存放废蓄电池；蓄电池应单层存放，需多层存放时应采用货架(货架不超过3 层且总高不超过1.5m)。

课后交流

1. 简述信号电源屏的主要功能及工作原理,及未来发展趋势如何?

2. 蓄电池和UPS 的联系和区别有哪些？在系统中能否互相替代或在什么情况下可以替代?

项目六　CBTC 系统

学习目标

1. 了解 CBTC 的结构和工作原理。
2. 掌握 CBTC 系统中的各子系统的基本功能和结构。
3. 了解当前主流 CBTC 系统的应用情况。

任务描述

1. 工作对象

轨道列车 CBTC 系统，包括地面设备和车载设备等。

2. 工作内容

(1) 了解 CBTC 系统的组成部分、结构和工作原理。

(2) 认识地面设备各子系统，包括设备组成、工作原理、主要作用等信息内容。

(3) 认识车载设备各子系统，包括设备组成、工作原理、主要作用等信息内容。

(4) 分析当前主流 CBTC 系统的结构、主要原理和应用情况等。

(5) 结合实际情况，掌握该系统各设备的安装位置等内容。

3. 工作目标与要求

(1) 在工作过程中，保障 CBTC 系统设备的正常运行。

(2) 在工作过程中，确保 CBTC 各子系统之间的通信联系。

内容结构

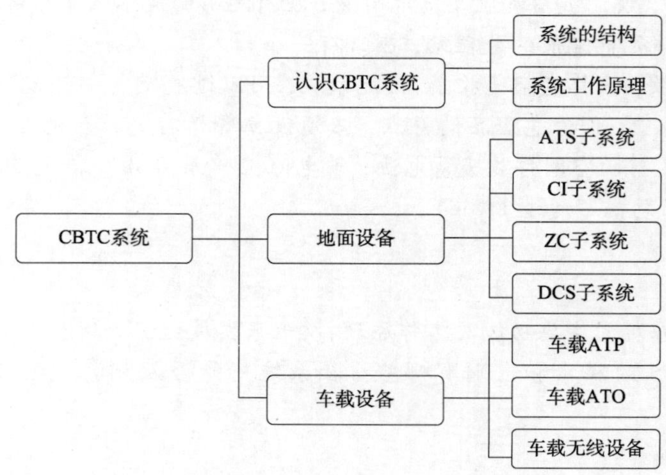

情境设置

与许多新毕业的轨道专业毕业生一样,小李对地铁电动客车的驾驶充满兴趣。小李了解到轨道列车自动驾驶主要依靠列车的 CBTC 系统。该系统主要由地面设备、车载设备等组成。小李决定好好学习和研究一下。

任务一　认识 CBTC 系统

近年来,随着无线通信技术的飞速发展,基于通信的列车控制系统(Communication Based Train Control,CBTC)的移动闭塞系统克服了固定闭塞的种种缺点,并打破了固定闭塞对于追踪间隔的限制,大幅度地缩短了列车的追踪间隔,行车密度也得到了大大地提高,从而提高了运输效率。

一、CBTC 系统的结构

CBTC 作为新一代的列车自动控制系统,它具有 ATS(Automatic Train Supervision,即列车自动监控)、ATP(Automatic Train Protection,列车自动防护)和 ATO(Automatic Train Operation,列车自动驾驶)等功能。通常,CBTC 系统包括 ATS 子系统、地面子系统、车载子系统以及数据通信子系统。其结构,如图 6-1 所示。

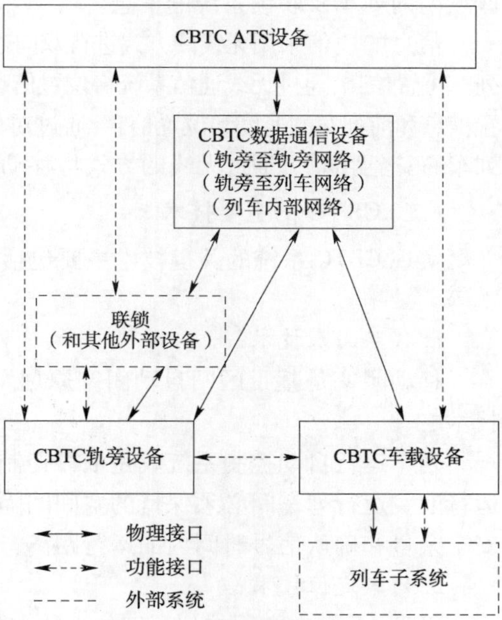

CBTC ATS设备
CBTC数据通信设备
(轨旁至轨旁网络)
(轨旁至列车网络)
(列车内部网络)
联锁
(和其他外部设备)
CBTC轨旁设备
CBTC车载设备
列车子系统
物理接口
功能接口
外部系统

图 6-1　CBTC 主要子系统结构

(一)实际应用中的不同配置

在实际应用中,CBTC 系统可以允许如下不同的配置:

(1)只具备 ATP 功能,而无 ATO、ATS 功能。

(2)提供 ATP 功能,根据具体需要具有部分 ATO 和 ATS 功能。

(3)作为列车控制系统的唯一系统,或与其他轨旁辅助系统一起使用。

(二)组成及功能

CBTC 系统主要组成及主要功能,如表 6-1 所示。

CBTC 系统主要组成及主要功能表　　表 6-1

CBTC 主要部分	主要功能	主要设备及分布
ATS 子系统	(1)实现列车的识别、跟踪、显示; (2)人工/自动设置进路及列车运行调整等	
地面子系统	(1)完成与 CBTC 相关的 ATP 功能,如移动授权的设置; (2)提供列车绝对位置; (3)其他 ATP、ATO 和 ATS 的功能	在控制中心或轨旁的一个基于处理器的轨旁控制器网络

续上表

CBTC 主要部分	主要功能	主要设备及分布
车载子系统	(1)完成列车定位、列车允许速度和移动授权的确定； (2)完成车载 ATP、ATO 应完成的其他功能	智能控制器以及测速和定位传感器
数据通信子系统	实现地面与地面、地面与列车及车载设备内部(各车载控制器间)的数据通信	分布在中心、轨旁及车上

二、CBTC 系统的工作原理与技术

(一)CBTC 的工作原理

为实现 CBTC 系统控制，将车辆行驶的线路划分成若干区域，在每一个区域中，利用区域内的控制器和通信系统实现本区域内信息的处理和控制，而区域内的信息主要是来自行驶在区域内的列车及联锁系统的信息。

信息的通信采用无线的方式进行双向通信，即：车载定位设备及地方辅助定位设备实时地确定列车位置信息，通过无线通信系统将位置信息发送给区域内的控制器；区域控制器根据当前列车位置信息和前列车的速度和位置信息，通过对比 ATP/ATO 计算机中存储的轨道线路信息，计算当前列车的安全距离，并通过无线的方式将移动授权信息发送给列车控制系统，并实施联锁。

(二)CBTC 的主要技术

实现 CBTC 系统的关键技术主要包括移动闭塞技术、列车定位技术、车地双向数据传输技术等。

1. 移动闭塞技术

移动闭塞是基于区间自动闭塞原理发展起来的一种新型闭塞技术，是实现 CBTC 的关键技术之一。

列车运行自动控制系统就是依靠控制列车运行速度的方式来保证列车按照空间间隔制动运行的。运行列车间必须保持的空间间隔首先是满足制动距离的需要，同时还要考虑适当的安全余量和确认信号时间内的运行距离。列车间的追踪运行间隔越小，运输能力就越大。

2. 列车定位技术

CBTC 系统中常用的列车定位方法主要有信标定位法、全球卫星定位系统(GPS)、惯性定位系统、无线扩频定位等。

列车定位精度是列车运行间隔、线路通过能力计算的重要参数。传统的 ATC 系统建立在信号制式的基础上，它主要依靠轨道电路、计轴、查询/应答等方法对列车定位；定位精度相对较低，对线路的通过能力、列车节能运行和乘客舒适度等方面产生了限制。

3. 车地双向数据传输技术

无线通信是 CBTC 的关键环节。基于无线信号的列车控制系统在减少地面设备的基础上解决了车地双向大容量信息传输以及信息传输的安全性，实现更多的列车控制功能，从而缩短了列车运行间隔和列车的安全制动距离，提高线路的利用率和行车安全。基于无线局域网 WLAN 的 CBTC 系统经过实践证明已趋于成熟，并被公认为是城市轨道交通列车控制技术发展的主流。

实训 6-1　CBTC 系统设备状态的检查

一、实训目标

(1)能够按照设备检修作业要求完成对设备状态的检查。

(2)能够对 CBTC 系统各组成部分主要设备的功能和安装位置进行深入的理解。

二、实训设备

CBTC 系统各组成部分主要设备。

三、实训资料

CBTC 系统设备状态检查信息,需具备下述资料:

(1)检查车载机柜内部组件的机械位置和电气安装是否正确并记录。

(2)检查机柜内部线缆的机械和电气安装、配置是否正确并记录。

(3)检查车载机柜内部(ATP、ATO、ITF、RCS、PIS、风扇)组件、机框的机械安装是否牢固并记录。

(4)检查其他硬件(无线天线、应答器天线、OPG、雷达、HMI)的安装是否牢固并记录。

(5)检查线缆连接,包括无线与 ITF 连接线缆,HMI 连接线缆,应答器天线连接线缆,OPG,雷达线缆,输入/输出插头与车辆的连接线缆以及各硬件电源线缆等。

(6)检查车载设备电源断路器的连接。

(7)检查车载设备供电情况是否正常(指 ATP、ATO、天线、HMI、雷达断路器开关等)。

(8)车载信号设备输入信号测试是否正常(包括驾驶室按钮输入信号、钥匙开关等)。

(9)车载信号设备输出信号测试是否正常,包括列车两端车门释放、车门打开/关闭、紧急制动、模拟量输出、折返等。

四、实训任务

实训内容	CBTC 系统设备状态的检查		
班级		姓名	
(1)记录 CBTC 系统各组成部分及主要设备有哪些,状态是否正常。			
(2)记录 CBTC 系统各组成部分的主要设备的安装位置。			

任务二 地面设备

一、信号 ATS 子系统

(一)ATS 子系统组成

ATS 子系统是一套集现代数据通信、计算机、网络和信号技术为一体的分布式实时监督控制系统。ATS 子系统通过与 ATC 系统中的其他子系统的协调配合,共同完成对地铁运营列车和信号设备的管理和控制。同时,与时钟系统接口,获取系统同步信息;与无线、乘客向导、综合监控、广播系统接口,为其提供信号和列车运行的相关数据。

ATS 子系统由控制中心设备、备用控制中心设备、设备集中站设备、非设备集中站设备、停车场设备及车辆段设备组成,如图 6-2 所示。

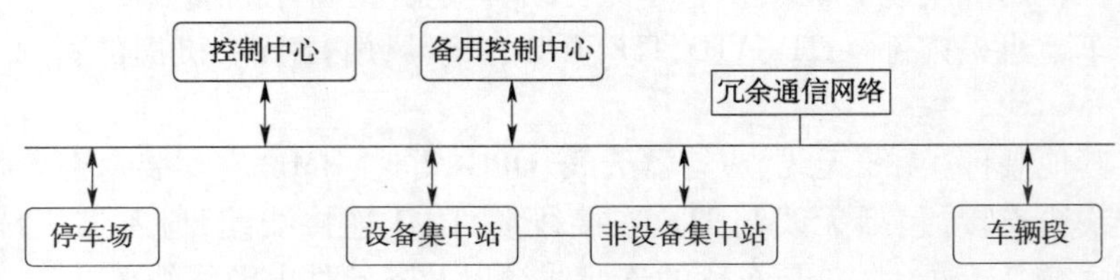

图 6-2 ATS 子系统示意图

1. 中心 ATS 设备(CATS)

中心 ATS 设备,如图 6-3 所示。它主要包括:主计算机、数据处理计算机、接口计算机、各类工作站、网络设备、背投服务器、打印设备。

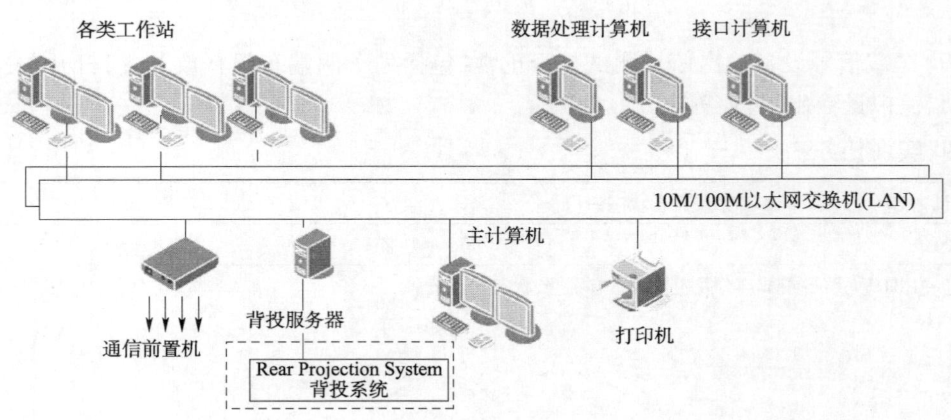

图 6-3 中心 ATS 设备组成示意图

2. 车站 ATS 设备(LATS)

车站 ATS 设备,如图 6-4 所示。它主要包括:车站 ATS 分机及终端、网络通信设备、ATS 维护工作站、打印机、若干发车表示器及与其他系统接口设备。

(1)集中站。

(2)非集中站设备(见图 6-5 和图 6-6)。

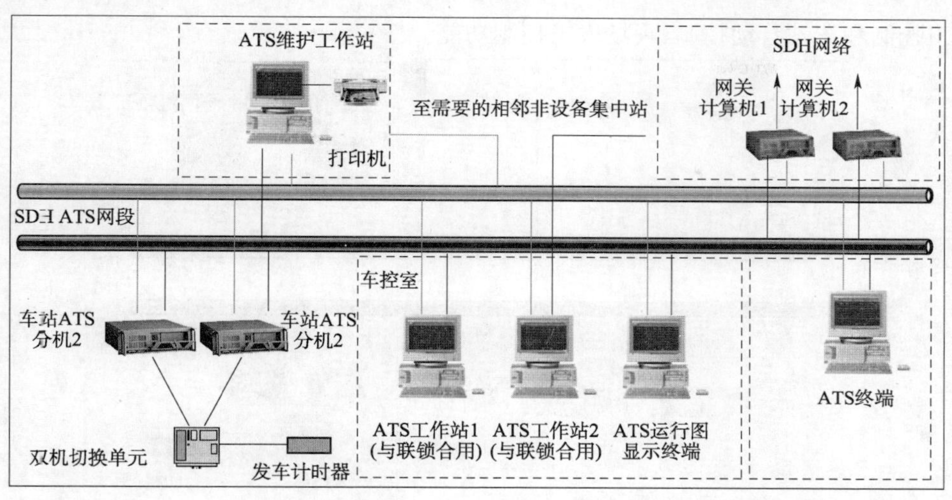

图 6-4　车站设备的布置

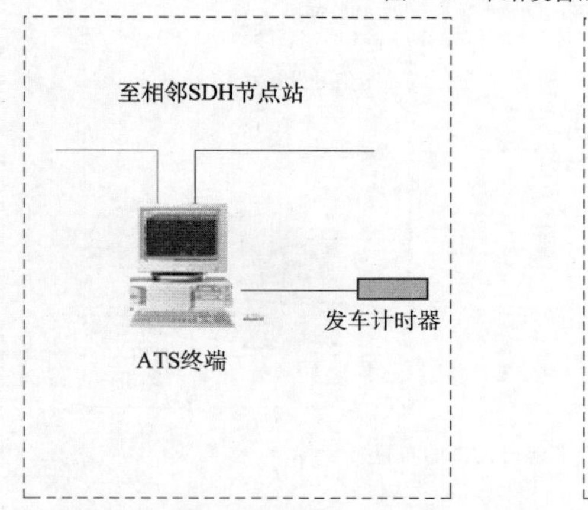

图 6-5　无岔非集中站设备的布置

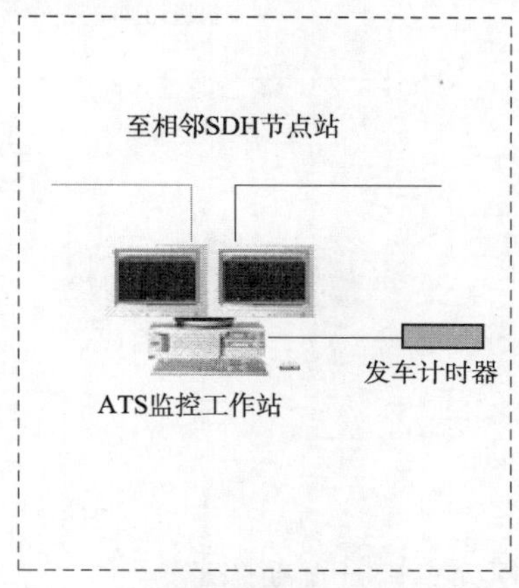

图 6-6　有岔非集中站设备的布置

3. 车辆段设备

车辆段设备布置，如图 6-7 所示。它包括：ATS 分机、双机切换设备、值班员工作站、派班员工作站、网络通信设备与其他系统接口设备。

（二）ATS 子系统主要功能

（1）正线列车运行监视及系统设备状态的监视、监测和报警。

系统根据现场 ATS 分机采集的信息在中心大表示屏上动态显示全线线路、车站、车辆段、折返线、道岔、信号机、进路以及在线列车运行的实际位置及各种状态。

（2）列车识别跟踪、传递和显示功能。

ATS 系统实现全线正线、车辆基地的列车自动识别和追踪，并显示车次及列车进入、驶出管辖区的车次自动移位。

（3）实现进路自动控制（根据计划运行图自动生成进路控制命令，设置列车进路）或人工控制。

ATS 子系统与其他子系统相结合，可控制进路的办理和建立，具备调度中心自动控制、调度员人工控制和车站自动控制、现场人工控制功能。

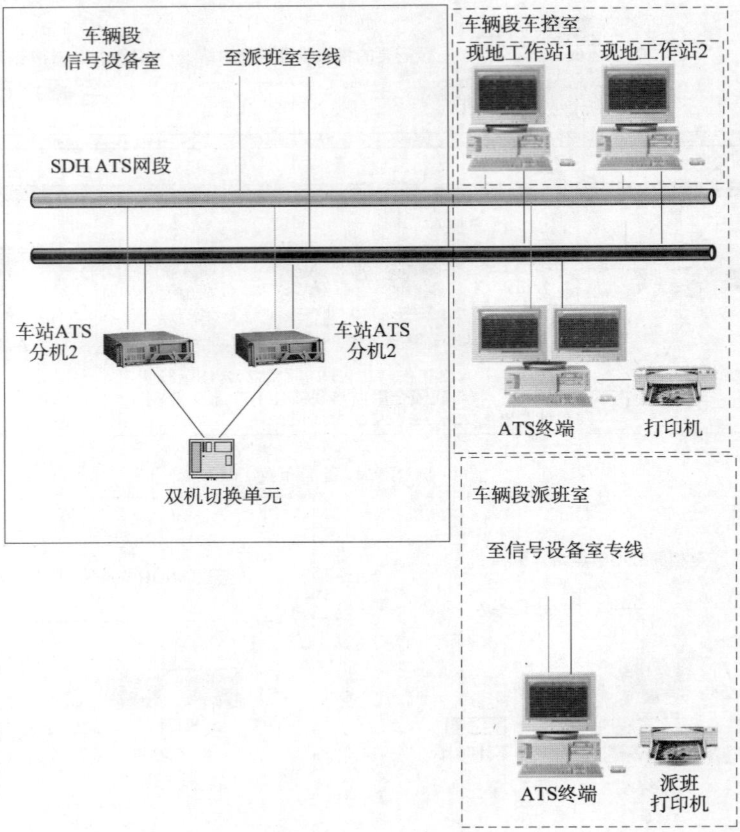

图 6-7　车辆段设备的布置

(4)实现列车运行自动调整。

ATS 系统根据列车偏离当日计划(实施)运行时刻表的程度,对列车运行实现自动调整。

(5)列车运行图及时刻表的人工辅助编制与管理。

通过运行图,工作站实现自动或手动编制系统运行需要的各种时刻表,并可以进行修改;编制后的时刻表在数据库服务器的磁盘存储。

(6)实现停车场/车辆段内列车运行监视和车组号追踪,进/出停车场、车辆段的列车信号机状态的监视,并通过网络系统与控制中心、相关站、段(场)交换列车运行、车辆运营、乘务员管理等信息。

(7)根据在线列车运行情况,在运行秩序紊乱及运行偏离时刻表时进行 ATO 运行等级和车站停车时分的调整。

(8)可以通过仿真测试,验证系统的功能。

(9)调度员培训设备具有列车运行模拟、操作动态模拟及仿真功能。

(10)列车运行报表统计、各种事件报警报表的生成功能。

(11)各种状态信息、操作信息数据的记录及回放功能。ATS 子系统支持历史数据的记录和回放功能,以便在出现问题时可以追溯历史。

(12)控制发车计时器,并向乘客向导系统提供信息。

(13)与计算机联锁、ATO、通信(含时钟、传输、广播及无线系统)、综合监控系统及信号维修中心交换信息。

(14)与各种计算机联锁、ATP、ATO 和车地通信系统可靠接口。

(15)全系统的时钟同步。

(16)能在中央专用设备上提供模拟和演示功能,用于培训及参观。

二、CI 子系统

CI 子系统主要是区域控制器的授权信息,通过对区段内的道岔和信号控制,建立或解锁进路,实现正确的联锁关系,确保列车的安全运行,提高车辆运行效率。其硬件结构,如图 6-8 所示。

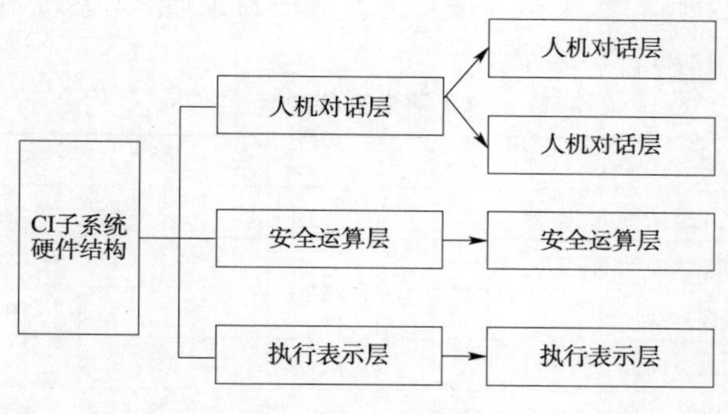

图 6-8　CI 子系统硬件结构

(一)CI 子系统的一般要求

(1)保证进路行车安全,并具备大信息量和联网能力。

(2)应满足 24h 不间断运行的要求。

(3)监控容量应满足正线车站、车辆段/停车场的建设规模和运输作业的需要。应具有与 ATS 校核时钟的能力。

(4)可与 ATS 系统配合,实现站控/遥控的转换。

(5)在 CBTC 模式下,CI 系统允许多列车运行到同一条进路内,按照移动闭塞行车;在降级模式下,CI 系统只允许一列列车运行到该进路内,按照固定闭塞行车。

(二)CI 设备环境条件

CI 设备应安装于信号机械室内,其对环境条件要求为:

(1)温度:0 ~ 40℃。

(2)相对湿度:不大于 90%(室温 +25℃)。

(3)大气压力:74.8 ~ 106.2kPa。

(4)外电网引入电源屏的零地电位差不大于 1.0V。

(5)室内应采取防静电、防尘等措施。周围无腐蚀性和引起爆炸危险的有害气体。

(三)性能要求

(1)可靠性要求:应采用高可靠性硬件和冗余结构;平均无故障间隔时间应不小于 105h。

(2)可维护性要求:CI 系统的平均恢复时间小于 30min;CI 系统应能与信号集中监测系统接口,并提供室内外联锁设备的状态及报警信息。

(3)安全性要求:

①CI 应工作可靠并符合故障-安全原则。

②CI 系统的安全完整性等级应达到 SIL4 级。

③有关电源、电磁环境、外部接口、人机接口(考虑操作失误)等环境条件和使用条件的设计应采用与安全完整性等级相适应的设计方法。

④CI 系统应具有一定的错误检测机制,检测到故障发生时及时采取措施,触发安全反应,不得引发或维持不安全状态。

(四)具体功能

CI 子系统可提供封锁区段、解封区段功能。区段封锁后,CI 系统不应排列经过该区段的进路。CI 子系统参数值,如表 6-2 所示。

CI 子系统参数值

表 6-2

参　数	取值范围
计算机联锁系统(CI)安全完整度等级	SIL4
计算机联锁系统(CI)平均无故障间隔时间(MTBF)	不小于 105h
计算机联锁系统(CI)可用性	99.99%
计算机联锁系统(CI)平均恢复时间	小于 30min
计算机联锁系统(CI)系统的处理周期	不大于 1s

1. 信号机

(1)信号应不出现乱显示即不符合规定的信号显示。当检测到信号机显示与预期结果不一致时,应控制该信号机显示禁止信号。

(2)CI 系统应能接受地面 ATP 提供的信号机的列车接近信息,控制进路始端信号机转换不同的显示。

(3)CI 系统可提供信号机封锁、信号机解封功能。可提供信号关闭功能。

(4)CI 系统应具备信号重复开放的功能。进路信号开放,应持续检查信号开放联锁条件满足。

2. 道岔

(1)CI 系统应具备道岔位置信息,包括:道岔定位、道岔反位、道岔四开,并能提供道岔挤岔表示。

(2)CI 系统应能够通过进路锁闭、区段锁闭、人工单独锁闭、引导总锁或其他锁闭的方式对道岔进行锁闭。道岔一旦被锁闭,道岔不能操纵。

(3)CI 系统应具备单独锁闭和单独解锁的功能。

(4)CI 系统可提供道岔封锁、道岔解封功能。道岔封锁后,CI 系统不应排列经过该道岔的进路。

3. 进路

(1)CI 系统应具备列车进路、引导进路和调车进路。

(2)CI 系统应能提供人工办理、ATS 自动办理进路的功能。

(3)CI 系统应具备进路锁闭和进路接近锁闭的功能。

(4)CI 系统应具备进路正常解锁的功能。

(5)CI 系统应具备区段故障解锁功能,办理区段故障解锁应人工确认。

(6)CI 系统可根据需要提供自动折返进路功能。

(7)CI 系统应具备引导进路功能,可提供引导总锁功能,引导总锁后 CI 系统控制范围内道岔锁闭。

三、ZC 子系统

区域控制器 ZC(ZoneController)是 CBTC 列控系统中的一个安全计算机系统。它对系统的安全性和可靠性有着极高的要求,并且区域控制器的工作稳定性直接影响着列车运行效率和行车安全。

(一)ZC 子系统的主要功能

1. 列车管理

ZC 子系统管辖范围内的运行车辆有如下几种状态:列车预登录、列车进入 ZC 控制,正式控制列车、注销状态。

2. 移动授权生成

移动授权(MA)的计算是 ZC 子系统的核心功能。区域控制器实时地与数据存储单元(DSU)、车载控制器(VOBC)、联锁设备(CI)、列车自动监控系统(ATS)等其他子系统进行交互,通过计算生成 MA,并通过数据通信系统向列车的 VOBC 发送。

3. 停车保证

当 ZC 子系统收到联锁发送的取消进路信息,且 CBTC 等级列车的移动授权越过该进路的防护信号机时,ZC 向该 CBTC 等级列车发送停车保证请求,车载 ATP 回复是否可以在该移动授权终点前停车。

4. ZC 切换

区域控制器的控制范围一般在 5km 范围内,一条线路有时需要不止一个区域控制器,因此列车从一个 ZC 驶向另一个 ZC 时,两个 ZC 需要进行控制权的交接。

(二)ZC 子系统的工作原理

ZC 子系统需要对所有在其管辖范围内的列车进行管理和控制。整个过程主要分为列车预登录,列车进入 ZC 控制、ZC 正式控制列车和列车注销 4 个阶段。其相关特点,见图 6-9 所示。

(三)ZC 子系统与其他子系统的关系

ZC 子系统需要根据从 VOBC、ATS、CI 和 DSU 接收到的各种状态和数据信息,在已知障碍物位置和状态信息的情况下,计算在其管辖区域内所有列车的移动授权,并及时将移动授权以数据包的形式通过数据通信系统发往 VOBC 以控制列车的走行。系统之间的信息交互,如图 6-10所示。

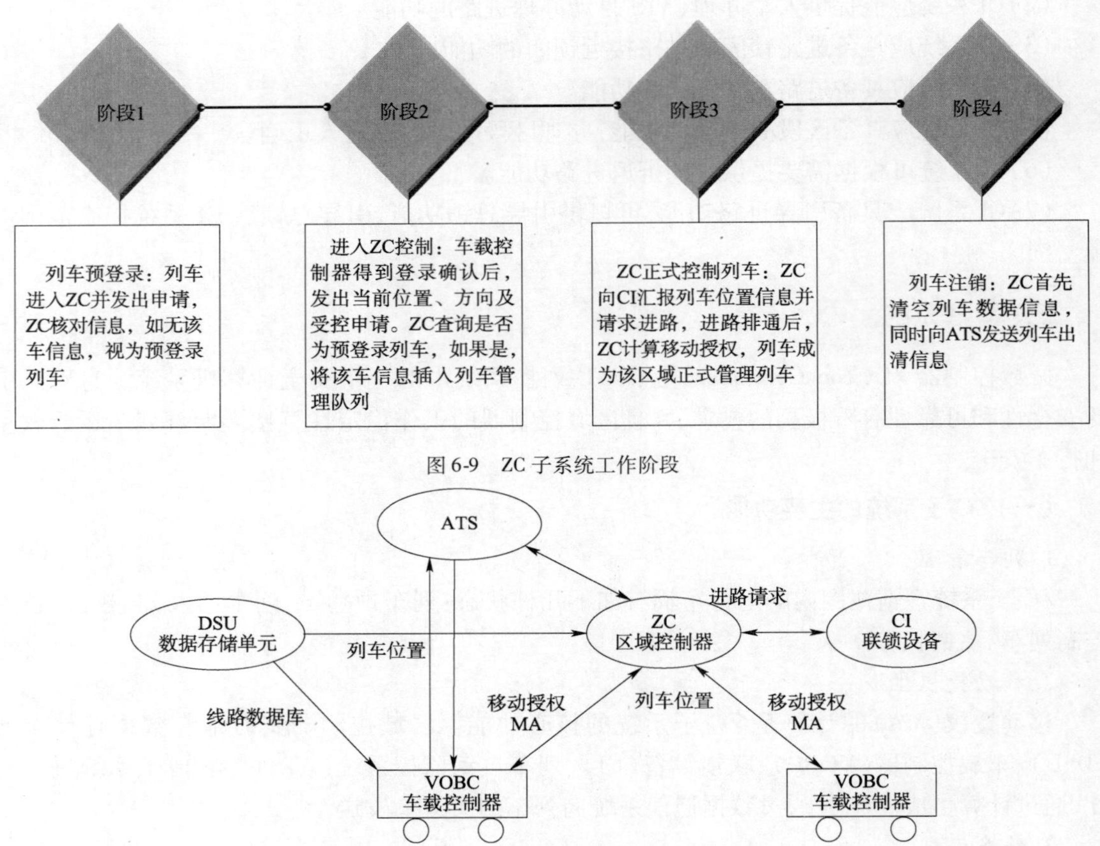

图 6-9　ZC 子系统工作阶段

图 6-10　区域控制器与其他子系统之间的交互结构

1. ZC 与 VOBC

当列车在 ZC 管辖范围内运行时，ZC 从 VOBC 得到列车当前位置和运行方向，结合障碍物状态信息，ZC 为 VOBC 计算 MA，计算结果以通信报文的形式发送给 VOBC。

2. ZC 与 ATS

ZC 会实时地、周期性地把列车当前位置和列车信息，以及周围障碍物的状态发送给 ATS，ATS 会在线路显示屏上显示列车具体所处位置和线路状态。

3. ZC 与 DSU

ZC 每个工作周期前要首先进行 ZC 的本地数据库版本号与 DSU 数据库版本号比较，如果二者版本号一致，则无须进行数据库内容的更新；如果二者版本号不一致，则要更新数据库版本号，然后从 DSU 下载新的数据库内容。

4. ZC 与 CI

每个 ZC 工作周期内，ZC 都要将在其管辖区域范围内列车的信息发送给 CI，主要包括列车的所在位置和列车进路情况信息，还需要向列车发送进路申请。

四、DCS 子系统

数据通信子系统（DCS）提供以下系统，包括控制中心 ATS，轨旁子系统和车载 ATP 以及设备维护、故障诊断等系统沿线地面设备之间双向、可靠、安全的数据交换。数据通信子系统，如图 6-11 所示。数据通信子系统的有线网络连接控制中心和轨旁控制终端，以及无线通信子系统地面无线接入点 AP 等设备，承担所有车地、地地通信的数据发送和转发工作。

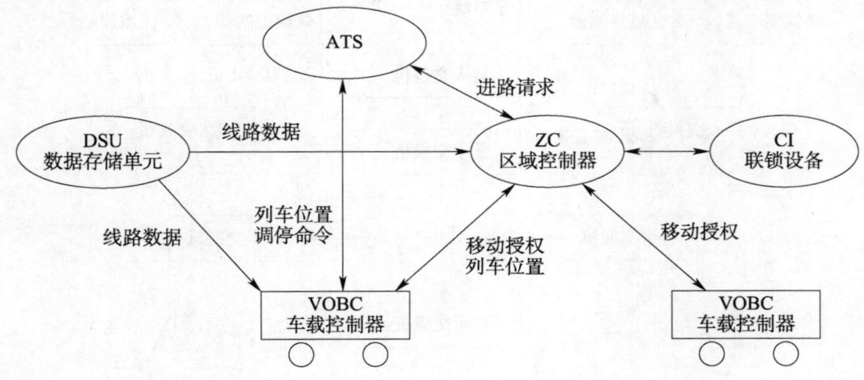

图 6-11　数据通信子系统框图

(一)数据通信子系统传输的信息内容

数据通信子系统主要传输以下信息：

(1)车载控制器向区域控制器传递的列车状态信息和列车位置信息。

(2)车载控制器与线路数据库间的数据查询信息。

(3)车载控制器向控制中心控制设备传递的列车运行状态和列车位置信息。

(4)区域控制器向车载控制器发送的控制信息。

(5)区域控制器向控制中心传送的轨旁设备状态信息。

(6)区域控制器与线路数据库间传递的信息。

(7)控制中心向车载控制器和轨旁控制器发出的控制命令。

(8)联锁子系统与区域控制器和控制中心间传递的信息。

(二)数据通信子系统的主要功能

数据通信子系统是 CBTC 系统的基础，如果该子系统出现问题，将直接造成轨道线路的瘫痪。因此，在面对较强电子干扰、恶劣天气、维修损坏等不利条件下，要求该系统具有很强的抗干扰、抗毁坏能力，确保数据通信子系统正常运行。除此之外，还应实现以下功能：

(1)实现 CBTC 各子系统之间的直接通信。

(2)单点到多点信息转发功能。

(3)无线数据通信接入功能。

(4)标准连接功能。数据通信子系统应能够提供标准接口，实现现有设备的网络接入。

(三)数据通信子系统的主要框架

数据通信子系统按功能划分，由骨干网络、轨旁接入网、车载网络和车地无线通信网络等组成。其结构示意图，如图 6-12 所示。

1. 骨干网络

轨旁骨干网络主要由设置在设备集中站信号设备室的骨干交换机及与交换机相连的单模

光缆组成,形成环式拓扑结构。骨干交换机和单模光纤均采用物理上完全独立的双套配置,具有高效带宽利用和网络故障自愈功能。

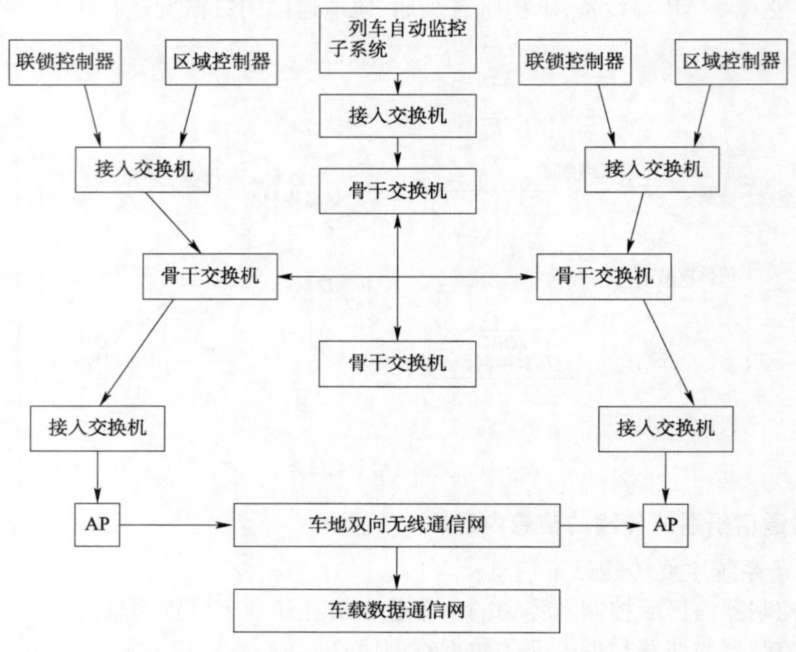

图 6-12　数据通信子系统示意图

2. 轨旁数据接入网

接入交换机安装在信号设备房内,设备采用 220V 交流供电,由信号专用电源屏提供单独电源。与无线接入点连接的采用光接口交换机,其他轨旁设备通过电接口交换机接入骨干网。

3. 车载网络

车载网络部分主要由车载无线单元和天线组成,车头、车尾冗余配置两套设备。车载网络主要实现各车载子系统(自动列车防护子系统 ATP、自动列车运行子系统 ATO 等)和车载操作显示设备(司机驾驶台 TOD、安全 I/O 控制器等)以及车载无线设备之间的信息交互的功能。

4. 车地无线通信网络

车地无线通信网络主要由沿轨道布置的无线 AP 和光电缆组成。轨旁 AP 冗余配置,每个无线接入点配置两个无线单元。无线通信系统结构,如图 6-13 所示。

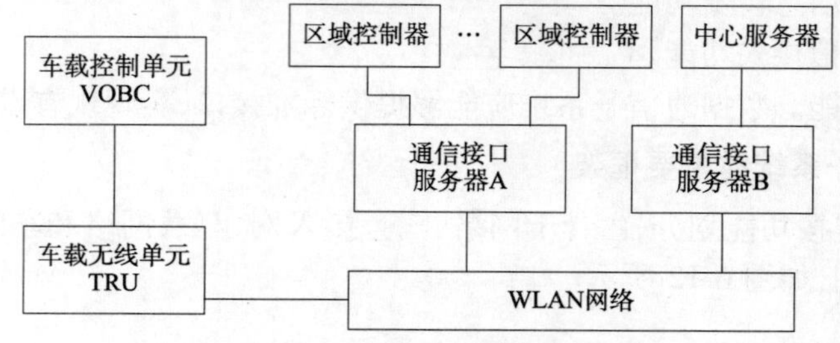

图 6-13　无线通信系统的结构

实训6-2 信号ATS系统设备的检修

一、实训目标

(1)掌握信号 ATS 系统设备各项巡检的内容。

(2)掌握信号 ATS 系统设备各项巡检的操作流程。

二、实训设备

信号 ATS 系统设备。

三、实训资料

信号 ATS 设备巡视内容有如下几个方面:

(1)询问行车调度员设备运行状况、检查背投表示盘及工作站的显示清晰度。

(2)查看报告、报警记录。

(3)查看机房内各种设备工作状态及显示。

(4)查看 UPS 电源各种工作状态指示灯及表头显示是否正常,要求设备工作正常、无异味,如发现设备异常报相关部门。

(5)记录机房、电源间、表示盘背面温度,要求保持在 5 ~30℃。

(6)车站内的 TDT 显示正常,字体清晰、完整,显示屏干净无灰尘。

四、实训任务

实训内容	信号 ATS 系统设备的巡检修		
班级		姓名	
根据信号 ATS 系统设备现场情况巡检修信号 ATS 系统设备,并填写设备旁边的巡检修记录表(附于下框):			
(1)设备运行情况________(填写正常或者有故障并记录故障现象)。 (2)背投表示盘及工作站的显示清晰度________(填写清晰或者有污渍)。 (3)报告、报警记录摘要________(摘要主要的报警信息)。 (4)机房内相关设备的工作状态________(填写正常或者有哪些设备报警)。 (5)UPS 电源指示灯________(填写正常,无异味或者异常)。 (6)机房温度________,电源间温度________,表示盘背面温度________。 (7)车站的 TDT 显示________(填写正常或者模糊不清)。			

任务三 车载设备

车载设备是 CBTC 系统的重要组成部分,其功能实现直接关系到 CBTC 系统的成功运作。它主要包括人机交互界面、天线系统、测速和定位传感器、车载控制器等部件。车载设备通过通信系统与轨旁设备、指挥控制中心设备通信,进行车辆位置信息传输和信息共享,以辅助调度人员指挥运营需要。车载设备与其他各子系统都存在着接口,使得各个子系统可以及时把信息传送给车载设备;车载设备从而将得来的信息进行计算来实现列车的 ATP/ATO 功能并将自身的状态信息反馈给各子系统保证整个 CBTC 系统正常运作。

一、车载 ATP 子系统

目前,各大城市的地铁和轻轨行车间隔时间都设计得很短,有的只有 90s。在如此短的条件下,为确保行车安全的信号系统,必须采用高度可靠、连续不断的速度显示和行车监督、防护的多信息系统。ATP 系统在城市轨道交通中承担这一重要功能,是 ATC 系统中的最重要的一环。在评价 ATP 系统时,总把其安全性和可靠性放在第一位。

(一)工作原理

ATP 功能是由车载 ATP 系统和轨旁 ATP 系统共同实现的。车载 ATP 系统和轨旁 ATP 系统实物,如图 6-14 和图 6-15 所示。

图 6-14　车载 ATP 设备

图 6-15　轨旁 ATP 设备

在 ATP 计算机内,储存了必要的线路固定工程数据,如区间的线路布置、坡度、轨道电路长度、限速等等。ATP 计算机根据已有的数据和当时的线路运行状况,按照一定的算法计算列车的最大允许曲线,如图 6-16 所示。

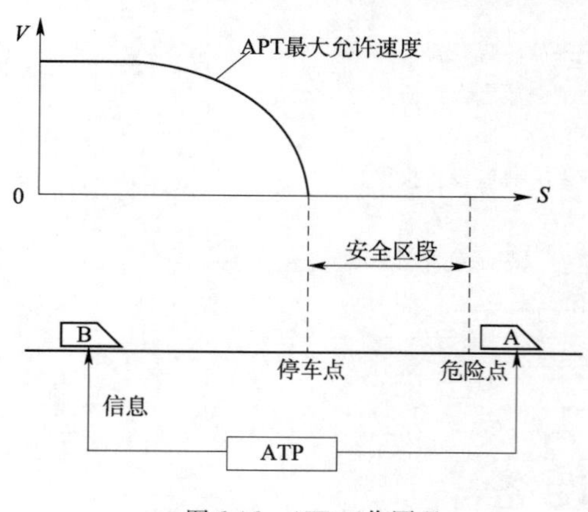

图 6-16　ATP 工作原理

对于列车 B 的 ATP 系统,首先通过轨道电路获得线路的运行状况,主要是前行列车 A 的位置信息或者危险点;然后 ATP 计算机根据已有的数据及线路运行状况信息实时地计算列车的最大允许速度和到安全停车点的“速度-距离”关系。如果此时列车 B 的速度高于最大允许速度,就报警;如果列车 B 未能在规定时间内将速度降低到最大允许速度以下,则实时紧急制动。

(二)ATP 子系统的功能

1. 安全停车点防护

安全停车点是保证列车运行不发生危险的基本红线。一般列车在运行过程中,相对于危险点而言存在一个安全区段，该区段的长度由列车的性能和运行状况决定。安全停车点为该安全区段的起始点。ATP 系统根据已有数据及线路运行状况计算出到安全停车点的“速度-距离”曲线，保证列车能够在安全区段内停车。

2. 速度监督和超速防护

在列车运行过程中，ATP 系统对列车速度实时监督，预防列车超速产生危险。该监督主要包括两个方面：一是列车固定速度限制，如列车运行速度一般不允许超过 80km/h；二是临时速度限制，如根据安全停车点计算出来的最大允许速度等。如果列车超过了这些速度限制，ATP 系统首先报警，如在规定时间内速度未降到允许范围内，则实时紧急制动，并记录。

3. 测距与测速

实时的测量列车的运行速度和行驶距离是保证列车安全运行的基本保障。ATP 系统主要通过轮轴上的速度传感器进行距离和速度测量；同时，还可以利用轨道电路获得与前列车的距离，实现信息同步。

4. 门控

列车的车门控制是重要的安全措施之一。车载 ATP 设备防止列车在站外开门和站内开错门。另外，它还防止列车在开门状态下起动。

以上是 ATP 系统的主要功能，它还具有一些其他功能，例如：紧急停车功能、列车异常情况控制、无人自动折返、通信功能等。

二、车载 ATO 系统

（一）工作原理

ATO 子系统也是由车载设备和轨旁设备组成。其结构，如图 6-17 所示。ATO 子系统与 ATP 子系统共用车载硬件设备。ATO 子系统的软件安装在与车载 ATP 子系统共用的车载计算机中，但使用独立的 CPU。

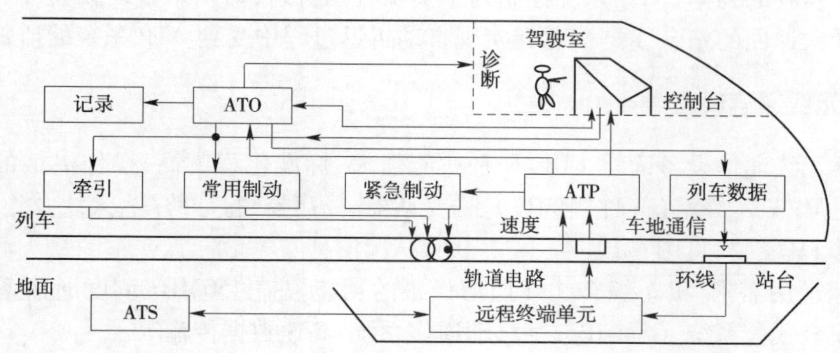

图 6-17　ATO 系统的结构

车载 ATO 设备为主备冗余，当主 ATO 单元发生故障，自动从主 ATO 单元切换到备用 ATO。主 ATO 和备用 ATO 单元运行同样的软件，得到相同的传感器输入和独立计算，但是在一个时间，只有一个 ATO 单元是主 ATO，与其他子系统接口，而备用 ATO 不提供任何输出。

当发车安全条件符合时,ATO 系统给出启动显示,司机按下启动按钮,ATO 系统使列车从制动停车状态转为驱动状态。ATO 车载控制器通过比较实际列车运行速度及 ATP 给出的最大允许速度及目标速度自动控制列车的牵引及制动。ATO 系统控制列车的牵引制动设备,自动地实现列车的启动、加速、巡航、滑行以及制动等驾驶功能。在驾驶过程中,ATP 一直执行其速度监督和超速防护,负责列车的运行安全。

(二)ATO 子系统的功能

ATO 的主要功能是进行列车定位和速度控制,以实现精确停车、追踪间隔最小及节能。为适用不同的坡道,ATO 使用位置传感器、速度传感器和加速度传感器。

1. 站间自动驾驶

站间自动驾驶是 ATO 系统的最主要功能。它可生成牵引和制动控制信号,使列车根据速度-距离曲线控制行车速度。ATO 根据站间距离和站间运行时间自动计算出速度-距离曲线。在高峰期间,按照最大允许速度驾驶列车;在低峰期间,按照最节能的方式驾驶列车。

2. 调整管理

ATO 按照时刻表内的站间运行时间在站间控制列车运行。为了按照时刻表运行,ATO 可对较小的异常情况进行调整。列车按时刻表和最大可能的节能原则进行速度调整。

3. 程控停车

ATO 系统采用适当的制动率使列车准确、平稳地停在规定的停车点上,通过列车定位系统,可使停车位置的误差达到 ±0.5m。

4. 打开车门

车门可以通过 ATO 系统实现自动控制(也可以通过手动控制)。当 ATP 系统检查车辆具备开门条件时,由 ATP 系统发出控制指令,ATO 系统作为执行机构,控制车门开启。

5. 自动折返

对于无人驾驶的列车,ATO 系统控制列车实现自动折返,即从站台线自动驶入折返线,换端后再自动驶入返回的站台线。ATO 在实现自动折返过程中受到 ATP 系统的监督。

三、车载无线通信设备

列车综合无线通信设备简称 CIR,具有功能强大、标准化程度高、操作灵活的特点。CIR 设备由主机、操作显示终端(简称“MMI”)、送受话器、扬声器、打印终端、天线及连接电缆等组成,见图 6-18。其实物,见图 6-19。

根据实际运用需求,机车综合无线通信设备的功能覆盖 450MHz 调度通信系统、800MHz 列尾和列车安全预警系统、GSM-R 数字移动通信系统、高速数据传输等。

(一)450MHz 列车无线调度通信

450MHz 列车无线调度通信系统包括调度总机、车站电台、机车电台、便携台以及区间设备、配套的检测设备等,可满足车站值班员、助理值班员、司机、车长、调度员之间的话音通信。另外,450MHz 列车无线调度通信还可以实现机车台、车站台和调度设备之间具有双向数据传输和机车出入库自动检测功能。

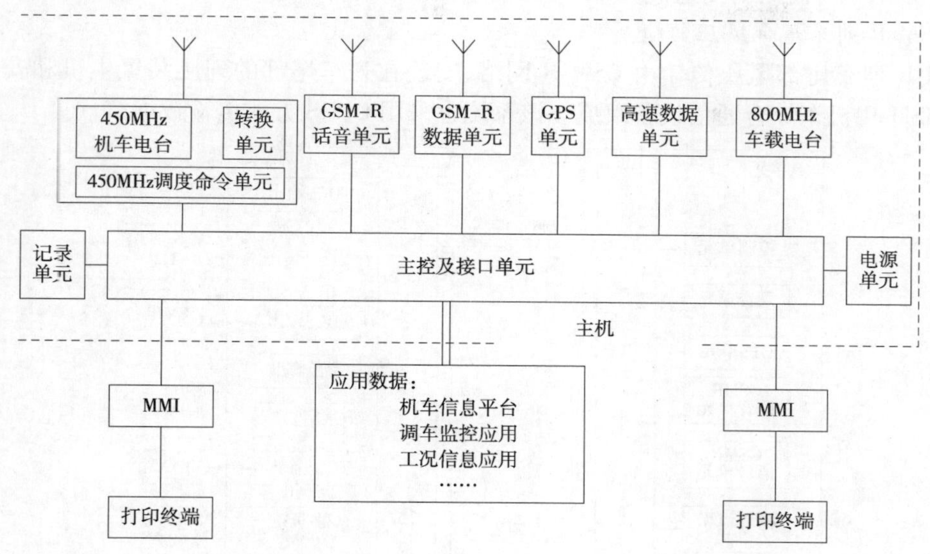

图 6-18　CIR 设备构成原理

（二）800MHz 列尾和列车安全预警

800MHz 列尾和列车安全预警系统由车载电台、道口预警设备、袖珍式预警器、便携式预警器、列尾安全防护装置（含列尾主机及列尾司机控制盒）和监控装置适配器构成。该系统具有记录和存储收发预警信息，广播列车车次、运行速度、位置及时间等列车运行信息，查询尾部风压、排风和接收欠压报警信息等功能。

（三）GSM-R 调度通信

GSM-R 调度通信系统主要由网络交换子系统、基站子系统、操作支持子系统、固定用户接入交换机 FAS、调度台、车站台、机车综合通信设备 CIR、作业手持台 OPH 及其他固定终端等构成，如图 6-20 所示。

GSM-R 调度通信系统业务包括列车调度通信、货运调度通信、牵引变电调度通信、其他调度及专用通信、站场通信、应急通信、施工养护通信和道口通信等。

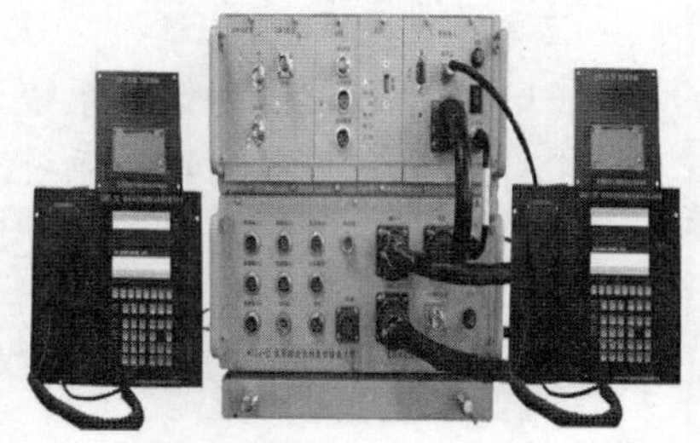

图 6-19　车载无线通信设备

（四）GSM-R 通用数据传输

1. GSM-R 调度命令无线传输

GSM-R 调度命令无线传输系统由 GSM-R 数字移动通信网 、GSM-R 机车综合通信设备（含操作显示终端、打印终端）、DMIS 设备等组成。该系统采用 GPRS 方式传输数据。

2. GSM-R 无线车次号传输

GSM-R 无线车次号传输系统由 GSM-R 数字移动通信网、监控数据采集处理装置、GSM-R 机车综合通信设备、DMIS/CTC 设备等组成，该系统采用 GPRS 方式传输数据。

采集处理装置接收机车安全信息综合监测装置广播的信息并对信息进行实时分析，数据内容符合以下条件之一时则通过 GSM-R 机车综合通信设备发送一次车次号信息。

3. GSM-R 列车尾部风压传输

GSM-R 列车尾部风压传输由 GSM-R 网络、安装在列车尾部的列尾装置主机和安装在机车上的 GSM-R 机车综合通信设备组成。该系统也采用 GPRS 方式传输数据。

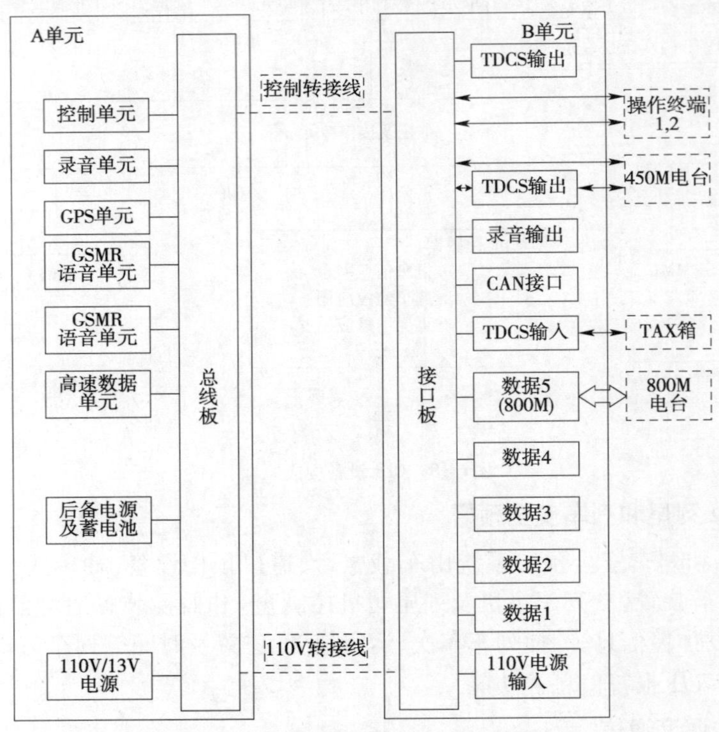

图 6-20 GSM-R 机车无线综合平台主机整机框图

实训 6-3 列车自动驾驶系统车载设备操作

一、实训目标

(1)掌握列车自动驾驶系统车载各个设备的功能。

(2)熟悉列车自动驾驶系统车载设备的安装位置。

(3)掌握司机显示单元的使用方法。

二、实训设备

列车驾驶实训设备。

三、实训资料

列车各运行阶段操作规程,所具备的相关资料:

1. 列车出库

(1)列车整备完毕,列车状态符合正线服务后,与车厂信号值班员报告列车整备完毕。

(2)确认出厂信号开放,按该列车出车厂时刻以 RM 模式驾驶列车出库,整列离开库门前限速 5km/h。列车运行到转换轨一度停车。

2. 正线运行

(1)列车“ATO”驾驶模式下,司机应保持正确工作状态。列车运行期间,司机要注意观察列车显示屏信息、各指示灯和仪表显示、自动开关状态。坚持不间断瞭望前方进路状态,发现线路、弓网故障及其他轨旁设备损坏或超限时,及时采取紧急措施,并报告行车调度员。列车接近进站时,密切观察站台乘客状况,遇乘客较多或有越出站台黄色安全线,应及早鸣笛示警,遇危及列车运行或人身安全时,立即采取紧急措施。

(2)列车“ATO”驾驶模式下发生紧急制动,需要“SM”或“RM”驾驶模式运行时,司机严格遵循进路防护信号显示、“ATP”允许速度及列车运行速度。

(3)列车故障或其他原因需临时停车,司机可通过列车紧急广播或人工广播安抚乘客。

列车本身原因或信号故障,造成列车未对标停车,司机立即手动对标停车。

3. 站台作业(开关车门)

(1)ATO 模式下,列车进站自动对标停车后,列车显示屏出现相应侧车门释放信息,车门自动打开,无特殊情况下乘务员须在规定时间内于驾驶室侧门旁立岗,监视站台乘客上下车情况。

(2)SM、RM、URM 模式及折返对标停车后,列车显示屏无相应侧车门释放信息,需人工打开时,必须严格执行“确认、呼唤、跨半步、开门”四步作业程序。关门前观察 DTI 倒计时显示,对照运营时刻表发车时刻,提前约 10s 侧转身体,按压“关”按钮,回转身体,立正面向列车尾部瞭望,待车门全部关好,所有车门黄色指示灯和运行状态黄色灯灭,确认安全后(原则上不得使用重开门按钮来防止夹人),进入驾驶室,在起动客车之前通过侧望监视镜确认车门无夹人夹物后,按照规定程序起动列车。

(3)大客流情况下,司机注意气压表显示状态,超过 0.28MPa 以上时,关门作业加强“重开门”按钮的运用(防止夹人夹物),同时报告行车调度员。车门发生故障后,原则上运行方向前三节车组由司机负责处理,后三节车组由站台岗负责处理。

4. 终点站折返

(1)到达列车进入终点站接近停车标处,显示屏出现折返图标,“AR”黄灯亮,列车停稳左、右侧车门相继打开。列车司机按压“AR”按钮,显示屏上的折返图标由蓝色变为黄色背景,“AR” 黄灯灭,关闭主控钥匙,锁好驾驶室侧门,折返上行端驾驶室。

(2)终点站有折返司机时,与之交接列车运行状态及行车安全事项等,完毕后在换乘亭等候转为下一趟折返司机;无折返司机时,本车司机应抓紧时间激活上行端驾驶室,确认列车状态良好。

(3)URM 模式下折返时,如无折返司机,本车司机应先开左边门下客(右边门不开),清客完毕关左门,折返上行端驾驶室激活操纵台开左门上客。

5. 列车进入车厂

(1)运营列车结束服务到达终点站后,使用标准用语告知乘客,确认全部乘客下车后,按站务人员给的关门信号关门。完成驾驶室折返,步行至另一端驾驶室。

(2)确认进路防护信号开放正确后,以 ATO 模式或 RM 模式驾驶列车至转换轨一度停车。确认入厂信号黄灯后驾驶列车入厂, 库门前一度停车标或平交道口前一度停车。

（3）列车停稳后，清洁驾驶室卫生，检查灭火器、列车备品，确认是否齐全良好，与公里数一起填写在《列车状态卡》上。列车停在规定的位置后，方向手柄回零，分主断，施加停制动，分空调，分照明，空压机停止工作后，鸣笛降弓，关蓄电池，下车锁好驾驶室侧门。

四、实训任务

实训内容	列车模拟驾驶设备操作		
班级		姓名	

（一）根据列车运行基本理论以及列车运行各阶段操作规程，模拟司机人工操纵列车。要求学生掌握机车起动操纵、调速运行以及停车制动等方法，保证列车运行正点、平稳、节能以及精确停车。

1. 操作内容

（1）转动列车模式开关，置于 ATO 挡位。

（2）输入正确的目的地号和司机号。

（3）启动车载信号系统，观察“ATO 指示灯”点亮。

（4）按压“发车按钮”，观察列车运行过程中速度的变化。

2. 操作步骤

（1）安装连接地面设备。

（2）在列车上将便携式计算机与车载自动驾驶系统相连。

（3）启动列车车载信号系统和便携式计算机。

（4）列车运行到某站台停车。

（5）观察便携式计算机上所显示的列车停车过程中的速度距离曲线。

（二）根据 CIR 设备构成原理图，在列车模拟驾驶设备上找出各组成部分。

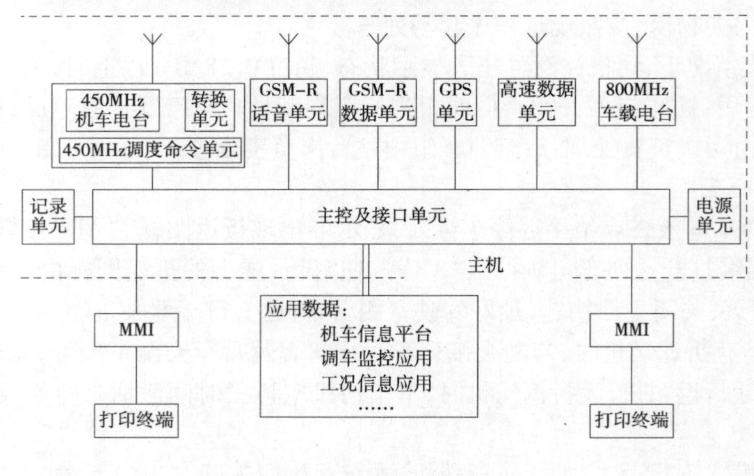

典型 CBTC 系统介绍

1. 西门子公司的 CBTC 系统

西门子公司是较早开展基于无线通信列车控制系统研究的公司之一，目前其在国内推荐实施的基于无线的 TRAINGUARDMT 移动闭塞信号系统的无线部分采用西门子公司的 Railcomwireless 无线局域网 WLAN 系统。系统硬件由符合工业标准的通用无线局域网设备组成,采用 IEEE802. llb 无线局域网标准的直接扩频技术(DSSS)。无线系统设计在列车运行速度不大于 250km/h,在满足列车控制无线传输的同时,通过增加和调整系统配置,还可实现列车和地面之间视频、语音以及地面集群无线(TETRA)的应用。其系统结构,如图 6-21 所示。

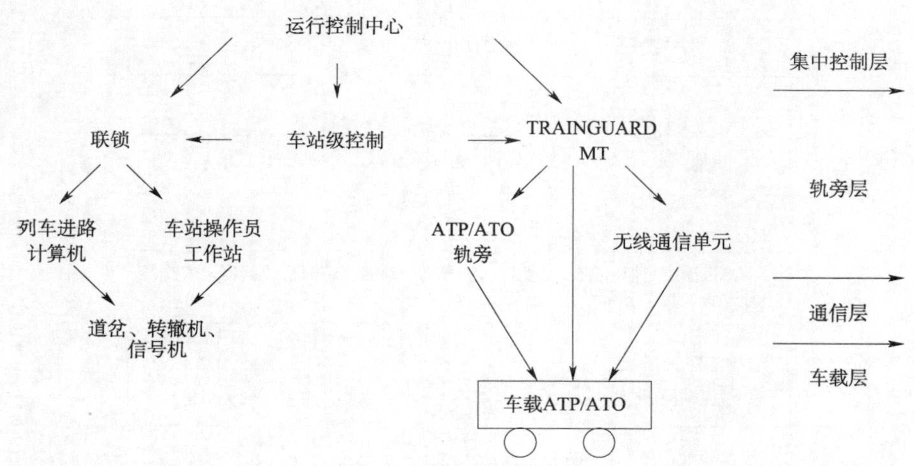

图 6-21　西门子的 CBTC 系统结构

Sicmens 公司的 CBTC 系统已经应用在纽约的 NYCT、德国纽伦堡的 RUBIN 和巴黎地铁 14 号线项目中。北京地铁 10 号线项目采用该系统,于 2008 年 7 月 19 日开始以移动闭塞的全功能投入载客运营。广州地铁 4 号线、5 号线也分别于 2009 年 3 月份和 5 月份投入移动闭塞的全功能载客运营

2. 庞巴迪公司的 CBTC 系统

庞巴迪公司的 CITYFLO 650 CBTC 系统是一套先进的列车控制系统。该系统可实现有人值守的 DTO 驾驶模式或无人值守的 UTO 驾驶模式,并采用最先进的无线电技术实现车地双向通信。该系统从功能上可基本分为 4 层:

(1)基于通信的列车控制系统仍然有自动列车监控(ATS)子系统。

(2)轨旁自动列车控制子系统——自动列车防护和自动列车运行。

(3)通信层。

(4)车载自动列车控制子系统——车载自动列车防护和车载自动列车运行。

庞巴迪的该系统解决方案已在多条线路上运营或在建,国际上如旧金山国际机场、中国台湾木扎地铁延伸线、西班牙马德里地铁 1 号线和 6 号线等。我国天津地铁 3 号线也采用该系统,3 号线设置 3 个 ATC 区域,各子系统 RATP (轨旁 ATP)、VATP (车载 ATP)、CBI 采用二乘二取二冗余结构且满足 SIL 的安全级别,非安全子系统 RATO、ATS 在安全子系统的控制下完成自己的功能,且是热备双机冗余结构,保障系统在有故障的情况下不影响正常模式的行车;底层 CBI 联锁子系统和计轴系统为系统提供传统的固定闭塞方式对列车进行跟踪,为后备的站间人工驾驶模式提供防护功能。

信标为系统提供列车准确行驶位置,计轴为系统提供次级列车位置检测,CBI 检测计轴状

态、明确股道占用情况,并通过 DTS 发送给 RATP,RATP 据此发出列车移动授权。道岔、信号机均由 CBI 和 OCS 系统进行控制,给出命令,并将状态、信息发送给 RATP,对列车进行控制。CBI 连锁信号原理图,如图 6-22 所示。

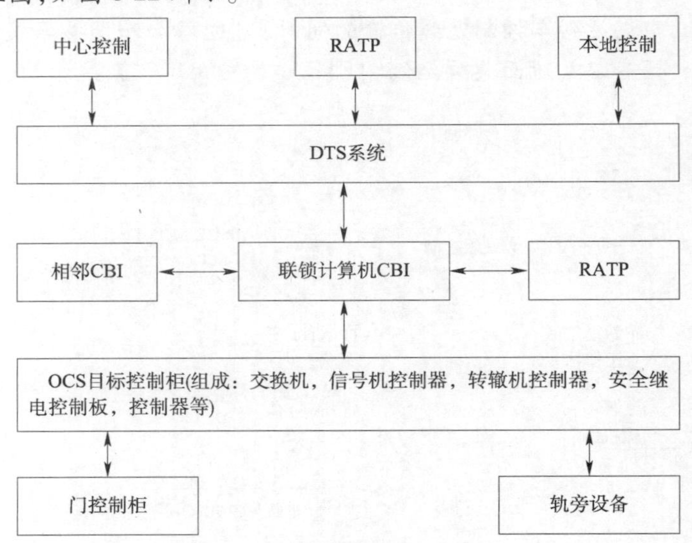

图 6-22　CBI 联锁信号原理

3. 阿尔斯通公司的 CBTC 系统

法国阿尔斯通公司 URBALISTM300 移动闭塞 CBTC 系统,可以实现全线无人驾驶自动运行(DTO 模式)。其无线通信采用 IEEE802.119 无线局域网标准,采用正交频分复用(OFDM)扩频方法,无线发射网络由若干连接到无源耦合器件的漏泄波导管部分组成。系统利用波导管同时传输 CBTC 信息和多媒体信息,实时高质量地将车辆视频监控系统的信息传输到控制中心,乘客信息系统等图像信息传输至各车厢。系统在线路沿线设置信标,车载 ATP/ATO 计算机实时计算列车的走行距离并通过读取沿线信标的位置信息来校正其位置误差,进行列车精确定位。车辆测速系统设备采用编码里程计,区间定位误差小于 2%,站台定点停车误差 ±15cm。

阿尔斯通的 URBALIS 信号系统是基于尖端无线通信技术的列车控制系统,是当今全球最先进和成熟的轨道交通信号控制系统之一,能在保障列车行驶安全的同时,有效地缩短行车间隔并提高运营。目前,北京地铁 2 号线和机场快轨,上海地铁 3 号线、4 号线和 10 号线均采用了该信号系统。

4. 卡斯柯的 CBTC 系统

iCMTC 系统是卡斯柯信号有限公司通过引进国外技术,经消化吸收再自主创新研发,且日趋成熟的基于车-地双向无线通信的移动闭塞控制系统。该系统主要由:区域控制器/线路中心单元 ZC/LC;数据存储单元 DSU;联锁 CI;中心及车站 ATS,车载控制器 CC;LEU 等轨旁设备构成。

该系统的特点为:

(1)后车的地址终端可以是前车的尾部,不用划分虚拟区段,真正实现了移动闭塞。

(2)只需要 2 条网线即可实现车载设备首尾热备,简化了接口与维护成本。

(3)其 ATS 系统在国内地铁已广泛应用,且与各个厂家进行过接口,拥有更贴近用户习惯的操作界面。

(4)适用空间波和波导等多种方式的车-地通信方式,并支持这 2 种方式在同一线路上的混合配置。

卡斯柯建成或参与建设的主要项目包括:上海地铁 10 号、12 号、13 号线信号系统,上海地铁 1 号线车辆 6 改 8 项目车载信号系统,北京城铁 13 号线 CTC 系统,北京地铁八通线 CTC 系统,广州地铁 6 号线信号系统,宁波地铁 1 号线一期工程等。

5. 交控科技 CBTC 系统

LCF-300 型 CBTC 系统是北京交控科技有限公司依托北京交通大学、轨道交通控制与安全国家重点实验室、轨道交通运行控制国家工程研究中心自主创新研发的。其主要组成为:ATP/ATO 轨旁子系统 ZC;ATP/ATO 车载子系统 VOBC;数据通信系统 DCS;其他厂商配套的 ATS 系统和计算机联锁系统。

这是一个基于无线的移动闭塞系统。其主要特点:实现了工程化的拼图式产品体系,且轨旁设备少、体积小、价格低;根据列车自主定位,通过计算后续列车的位置,给出最佳制动曲线,切实提高了区间的通过能力;通过与车辆的配合,实现了开门状态下的折返,节省了折返换端时间,提高了系统的折返能力;完整的驾驶台 MMI 和完备的数据记录故障诊断功能。

该系统已于 2010 年 5 月底获得了由英国劳氏总部批准颁发的一般产品安全证书,其主要安全功能满足 SIL4 要求。该系统已经应用于北京地铁亦庄线和昌平线,亦庄线在 2011 年已开通 CBTC 级运行。

课后交流

1. 当前 CBTC 系统还存在什么缺陷?今后的发展方向是什么?

2. 查阅资料,学习列车自动驾驶系统的车载天线接收和发送的信息有哪些?

3. 试述信号 ATS 系统设备的组成和功能。

项目七　信号与运营

学习目标

1. 了解城市轨道交通主要行车组织设备。
2. 能够描述城市轨道交通行车组织机构。
3. 能够绘制列车运行图。

任务描述

1. 工作对象

行车组织设施设备：线路、车站、车辆段、列车和列车信号。

2. 工作内容

(1)正确识别指挥中心和列车运行控制中心的区别，分辨各单元的功能结构。

(2)熟读各基础设备的操作流程，反复确认各操作的执行命令。

(3)从线路、车站、车辆段开始，熟悉行车组织涉及的各部分单元。

(4)检查、记录各部分的状态。

3. 工作目标与要求

(1)高度的安全意识。

(2)了解各设备的特性、工作原理及作用。

(3)能按规范的步骤，完成对各设备的操作。

(4)在工作结束后，保持工作环境整洁。

内容结构

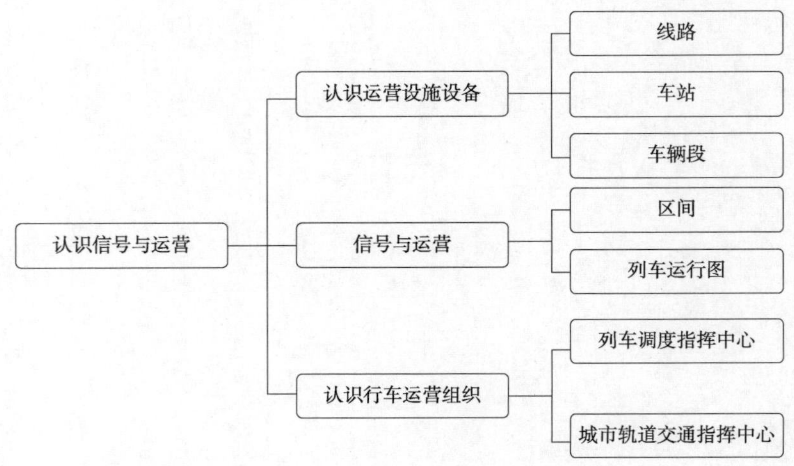

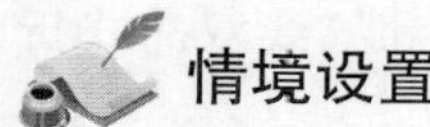

情境设置

小李入职已有一段时间，已经能够完成信号基础设备的安装、拆卸以及一般性的维护与检修任务。这段时间小李要根据公司的任务安排，到运营部门进行轮岗锻炼，从而更多地了解信号与运营的联系。小李和组里其他成员一起来到综控室接受任务，熟悉线路行车组织。小李要根据现场师傅的反馈进行及时记录，将可能出现问题的单元进行重点监测。

任务一　认识运营设施设备

城市轨道交通运营系统是由多个分别完成不同功能的子系统所构成的，包括线路、车辆、车站三大基础设施和电气、运行和信号控制系统。图 7-1 所示为城市轨道交通运营系统示意图。

一、线路

（一）线路的含义

线路是列车运行的基础，它是由路基、桥梁隧道建筑物和轨道组成的一个整体工程，是所有行车线路的总称。线路主要由路基、桥隧建筑物和轨道 3 部分组成。轨道起着列车运行的导向作用，直接承受车轮传来的巨大压力，并把它传给路基或隧道。

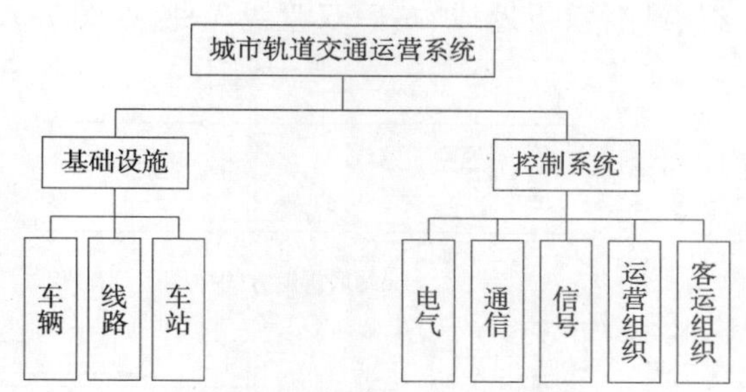

图 7-1　城市轨道交通运营系统示意图

线路按照使用功能可分为：到发线、正线、站线、专用线、岔线、渡线、联络线等。

到发线：供列车在车站到达、发出时使用的线路。

正线：连接车站并贯穿或直股伸入车站的线路。

站线：指车站内正线及指定其他用途的线路，如转折线、停车线、库线。

专用线：在区间或站（段）接轨，通向地铁以外单位的线路，且该线路未设有车站。地铁的专用线一般为单线双向行车制。

岔线：由车站或区间分支出去的有其他用途的线路。

渡线：由两个单开道岔组成的连接两条平行线路的连接设备。

联络线：连接两条独立运营线的线路或正线与车辆段间的线路。

（二）线路形式与编号

地铁线路的形式各异，线路折返通常有站前折返和战后折返两种基本类型。

列车折返方式是指当列车按照运行图的要求至图定终点站后，列车通过进行改变、道岔转换，经由车站的一条线路进入到另一条线路，开始下一次运营的方式。城市轨道线路上只有在中间个别车站、始发站和终点站才具有折返能力。

1. 站前折返

站前折返是指列车由站前渡线折返，即到站停车前完成折返过程。如图 7-2 所示，列车空车走行距离少,乘客能够同时上下车。常见的站前折返、站前双渡线折返和三线双岛式折返等。

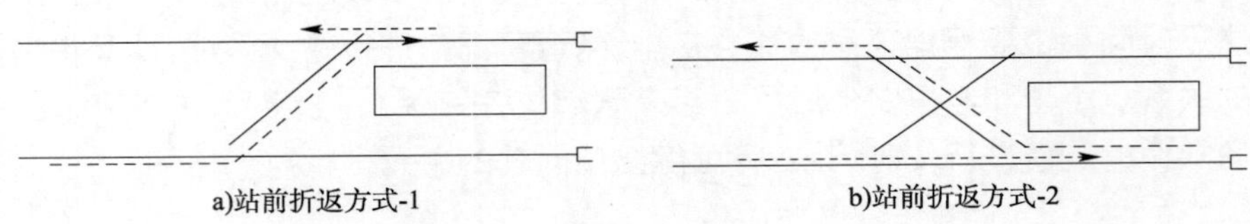

图 7-2　站前折返方式示意图

2. 站后折返

站后折返是指列车停站下客后利用站后尽端折返线进行折返,也可以采用站后环线进行折返。站后折返是指先下客,后折返,再上客。常见的站后折返站设置类型,有站后单线折返线、站后双折返线、站后双渡线 3 种,如图 7-3 所示。

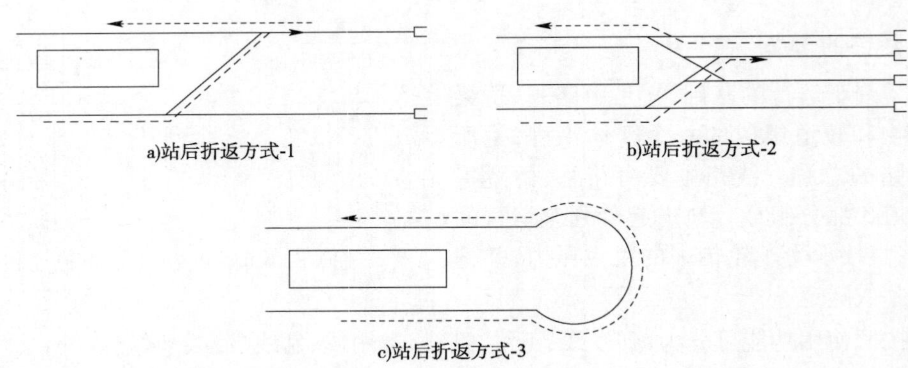

图 7-3　站后折返方式示意图

《地铁设计规范》(GB 50157—2013)中规定地铁线路每隔 3 ~ 5 个车站设置临时停车线。车站线路从正线起顺序编号,上行为双号、下行为单号;到发线设在正线之间时,一般编号应大于正线;折返线靠近上行正线者为双号,靠近下行正线者为单号,一般编号大于到发线。道岔编号原则:从列车到达方向起,由正线开始顺序编号,上行为双号、下行为单号;尽头式线路,向线路终点方向顺序编号;对称式的折返线,以上行列车到达方向为主顺序编为双号、另一侧编为单号,其号码与上行一侧相对应。

3. 列车交路的种类

列车交路有长交路、短交路和长短交路 3 种,如图 7-4 所示。

(1)长交路(常规交路) 指列车在全线各站间运行,为全线提供运输服务,列车到达折返线/折返站后返回。

(2)短交路(衔接交路) 指列车在某一区段内运行,在指定车站折返,它可以为某一区段乘客提供服务。

(3)长短交路(混合交路) 指线路上长短交路并存的情况。长短交路列车在线路的部分区段共线运行,长交路列车到达线路终点站后折返、短交路列车在指定的中间站单向折返。

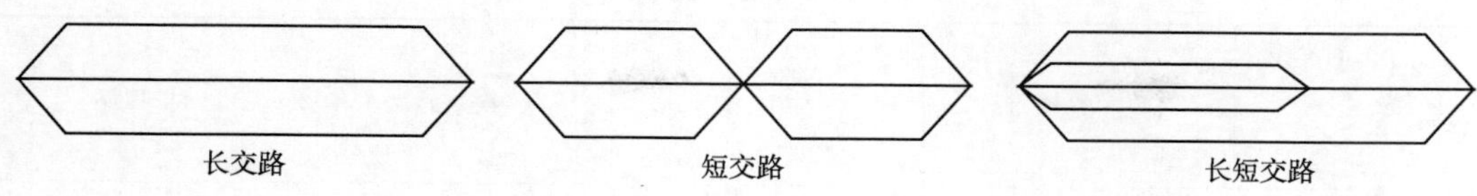

图 7-4　列车交路的种类

二、车站

车站是地铁运输工作基层单位，是供乘客乘降列车的处所，也是地铁内部各工种进行各项作业的汇合点。车站是轨道交通线路的电气设备、信号设备、控制设备等集中的场所，也是运营、管理人员工作的场所。其分类如下：

1. 按车站与地面的相对位置分类

按轨道交通车站与地面的相对位置分类，可分为地面车站、地下车站和高架车站 3 类，如图 7-5 所示。

a)地面车站

b)地下车站

c)高架车站

图 7-5　车站示意图

2. 按车站作业性质不同而分类

按车站作业性质不同，可分为始发站、终到站、中间站、换乘站和折返站等，如表 7-1 所示。

车站功能一览表

表 7-1

车站类别 作业	始发(终到)站	中间站	换乘站	折返站
客运作业	乘客乘降	乘客乘降	乘客乘降、换乘	乘客乘降
行车作业	接、发车,列车折返,列车检修、整备,存车	接、发车	接、发车	接、发车,列车折返

始发站:列车起始运行或终止运行的车站;中间站:办理正线接发车及客运业务的车站,是列车运行图中经过的车站;换乘站:除办理中间站的接发车,乘降作业外,同时也是乘客换乘不同线别列车的场所;折返站:除办理中间站的接发车,乘降作业外,由于配有折返线,存车线还可以办理列车折返线作业。

三、车辆段

车辆段(见图 7-6)是车辆停放、检查、整备、运用和修理的管理中心所在地。车辆段的主要业务:

(1)列车在段内调车、停放、日常检查、一般故障处理和清扫洗刷。

(2)车辆的技术检查、月修、定修、架修和临修试车等作业。

(3)列车回段折返乘务司机换班。

(4)段内设备和机具的维修及调车机车的日常维修工作。

(5)紧急救援抢修和设备。

城市轨道交通车辆段主要担负着一条或几条线路城市轨道交通车辆的停放、检查、维修、清洁整备等任务。车场内的常见设施设备包括线路、信号进路和控制设备、运转日常管理以及各类机电设备、检修设备、列车存放库和其他辅助设备。车场可为正线运行列车提供各类运营保障服务,确保正常的运营秩序,为运营相关人员提供后勤保障、服务,车场是运行勤务人员的重要工作场所。

图 7-6　车辆段

车辆段的主要设施包括停车场、检修库和洗车设备。停车场:车辆段应有足够的停车场地,以确保能够停放管辖线路的回段电动车辆和工程车辆;检修库:车辆段内需设检修库,包括架、定修库和月修库;列检作业在列检库或停车库(线)进行;洗车设备:在车辆段内一般安装自动洗衣机,用于车辆完成自动清洗、喷淋、去污等洗车作业。

根据运营管理模式的要求,多数运营单位在段内设有相应的办公室,包括乘务队办公室、运转值班室、信号值班室、乘务员休息室等。

在车辆段内还有测试列车综合性能的试车线,存放内燃机车、工程车的车库,机关办公楼与其他服务设施等。

实训7-1　调研城市轨道交通列车的种类、车站类型

一、实训目标

(1)能够辨别城市轨道交通列车的种类。

(2)能够辨别城市轨道交通车站的类型。

二、实训设备

调研资料及用具。

三、实训资料

(1)地铁车辆:即指完成地铁运输工作的工具,是行车组织工作的直接对象;车组:即连接在一起、走向相同的两辆以上的车辆;列车:车组组成的动车组配上乘务员和列车标志就成为列车;轨道车:即指自重在8t以上、牵引动力在6289kW以上的内燃机车。

(2)列车编组:城市轨道交通车辆一般可按有无动力装置分为动车和拖车两类。按动车受电方式分:第三轨受流和受电弓;按有无驾驶室分,Tc车表示有驾驶室的拖车,Mp车表示是带受电设施的动车,M车表示不带受电设施的动车。如重庆地铁1号线"Tc-Mp-M-M-Mp-Tc"。表7-2所示为不同类型车辆常见定员举例。

不同类型车辆的定员　　表7-2

等级	Ⅰ级	Ⅱ级	Ⅲ级	Ⅳ级	Ⅴ级
系统类型	高运量地铁	大运量地铁	中运量轻轨	次中运量轻轨	低运量轻轨
适用车辆类型	A型车	B型车	C-Ⅰ、Ⅲ型车	C-Ⅱ型车	现代有轨电车
车辆定员(站6/m²)	310	240	220	220	104~202
最大轴重(t)	16	14	11	10	9

四、实训任务

实训内容	调研城市轨道交通列车的种类、车站类型		
班级		姓名	

(1)请调研你所在城市主干线路的列车种类,并做好记录。

城市				
线路	A线	B线	C线	D线
车辆类型				
车体颜色				
车辆定员				
列车编组				

(2)请调研你所在城市的地铁线路的车站类型,并做好记录。

任务二 信号与运营

一、区间

两个车站之间的线路叫作区间。从运营管理角度来说,习惯将车站以外的线路称作区间。对于轻轨、地铁等城市轨道交通而言,站间距离短,车辆单一,行车规律性强。进站一般不设信号机,出站设有发车表示器。图7-7所示为站间的图形表示。

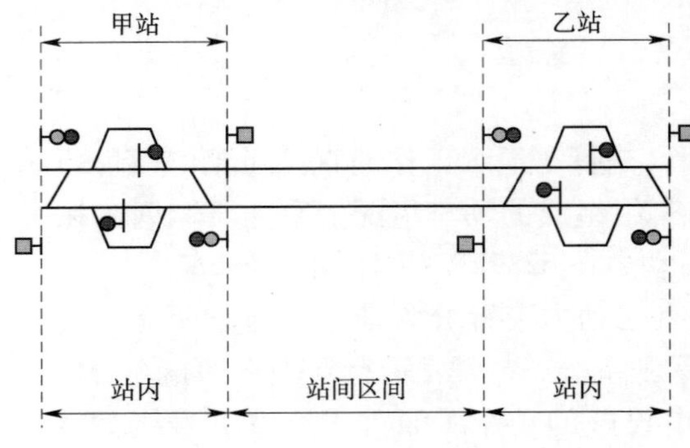

图7-7 站间图形表示

干线铁路信号系统的车站、区间有一个明确的分界点。车站由联锁系统控制,区间由闭塞系统控制,列车的进出站控制由联锁和闭塞的接口电路完成。城市轨道交通ATC系统,列车运行间隔控制和列车运行进路控制,由列车运行控制系统来完成。信号系统的分界点,决定了向列车传送"报文数据信息"的内容。城市轨道交通ATC系统中,相邻联锁设备集中站分界线即为联锁边界线。分界点实际也是相邻联锁设备站控制区域的分界线。

城市轨道交通对列车的定位停车要求很高,所以车载信号的"距离信息"尤为重要,列车从接收的距离信息中可以精确地判断列车在车站区域还是在区间。

二、城市轨道交通系统的列车运行图

列车运行图是列车运行的时间与空间关系的图解,它规定了各次列车占用区间的次序,列车在区间的运行时分,在车站的到达、出发或通过时刻,在车站的停站时间和在折返站的折返时间,以及列车交路和列车出入车辆段时刻等。

(一)列车运行图的意义

列车运行图是列车运行的基础。它能直观地显示列车在时间和空间上的关系,能直观地显示列车在各区间的运行及在各车站停车或通过的状态。

城市轨道交通是由信号、车辆、通信、线路、机电等多个部门组成的技术密集型的交通系统,它要利用多种技术设备,要求多个部门和工种的协调配合才能完成日常运输任务。列车运行图对运营企业的生产效率和经济效益有着直接、决定性的影响。

(二)列车运行图解原理及表示

列车运行图有两种格式:一种是以横坐标表示时间,纵坐标表示距离。此时,列车运行图上的水平线表示分界点的中心线,水平线间的间距表示分界点间的距离,垂直线表示时间。另一种是以横坐标表示距离,纵坐标表示时间。此时,列车运行图上的水平线表示时间,垂直线表示分界点中心线,垂直线间的间距表示分界点间的距离。我国通常采用第一种图解方式。在列车运行图上有横线、竖线和斜线3种线条,如图7-8所示。

列车运行图上，下行列车的运行线由左上方向右下方倾斜；上行列车的运行线由左下方向右上方倾斜。

(1)横坐标：表示时间，用一定的比例进行时间划分。

(2)纵坐标：根据区间实际里程，采用规定的比例表示距离分割，以车站中心线所在位置进行距离定点。

(3)垂直线：是一簇平行的等分线，表示时间等分段。

(4)水平线：是一簇平行的不等分线，这些水平线将纵轴线按一定比例加以划分，代表车站的中心线，通过中间站的车站中心线以较细线条表示，换乘站、折返站和终点站以较粗线条表示各个车站中心线所在的位置。

(5)斜线：列车运行轨迹的近似表示。

(6)时刻：在列车运行图上，列车运行线与车站的交点即表示该列车到达、出发或通过的时刻。

(7)车次：不同车次，采用不同的列车运行图。

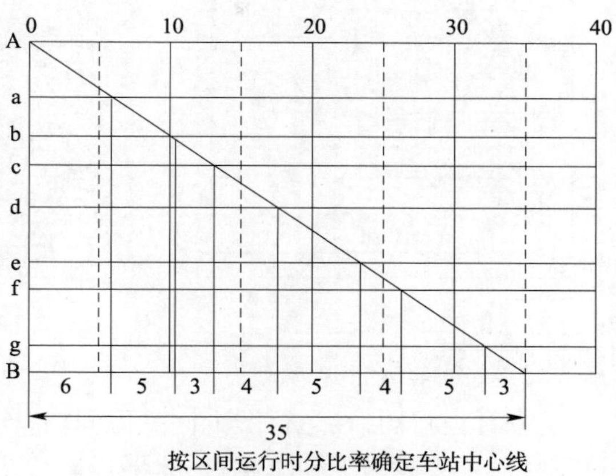

按区间运行时分比率确定车站中心线

图7-8　列车运行图原理

绘制列车运行图的格式包括：二分格运行图、十分格运行图、小时格运行图。如图7-9所示。

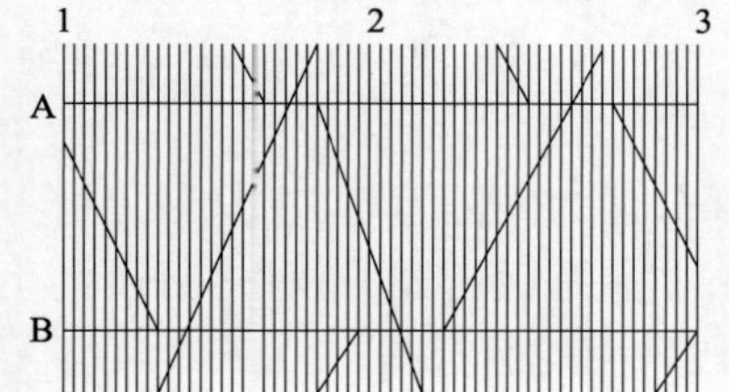

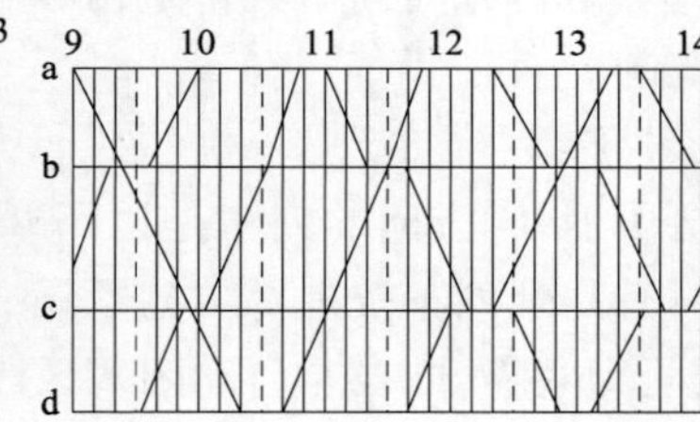

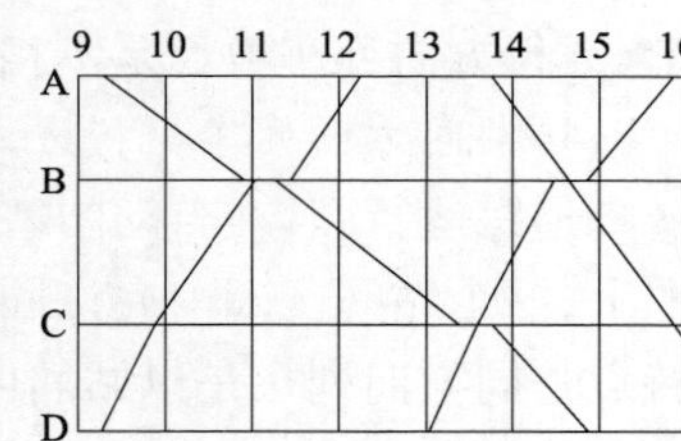

图7-9　列车运行图的格式

实训7-2　铺画列车运行图

一、实训目标

(1)能够看懂列车运行图。

(2)能够铺画列车运行图。

二、实训设备

尺子(三角板)、碳素铅笔、红蓝铅笔、橡皮擦、空白运行图等。

三、实训资料

(一)列车运行图的划分

1. 按区间正线数目划分

单线运行图，即在单线区段采用的运行图，如图7-10所示；双线运行图，即在双线区段采用的运行图，如图 7-11 所示；单双线运行图，即有单线也有双线区间的运行图，如图 7-12 所示。

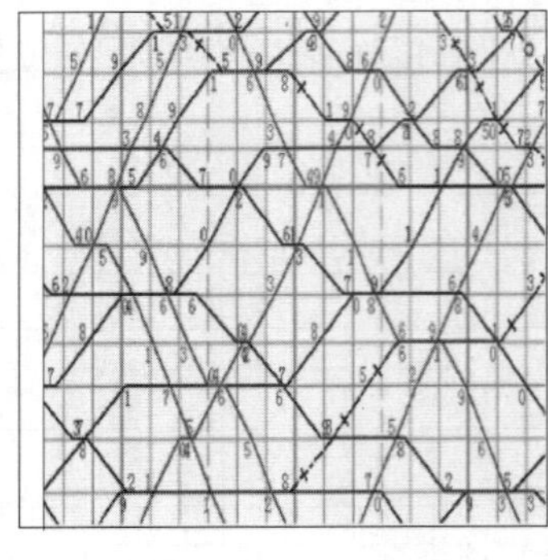

图 7-10　单线运行图

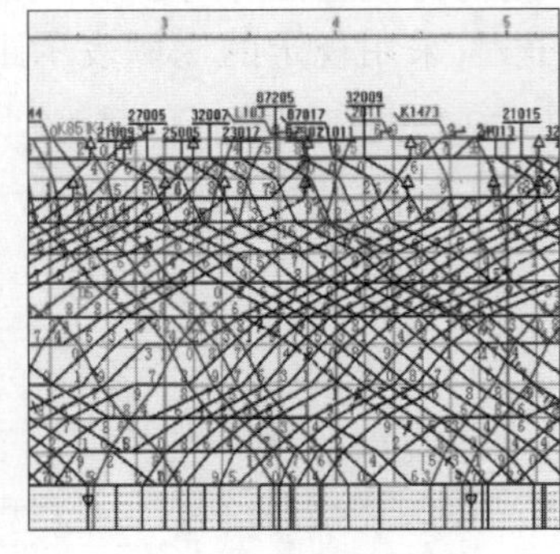

图 7-11　双线运行图

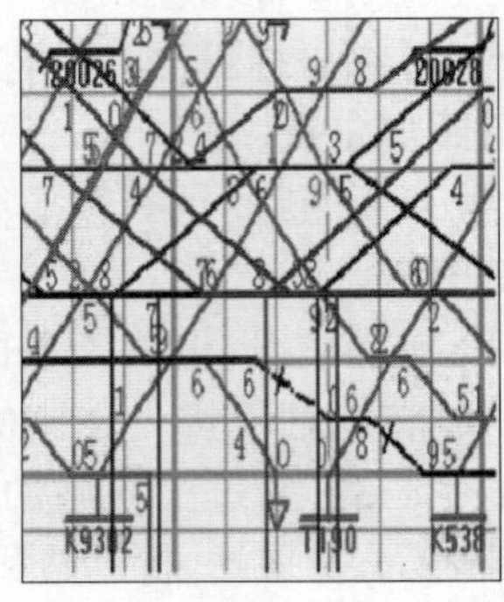

图 7-12　单双线运行图

2. 按列车运行速度划分

平行运行图，在运行图上同一区间内，同方向列车的运行速度相同，因而列车运行线相互平行，且区段内无列车越行；非平行运行图，在运行图上铺有各种不同速度和不同种类的列车，因而部分列车运行线互不平行，在区段内可能产生列车越行。

3. 按上、下行方向列车数目划分

成对运行图，同一区段内，上、下行方向列车数目是相等的；不成对运行图，同一区段内，上、下行方向列车数目是不相等的。

4. 按同方向列车运行方式划分

追踪运行图，在自动闭塞区段上，同方向的列车是以闭塞分区为间隔运行，在这种运行图上，一个站间区间内允许同时有几列列车按追踪方式运行；非追踪运行图，这种运行图的特点是同方向列车是以站间区间为间隔，即在非自动闭塞区段采用的运行图。

5. 按列车运行图的性质划分

基本列车运行图（简称基本图），是指按最大运量编制的运行图，是经过重新编制或调整，正在实施并持续到下次重新编制或调整为止的列车运行图；分号列车运行图（简称分号图），是指为适应短期运输、应对突发事件或施工等需要，短时间实行，实行完毕又恢复到基本图的临时性列车运行图；实际列车运行图（简称实际图），是记载一个调度区段内列车运行实际情况，以及列车运行有关事项的图表。

列车运行调整计划是列车调度员组织列车运行调整的综合部署，也是实现列车运行图、列车编组计划、运输方案和日班计划的具体行动计划。列车运行调整计划按阶段进行编制，通常分为三小时阶段计划和四小时阶段计划。

（二）列车运行图的编制原则

（1）按等级调整和合理会让，使晚点列车恢复正点，实现按图行车原则。

（2）根据实际情况决定工作方法，使计划留有余地。

（3）保证高峰期计划任务完成。

（4）在保证安全的前提下，努力提高效率。

四、实训任务

实训内容	绘制列车运行图		
班级		姓名	

参考下述列车运行图，绘制上海地铁某线路时刻表的运行图。

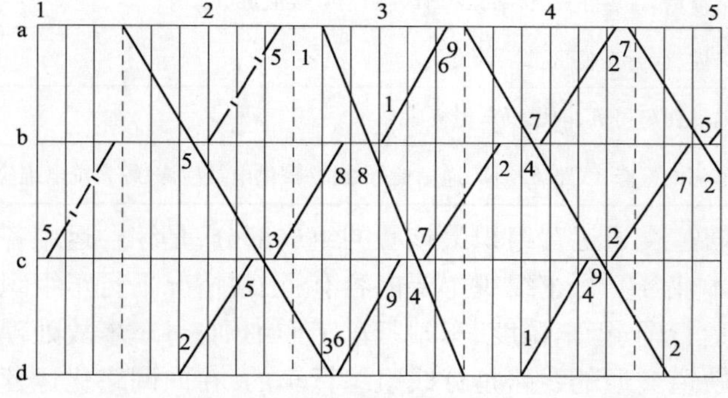

上海地铁某线路时表

车站	首班车		末班车	
	往金运路	往长寿路	往金运路	往长寿路
金运路	06:36（到达）	06:00	22:54（到达）	22:11
金沙江西路	06:34	06:02	22:51	22:13
丰庄	06:31	06:06	22:48	22:17
祁连山南路	06:28	06:09	22:46	22:20
真北路	06:26	06:11	22:43	22:22
大渡河路	06:23	06:14	22:40	22:25
金沙江路	06:20	06:18	22:37	22:29
隆德路	06:17	06:20	22:34	22:31
武宁路	06:14	06:23	22:32	22:34
长寿路	06:12	06:24（到达）	22:30	22:35（到达）

任务三　认识行车运营组织

城市轨道交通建设和运营的目的就是为市民提供安全、快速、准时、舒适、便利的运输服务。信号系统是城市轨道交通运输的基础设施之一，与运营管理密切相关。城市轨道交通中常用的行车调度控制方式主要有调度集中和行车指挥自动化。采用何种行车调度控制方式与采用的行车调度设备类型有关。

城市轨道交通运营的过程中,根据工作性质可以分为4类,包括车站服务组织、行车组织、车辆驾驶和轨道交通维护检修。表7-3所示为城市轨道交通运营工作及岗位群。

轨道交通运营工作及岗位群 表7-3

工　作	岗　位　群
车站服务组织	站务员、客运综控员(客运值班员)、信号楼值班员
行车组织	综控员(行车值班员)、调度员
车辆驾驶	电动列车司机、内燃机车司机
运营设备维护检修	车辆维检修、线路维检修、通信信号维检修、供电维检修、综合机电维检修、土建设施维检修

行车组织是城市轨道交通运营组织最核心的组成部分,是综合运用各种运输技术设备,组织协调客运活动的技术业务。行车组织主要内容有:正常情况下行车组织、非正常情况下行车组织、调车作业、列车运行图、行车调度、车站行车工作细则、行车事故处理等。

一般情况下城市轨道交通的线路是分线组织行车的,在向网络化运营发展的进程中,有些城市比如北京成立了城市轨道交通指挥中心(Traffic Control Center,简称TCC),对城市轨道交通线路进行协调统筹,其职能如图7-13所示。

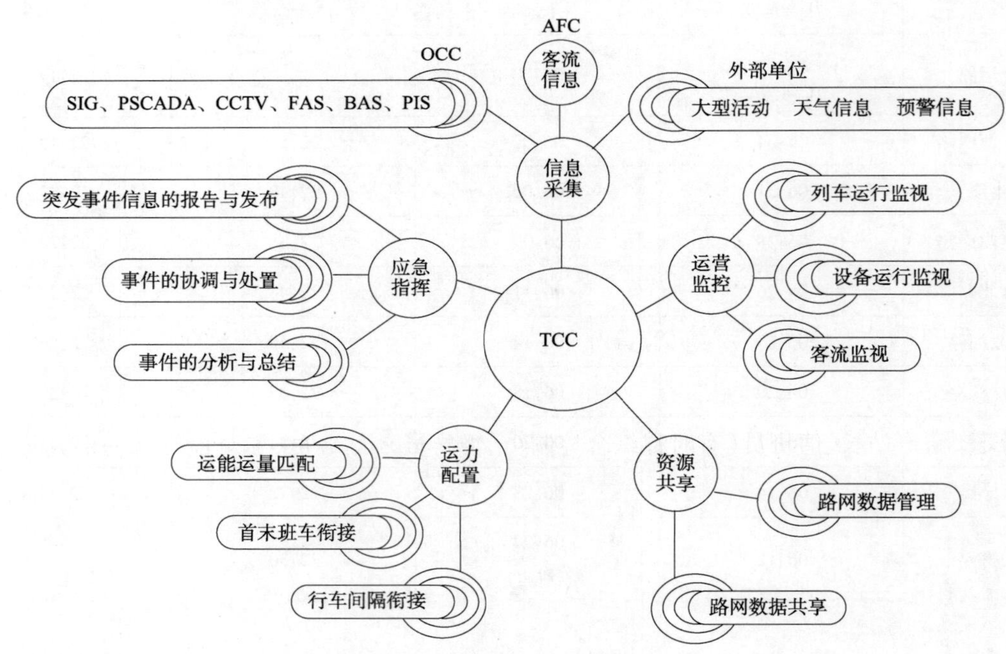

图7-13　城市轨道交通指挥中心职能

1. TCC主要职能

(1)组织研究制订线网运力配置计划,并监督执行。

(2)组织研究制定线网调度规则。

(3)负责审查各运营商突发事件应急处置预案,组织制订线网各运营商间突发事件应急处置配合预案。

(4)协调指挥线网突发事件应急处置。

(5)向市政府应急指挥中心及政府相关部门报送突发事件应急处置工作信息。

(6)组织制定轨道交通线网乘客信息的发布规则等。

2. 控制中心 OCC 的职责

控制中心 OCC 通常为轨道交通的指挥执行机构,其调度指挥与乘务的列车驾驶和车站场的接发列车构成行车组织的核心,负责组织列车按图运行,在列车秩序紊乱时及时采取列车调整措施,恢复正常列车运行秩序。城市轨道交通行车组织必须坚持安全生产的方针,贯彻高度集中、统一指挥、逐级负责的原则。行车组织机构,如图 7-14 所示。

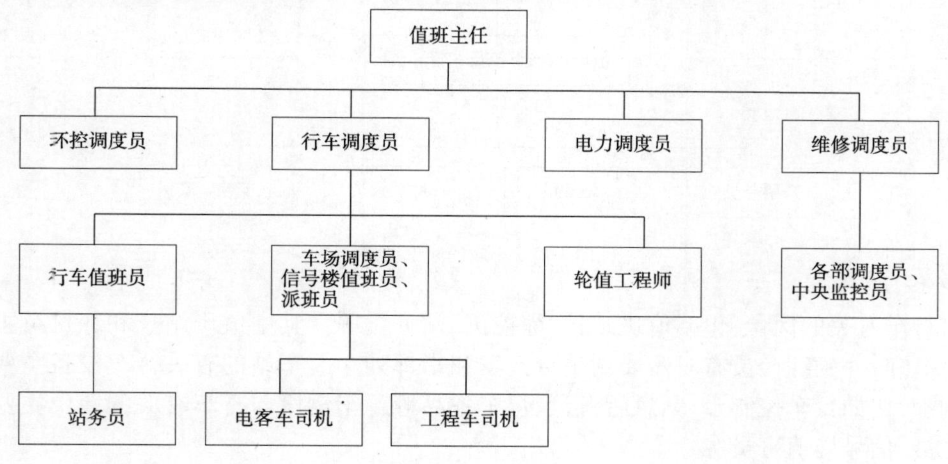

图 7-14　行车组织机构

某条线路的控制中心一般由四个调度班组人员轮值,实行四班两运转制度。每班组设置 1 名值班主任、2 名行车调度员、1 名环控调度员、1 名电力调度员、1 名维修调度员。

控制中心的基本职责是:运营行车调度指挥;运营供电、环控监控;行车信息发布;施工管理;行车业务。许多线路的运营管理采用了站区制行政管理制度,一条线路分成若干站区,一般一个站区 3 ~5 个车站,实行站长负责管理的制度。

地铁车站是地铁运营生产的第一现场,是行车组织的基层管理单元。车站的岗位设置一般有站长、值班站长、值班员(有时称综合控制员、督导员)、站务员、安全检查和安保人员以及其他助理人员等。

实训 7-3　调研某条线路行车组织结构

一、实训目标

能够调研某线路并准确判断该线路的行车组织结构。

二、实训设备

记录工具。

三、实训资料

地铁车站是地铁运营生产的第一现场，是行车组织的基层管理单位。从2002年起，北京地铁公司开始进行站区管理体制改革，比如13号线组建了西直门站区、霍营站区和东直门站区；1号线组建了苹果园站区、公主坟站区、王府井站区和四惠站区等。

车站的岗位设置一般有站长、值班站长、值班员（有时称综合控制员、督导员）、站务员、安全检查和安保人员以及其他助理人员等。如图7-15所示。

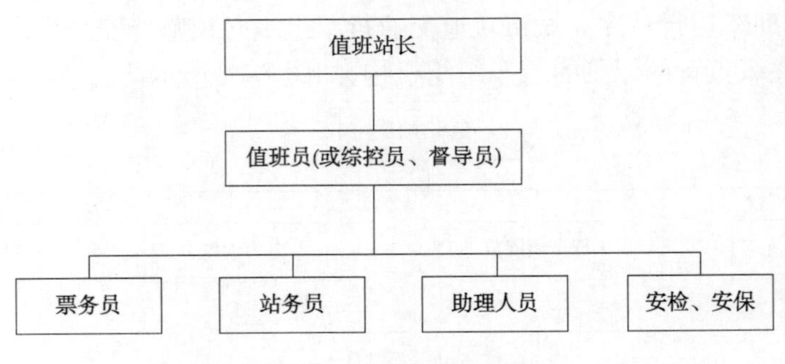

图7-15 车站的岗位设置

与行车有关的岗位，包括值班站长、综控员、站务员等。其中值班站长和综控员主要在控制室值守；外勤综控员有时需要到站台接发和指挥列车。车站的有关行车设备主要布置在控制室，比如行车控制台、紧急后备盘、行车备品等。车辆段与行车有关的岗位主要有车场调度员、信号楼值班员等。

四、实训任务

实训内容	调研某条线路行车组织机构		
班级		姓名	

地铁线路有什么样的行车指挥机构？请调研所在城市或其他城市的行车组织机构并完成如下车站岗位以及职责情况调研表格。

车站岗位	站长	值班站长	值班员	综控员	督导员	站务员
有无此岗						
岗位职责						

知识链接

行车前准备工作程序

首项作业须在开始前1h进行，所有准备工作须在开始运营前30min完成。其工作程序如表7-4。

行车前准备工作程序及其岗位作业标准　　表7-4

程序项目	岗位作业标准		
	行车调度员	车站督导员	站务员
1. 线路巡道和施工线路出清	(1)查阅《上线施工许可登记簿》确认施工均已注销	(1)查阅《入站、入轨施工登记簿》,确认区间、车站(包括站台)范围内施工负责人已作线路出清的汇报和注销	(1)巡视站台,检查站台接触网、轨道有无影响行车和服务的情况,若有则及时通知督导员进行处理
2. 行车备品准备与检查	(2)确认各终端设备及通信设备能够正常使用,准备列车编配表	(2)行车备品准备与检查	(2)行车备品准备与检查
3. 通信测试	(3)接收各车站的通信测试	(3)与邻站进行通信测试。 (4)与站台站务员进行通信测试。 (5)与行车调度员进行通信测试	(3)与督导员进行通信测试
4. 准备工作就绪汇报	(4)逐站听取督导员的行车准备工作就绪、线路出清并进行对时;向值班调度主管汇报,并接受开始行车作业程序的授权。此作业须按《控制中心手册》规定在行车前30min完成	(6)向行车调度员汇报“某时某分某站,线路已出清,设备状态良好,具备行车作业条件;督导员某某某”	
5. 信号设备测试	(5)确认调度终端设备及大屏幕显示正常,将全线转为中心控制;检查全线各站的进路模式及终点站的折返模式是否正确并记录在调度日志。 (6)在调度终端上,对道岔的定/反位置进行转换测试,确定定/反位显示正确,将道岔固定在正确地位置。 (7)中间有岔站道岔封锁于定位	(7)确认SCC各种现实正常(即使非正常,也能满足使用要求)。 (8)将控制权转为中心控制	
6. 接触网供电(夜间接触网有停电情况)	(8)确认有关区段线路出清、具备通电条件后,授权电力调度员供电,并接受其“供电良好”的汇报		
7. 时刻表的选择	(9)根据当天运营需要选择时刻表,由值班调度主管确认		

课后交流

1. 城市轨道交通车辆折返方式有哪些？它们的优缺点各是什么？

2. 城市轨道交通运营工作及岗位类型有哪些？主要职能有哪些？

项目八　信号与列车驾驶

学习目标

1. 了解城市轨道交通闭塞技术。
2. 掌握闭塞技术的基本原理。
3. 了解轨道列车驾驶模式。

任务描述

1. 工作对象

模拟驾驶用轨道列车。

2. 工作内容

(1)到指定位置待命,做好工作准备。

(2)检查车载上各设备是否处于正常工作状态。

(3)熟练列车驾驶技术规范,掌握列车驾驶操作技能。

(4)从列车运行规范开始,熟练掌握闭塞技术。

(5)按照规定顺序依次开启各设备,观察各指示灯是否显示正常。

(6)驾驶过程中,切换各类驾驶模式,记录各模式下的性能指标。

(7)检查、评价工作质量;整理工具,清洁工作场地。

3. 工作目标与要求

(1)具备高度的安全意识。

(2)能进行驾驶模式的模拟切换。

(3)能按规范的步骤,完成列车的模拟驾驶工作。

(4)在工作结束后,关掉相应设备,保持工作环境整洁。

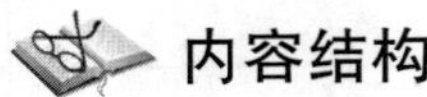

内容结构

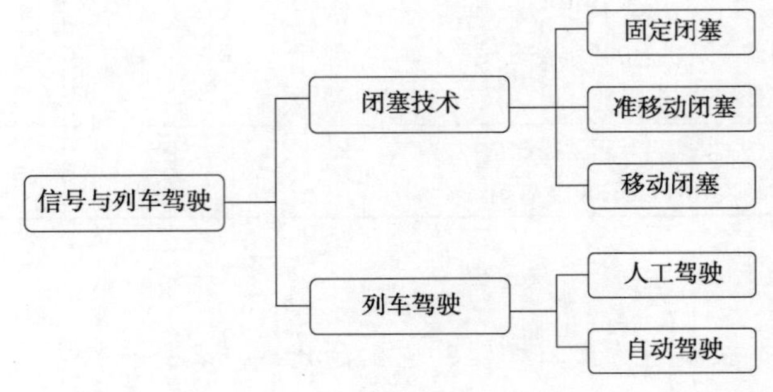

情境设置

小李获得了一个到列车司机岗位体验学习的机会，这对他来说，真是太宝贵了。小李和他的组员接到任务后，首先重温了在学校里学习的闭塞技术的知识，明确各种闭塞分区方式。在对列车驾驶模式非常清楚之后，才能在驾驶过程中切换驾驶模式，完成列车驾驶这项工作任务。驾驶过程中需要小李及其组员对整个过程进行记录，并汇报给上级领导。

任务一　闭塞技术

二维码 16

保证区间或闭塞分区在同一时间内只能运行一个列车，按照一定规律组织列车在区间内运行的方法，称为行车闭塞法，或简称闭塞。办理闭塞所用的设备称为闭塞设备。闭塞是铁路上防止列车对撞或追撞（追尾）的方式；闭塞系统也是保证列车在区间运行安全的信号设备。相关教学资源见二维码 16。

一、闭塞分类与方法

闭塞从技术发展角度，可以分为人工闭塞、半自动闭塞和自动闭塞。

（一）人工闭塞

人工闭塞，是以人工记录列车的运行位置和控制色灯信号机的闭塞方法。在发车前，接发车双方的车站或线路所共同确认闭塞区间是否处于空闲状态，然后发车的车站或线路所使用路签机、路牌、路票等记录本段区间已经被占用，并把占用信息通过电话、电报等手段通知接车的车站或线路所。接车的车站或线路所有责任在列车到达后检查车辆到达编组是否完整，是否有部分车厢滞留在区间未到达。在列车到达前，发车车站应阻止后续运行的列车进入这一区间，接车车站应阻止反向运行的列车进入这一区间。

（二）半自动闭塞

半自动闭塞，是以人工确认区间空闲，发车后由轨道电路判断车辆进入区间后自动把区间设置为占用状态的闭塞方法。此种闭塞需人工办理闭塞手续，列车凭出站信号机的进行显示发车，但列车出发后，出站信号机能自动关闭，所以叫半自动闭塞。车辆进入区间后，轨道电路会联锁控制色灯信号机，把占用信息通知到双方车站。车辆到达后，仍需要人工检查车辆到达编组完整，由人工把区间状态复原为空闲状态。

（三）自动闭塞

自动闭塞，是以计轴设备自动计算进入该区间的车轴数目和离开该区间的车轴数目，从而自动判断区间空闲状态的闭塞方法。通过列车运行及闭塞分区的情况，通过色灯信号机可以自动变换显示，列车凭信号机的显示行车，这种闭塞方法完全是自动控制进行的，不需要人工操作，故叫自动闭塞。

二、实行区间闭塞的基本方法

（一）时间间隔法

时间间隔法，是列车能够按照事先规定好的时间从车站发车，可以确保前行列车和追踪列车之间保持一定时间间隔的行车方法。1840 年以前,列车运行以“时间间隔法”来保证安全,即每趟列车发出以后,间隔一段时间才发出后一列车,但是这种方法无法防止列车因晚点或故障停车导致运行时间与运行图相差较大时容易发生的追尾事故。

(二)空间间隔法

空间间隔法,是把线路划分成多个段落(区间或闭塞分区),并且在每一个线路内同一时间段只能准许一辆列车运行,这样可以确保前行列车和追踪列车之间保持一定距离的行车方法。1842 年英国发明的“空间间隔法”,以两车之间相隔一段距离的方法来保证安全,可以视为是现代闭塞技术的雏形。

三、闭塞技术

自动闭塞是地铁运营中最常用的闭塞技术。自动闭塞按照列车定位技术的不同,包括固定式自动闭塞、准移动式自动闭塞和移动式自动闭塞。

(一)固定式自动闭塞

固定闭塞是根据列车运行及有关闭塞分区状态自动变换信号显示,而司机凭信号行车的闭塞方法。固定闭塞将一个站间划分为若干个闭塞分区,运行列车间的空间间隔分为几个闭塞分区,其数量依划分的速度级别而定。

一般情况下,闭塞分区是用轨道电路或计轴装置来划分的,它具有列车定位和轨道占用检查的功能。固定闭塞条件下,每个闭塞分区自动检测轨道情况,根据列车运行前方闭塞分区状态,自动发送与接收具有速差意义的信号码,信号机自动地变换信号显示,给出“行车凭证”,信号机的显示具有速差意义,司机凭地面信号行车。图 8-1 所示为三显示自动固定闭塞原理示意图。

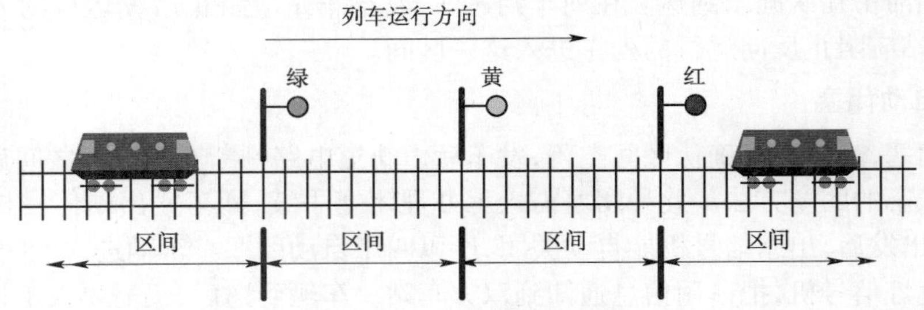

图 8-1 三显示自动固定闭塞原理示意图

(二)准移动式自动闭塞

准移动式自动闭塞,是在装备有车载防护设备前提下才能够使用的一种闭塞方法。准移动闭塞依然采用的是闭塞分区,可以采用计轴装置或轨道电路来划分,具有列车定位和轨道占用检查的功能。在准移动闭塞的条件下,后续列车的追踪目标是前行列车所占用的闭塞分区的始端,须留有一定的安全距离,目标点也是相对固定的。

准移动闭塞采用的是一次性的制动方式,根据目标的距离、目标的速度以及列车自身的性能而确定的列车制动曲线。由于目标点的固定,在同一个闭塞分区内不因前行列车的走行而发生变化,所以当前行列车驶出闭塞分区时,此时曲线会发生跳变。空间间隔的长度是不固定的,由于要与移动闭塞区分,故称为准移动闭塞。

该方式下线路划分为固定位置、某一长度的闭塞分区（见图 8-2），一个分区只能被一列列车占用；列车间隔是按后续列车在当前速度下所需的制动距离，加上安全余量计算和控制的，确保不冒进前行列车占用的闭塞分区；制动的起点是动态的，重点是固定在某一分区的分界处。

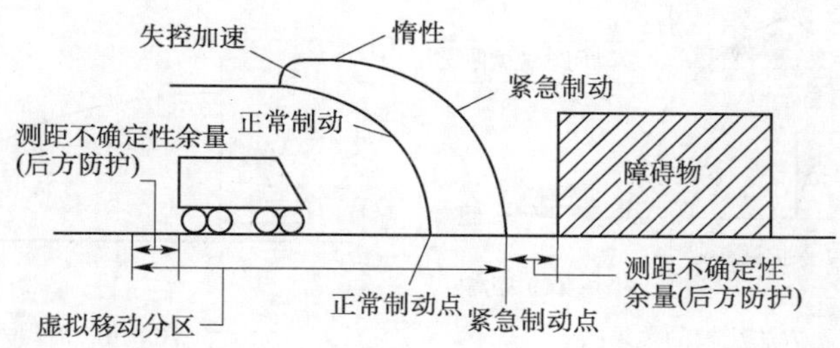

图 8-2　准移动闭塞的原理示意图

（三）移动闭塞

移动闭塞，是根据区间闭塞的原理而发展起来的一种新型的闭塞技术。根据实际的运行速度、列车制动曲线以及进路上列车的位置，动态计算出相邻列车之间的安全距离。依据当前的列车运行速度，后续列车可以安全地靠近前一列车的尾部最后一次被证实的位置，直到两列车之间的距离最终不小于安全制动的距离。由此可以看出，移动闭塞与固定闭塞相比，最突出的特点就是取消了以信号机分隔的固定闭塞区间，使得两列车之间最小的运行间隔距离是由列车在线路上的实际运行位置和运行状态所确定的。因此，闭塞区间随着列车的行进，而不断地向前移动并作出相应的调整。

1. 实现方法

移动闭塞中，闭塞区间只是保证列车能够安全运行的逻辑间隔，与实际的线路并没有物理上的一一对应关系。移动闭塞通常采用的是无线通信和无线定位技术。

传统信号系统的主要设计方法是：列车定位基于轨道电路，通过线路旁的信号机显示、车站停车显示以及司机告警显示等来保证后续的列车不会驶入已经被前一列车所占用的闭塞区间内，从而进一步确保了一定的列车安全间隔。

与此不同的是移动闭塞系统独立于轨道电路，可以通过列车的精确定位来提高列车运行的安全性以及列车运行密度，还可以通过地面和车载的安全设备之间的快速的连续的双向数据通信来实现对列车运行的控制。如图 8-3 所示为 3 种闭塞方法比较的效果图。

准移动闭塞在控制列车的安全间隔上比固定闭塞进了一步。但准移动闭塞中后续列车的最大目标制动点仍必须在先行列车占用分区外方，并没有完全突破轨道电路的限制。移动闭塞是基于区间闭塞原理发展起来的一种新型闭塞技术。在移动闭塞技术中，闭塞区间仅仅是保证列车安全运行的逻辑间隔，与实际线路并无物理上的对应关系，如图 8-4 所示。

2. 技术原理

（1）列车定位。它是移动闭塞技术的基础，由车载设备和地面设备共同完成，列车的轮轴上安装了车轮转速计，可以确定列车的走行方向和距离。要想实现闭塞区间的动态移动，首先就必须实时、准确地掌握各列车的速度、位置信息，这样能够确定列车之间的相对距离，系统才能够不断地将该距离和所要求的运行间隔距离进行比较，从而确保列车的安全运行速度。

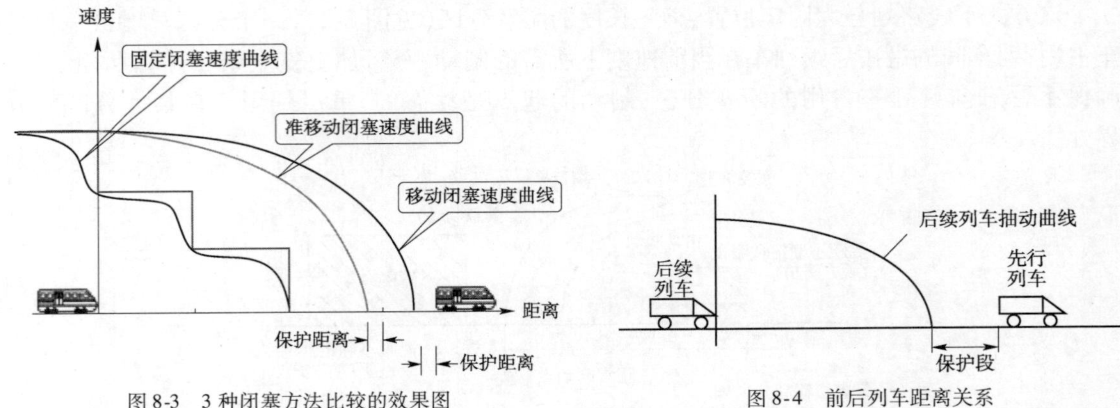

图 8-3 3 种闭塞方法比较的效果图　　图 8-4 前后列车距离关系

但是,由于车载定位设备存在着测量误差,特别是列车经过长距离运行后,这个误差会不断地积累,直接影响着列车定位的精度。因此,在线路上每隔一段固定的距离,就需要安装 1 个地面定位的设备。当列车经过这些地面的定位设备时,可以通过车载传感设备检测到该定位点,获取列车的确切位置,从而进一步消除车载的定位设备所产生的累积定位误差。

(2)安全距离。它是基于列车安全制动模型计算得到的 1 个附加距离,它保证追踪列车在最不利条件下能够安全地停止在前行列车的后方,不发生冲撞。所以,安全距离是移动闭塞系统中的关键,是整个系统设计的理论基础和安全依据。

如图 8-5 所示,假定追踪列车 T_1 在 A 点以线路允许的最高速度运行。此时前方列车 T_2 处于 E 点,正常情况下,追踪列车开始进行常用制动沿制动曲线 d 停止在 B 点,但是如果此时追踪列车 T_1 发生故障,没有开始制动。反而以最大加速度加速,直至车载控制器检测到列车速度超出了容许范围如曲线段 a,车载控制器启动列车紧急制动系统。在紧急制动力生效前,列车又沿曲线 b 运行了一段距离。然后制动力生效,列车沿曲线 c 紧急制动停止在 C 点。考虑到列车的定位误差速度测量误差等不确定因素,列车停止的实际位置也有可能是 E 点,因此将 BE 这段距离称作安全距离。

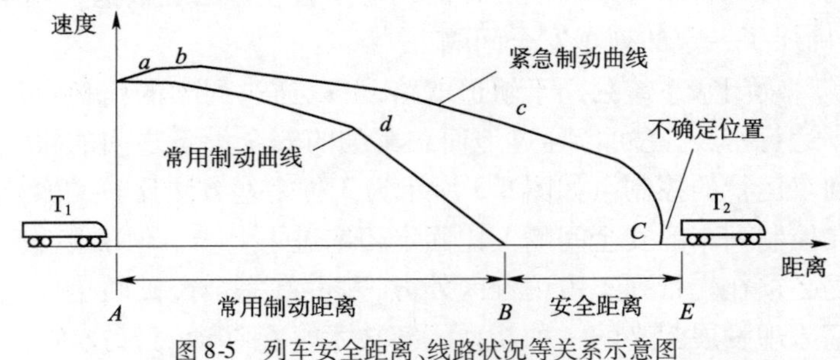

图 8-5 列车安全距离、线路状况等关系示意图

图中可以看出安全距离是附加在列车常用制动距离上的一段安全富余量。列车行驶过程中,追踪列车和前行车始终保持 1 个常用制动距离再加上 1 个安全距离的移动闭塞间隔,确保在最不利条件下追踪列车和前行列车不发生碰撞,安全距离与线路状况、列车性能等因素有关。在系统设计阶段,通常规定了系统能使用的最小安全距离,同时在满足运营时间间隔的前提下,采用比理论计算值大的安全距离,提高系统运行的安全性。

(3)目标点。它是列车移动的凭证,如同固定闭塞系统中的允许信号,列车只有获得了目标点，才能够向前移动。目标点通常是设在列车前方一定距离的某个位置，一旦设定，即表明列车可以安全运行至该点，但不能超过该点。移动闭塞系统正是通过不断前移列车的目标点，引导列车在线路上安全运行。

如图8-6所示，假如列车T_1、T_2运行在线路无岔区段上，那么追踪列车T_1的最远目标点可以设定在距离前行列车T_2尾部一个安全距离的地方。若前方列车停车，那么追踪列车的目标点TPa将停止在该点上。当列车T_1运行至距目标点1个常用制动距离时，若开始制动，可保证列车停止在目标点后方。如果前行列车T_2继续向前行驶，则追踪列车T_1的目标点TPa也向前不断移动从而在列车T_1、T_2之间形成一个移动的闭塞区间。

对于道岔区段，目标点的确定如图8-7所示。当列车T_1需要通过道岔SW前，若该道岔没有锁闭在规定位置。列车的目标点将停止在道岔前方1个安全距离的位置。见图8-7中的TPb。等到道岔转换并锁闭到规定位置后，目标点就可以越过道岔区域，移至道岔后方TPc点，列车得到该目标点后才可以行驶通过道岔。

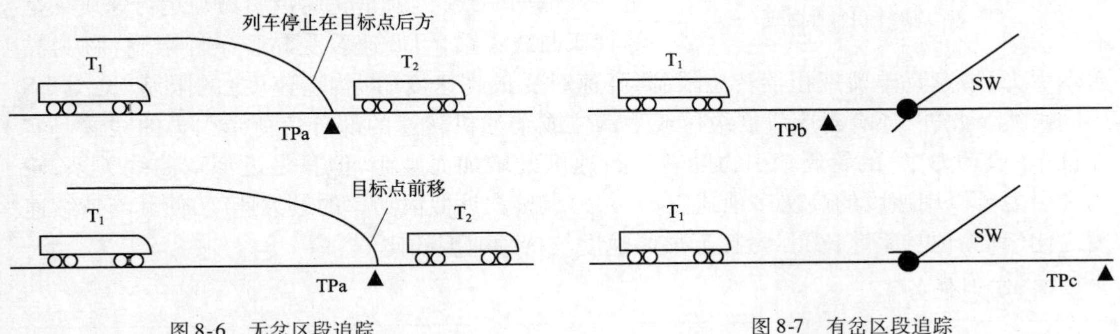

图8-6　无岔区段追踪　　　　图8-7　有岔区段追踪

SW实现列车运行与道岔间的联锁，从而保证列车在道岔区域内的安全行驶。

实训8-1　辨识自动闭塞的类型

一、实训目标

能够依据列车区间运行曲线来辨别该区段所用的闭塞类型。

二、实训设备

列车区间运行图、列车牵引制动曲线。

三、实训资料

列车牵引制动曲线

列车在轨道上运行时，存在不同方向和不同大小的外力和内力作用。列车牵引计算主要研究直接影响列车运行的作用力，即与列车运行方向平行的纵向外力与外力的分力，包括可由司机控制的牵引力与制动力以及司机不能控制的阻力。牵引力与列车运行方向相反，是阻止列车运行的外力。列车牵引运行时，作用于列车的合力是牵引力减去阻力，通常称为加速力；列车惰行时，只有阻力构成减速力；而列车制动时，制动力加上阻力产生更大的减速力。理想牵引特性曲线，如图8-8所示。

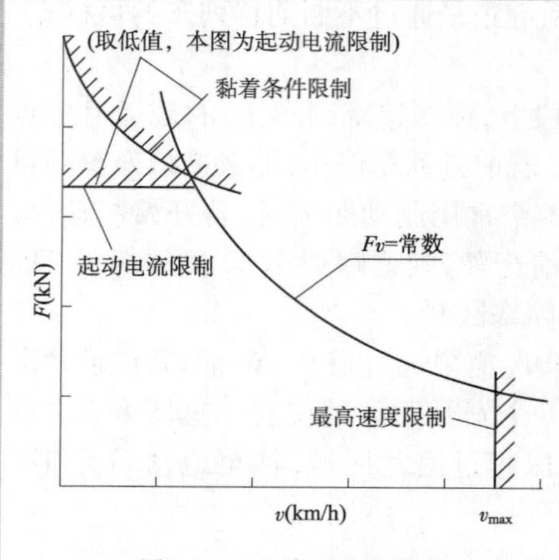

图 8-8　理想牵引特性曲线

牵引力由动力与传动装置引起并与列车运行方向相同的外力。牵引动力（机车或动力车）将电能（电力牵引时）或燃料的化学能（热力牵引时）转变为使动轮旋转的内力矩，最终通过轮轨黏着关系形成轮周牵引力的外机械功（非轮轨接触式的磁悬浮列车、气垫列车等除外），在每一层的转换中都有不同份额的能量损失。总的能量损失越小，机车（或动力车）的效率就越高。轮周牵引力减去机车阻力后就是直接牵引列车的车钩牵引力。

牵引动力最高负荷时的理想牵引特性曲线主体是一条恒功率线，也就是轮周牵引力与运行速度 v 呈等轴双曲线关系，但低速段受黏着条件限制（称为黏着牵引力）或起动电流或扭器转矩限制，高速时受最高速度（即构造速度）的限制，见图 8-8 中阴影线。此外，还有对应较低级位或手柄位或柴油机转速的部分负荷牵引力曲线簇。实际机车（或动力车）的轮周牵引力随着运行速度的增加而减小，但只是近似双曲线关系，轮周牵引力可以用速度的高次多项式表示，并力求扩大近似恒功率的最大速度，使其与持续速度之比（称为恒功率速比）尽量接近最高速度与持续速度的比值。

四、实训任务

实训内容	辨识自动闭塞的类型		
班级		姓名	

请识别下列自动闭塞的类型。小组讨论分析各类闭塞的特点。

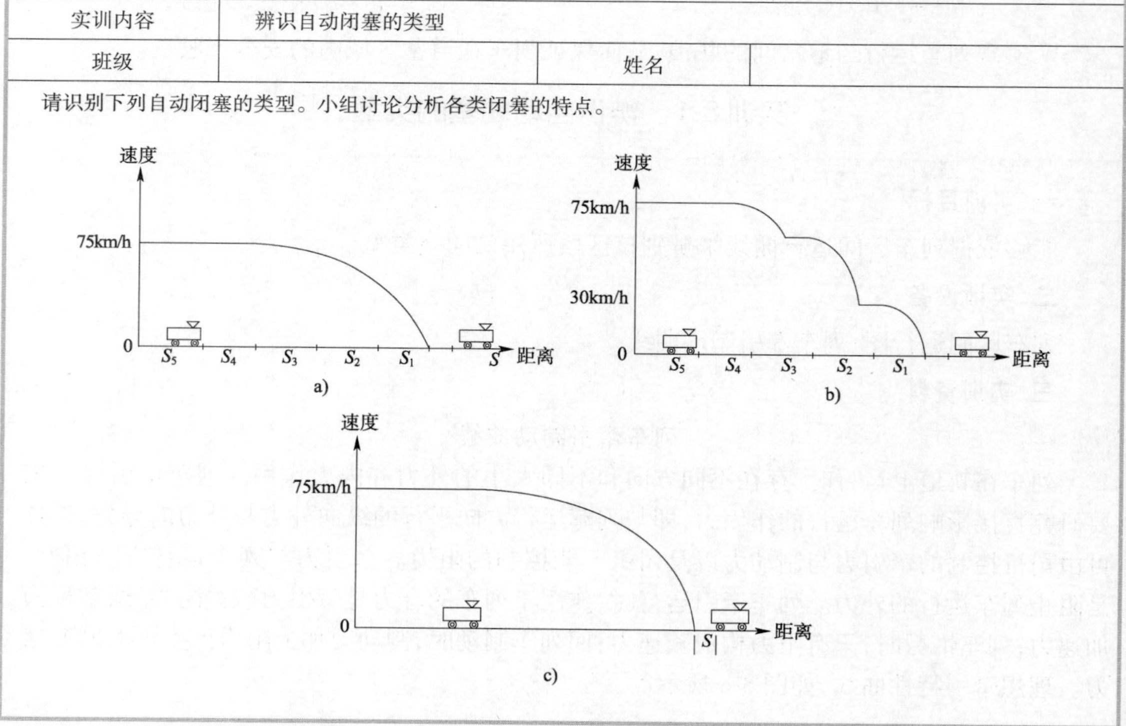

任务二　列车驾驶

一、列车运行模式

列车自动控制(Automatic Train Control,简称 ATC)系统是以技术手段对列车运行方向、运行间隔和运行速度进行控制,保证列车能够安全运行、提高运行效率的系统,也简称列控系统。

列车自动控制系统由列车自动防护(Automatic Train Protection,简称 ATP)系统、列车自动驾驶(Automatic Train Operation,简称 ATO)系统、列车自动监督(Automatic Train Supervision,简称 ATS)系统和计算机联锁(Computer Interlocking,简称 CI)系统等组成,如图 8-9 所示。

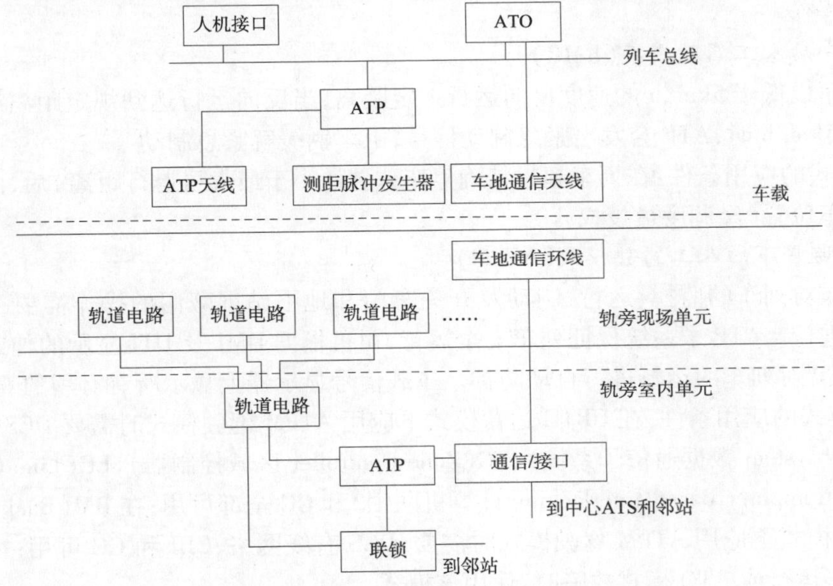

图 8-9　ATC 系统简易框图

列车自动控制(ATC)系统自动控制列车行驶、确保列车安全和指挥列车驾驶。列车自动驾驶(ATC)主要是进行列车定位和速度控制,以实现精确停车、追踪间隔最小及节能。列车自动防护(ATP)系统通过列车检测、列车间隔控制和联锁等实现对列车相撞、超速和其他危险的故障-安全防护列车自动控制系统。列车自动监督(ATS)系统监督列车、自动调整列车运行以保证时刻表,提供调整服务的数据以尽可能减小列车未正点运行造成的不便。计算机联锁(CI)系统利用计算机对车站作业人员的操作命令及现场表示的信息进行逻辑运算,从而实现对信号机及道岔等进行集中控制,使其达到相互制约的车站联锁设备,即微机集中联锁。

系统配置的列车 ATC 车载设备应具有多种运行模式,以便司机能根据列车或信号设备的状况选用。以下为常见的列车运行模式。

二维码 18

(一)驾驶模式(相关教学资源见二维码 18)

1. 非限制人工驾驶模式(OFF)

切除 ATC,关断 ATC 系统紧急制动输出以及其他阻止列车运行的输出。

列车运行不由车载设备控制,完全由人工驾驶,司机根据调度命令和地面的信号驾驶列车。联锁设备、调度人员、司机共同保证列车的运行安全。

OFF 模式的应用条件:当 CC(Carborne Controller 车载控制器)设备不工作时,列车将马上紧急制动。列车完全停止后,司机可在得到调度指挥后切除车载 ATC 系统,在 OFF 模式下驾驶列车。

2. 限制向前人工驾驶模式(RMF)

列车以不超过 25km/h 的速度运行,司机对列车的监控、运行、制动及开关车门进行操作,车载设备对列车进行超速防护(速度限定 25km/h),以及对列车完整性、车门的开关状态、列车倒溜等进行监督。

RMF 模式的应用条件:在正常运营模式下,用于对列车进行定位前、初始化后和列车在停车场的运行操作。

3. 限制向后人工驾驶模式(RMR)

允许列车以低于 5km/h 的速度反向运行一定距离,当反向运行达到规定距离或反向运行的速度超过 5km/h 时,ATP 会发出紧急制动信号,由车辆缓解紧急制动。

RMR 模式的应用条件:在列车超过精确停车位置(小于最大可退行距离)后,向后运行以纠正列车停车位置(经调度员授权)。

4. ATP 监督下的人工驾驶模式(ATPM)

司机操作对列车的监控、运行、制动及开关车门和地下站屏蔽门的操作需要在车载 ATP 设备监督下进行。ATP 子系统保证列车安全运行,司机根据 DMI 及 DTI 显示的辅助驾驶信息驾驶列车,ATP 对列车的运行进行自动防护。车载信号显示器上显示所有有用的驾驶信息。

ATPM 模式的应用条件:在 CBTC 运营模式下应用 ATPM 驾驶模式时需要 DCS(Data Communication Subsystem 数据通信子系统)、ZC(Zone Controller 区域控制器)、LC(Line Center 线路中心)、CBI(Computer Based Interlocking 计算机联锁)和 CC 全部可用;在 BM(Backup Mode 后备模式)运营模式下应用 ATPM 驾驶模式时需要,DCS 有线网络、CBI 和 CC 可用;在需要司机人工控制列车运行或 ATO 模式故障时,使用该模式。

5. 列车自动驾驶模式(ATO)

ATO 模式是在司机监视下的自动驾驶模式,在线列车的起动、加速、巡航、惰行、制动、精确停车均由 ATO 子系统根据 ATS 指令自动控制(CBTC 模式下),除发车需要司机确认外,不需司机操作,列车的车门和地下站屏蔽门控制,可自动控制也可手动控制。

列车自动驾驶模式(ATO)的应用条件:ATO 根据 ATS 的命令自动平滑调整列车运行,ATO 驾驶模式提供最佳的舒适性和调整功能。CBTC 模式下,当 DCS、ZC、LC、CBI 和 CC 都正常运行时,列车可以 ATO 驾驶模式在正线任何 ZC 控制区域内运行;BM 模式下,当 DCS 有线网络、CBI 和 CC 及 CC 与车辆牵引制动的接口正常运行时,ATO 模式有效,司机可以 ATO 模式驾驶。

6. 各种驾驶模式之间的转换

驾驶模式间的转换符合安全、高效、操作简单的原则,确保驾驶模式转换时列车运行的安全。

各驾驶模式之间可采用人工转换,在某种情况下也可自动转换。各模式间的转换方式见表 8-1。

驾驶模式转换表

表 8-1

原驾驶模式	转换后驾驶模式			
	ATO 自动驾驶模式	ATP 监督下的人工驾驶模式	限制人工驾驶模式	非限制人工驾驶模式
ATO 自动驾驶模式		无论列车处于运行状态还是停车状态，司机均可使列车转换到该模式	列车正线运行时，需停车后人工转换；当速度低于 25km/h 时，在出入段/场线转换轨处，可不用停车进行转换	司机在确保列车停车后，切除 ATC
ATP 监督下的人工驾驶模式	在满足一定条件下，列车处于运行状态或停车状态，司机均可在该模式下驾驶列车		列车正线运行时，需停车后人工转换；当速度低于 25km/h 时，在出入段/场线转换轨处，可不用停车进行转换	司机在确保列车停车后，切除 ATC
限制人工驾驶模式		列车获得定位并接收到正确的移动授权后，自动转换为该模式		司机确认列车停车后，使用 ATC 切除开关切除 ATC
非限制人工驾驶模式			车载 ATP 设备可用时，列车停车后，司机将 ATC 切除开关恢复至 ATC 正常位	

(二)折返模式

列车折返方式分为站前折返方式和站后折返方式。站后折返方式又分为ATO模式下的无人自动折返模式、ATO模式下的有人自动折返模式、ATP监督下的人工折返模式、限制人工折返模式和非限制人工折返模式。

ATO模式下无人自动折返模式:折返所需进路由ATS自动处理。在站台区域将列车停稳,司机拨动转换手柄,将驾驶模式转换至自动折返模式,列车在ATO驾驶 模式下运行至折返区域,在规定位置停车后自动换端,完成自动折返功能。

ATO模式下有人自动折返模式:CBTC模式下,司机在ATO模式下进行折返,ATS将自动办理折返所需进路;司机须同时按压两个车载ATO启动按钮,列车自动进入折返线停车;司机换端后再次同时按压两个车载ATO启动按钮,列车自动驾驶至发车站站台停车。

ATP监督下的人工驾驶折返:CBTC模式下,司机在车载ATP设备监督下人工驾驶列车运行到折返线并停车;司机换端后,在ATP监督下人工驾驶列车进入发车股道并定位停车。司机按压开门按钮打开车门和地下站屏蔽门。

限制人工折返模式:在此模式下,司机控制列车运行,司机人工驾驶列车运行到折返线并停车;司机换端后,人工驾驶列车进入发车股道并定位停车,司机人工控制车门和站台屏蔽门/安全门。整个折返过程中,车载ATP限制列车在某一固定的低速(如25km/h)之下运行。

非限制人工折返模式:在此模式下,根据调度命令和地面信号,司机人工驾驶列车运行到折返区域并停车。换端后,再人工驾驶列车进入发车道并定位停车,车门和站台屏蔽门或安全门由司机人工控制。

(三)运营模式

CBTC运营模式:正常运营在CBTC模式下进行,即列车可通过无线通信连续更新线路变量信息。

CBTC模式下,列车驾驶模式可用RMF模式、RMR模式、ATPM模式和ATO模式。

BM运营模式下,降级运营通常在BM模式下进行,即列车通过有源信标以点式方式来更新线路变量信息。当CBI和CC正常运行时,该模式可用。

点式防护模式下,下列驾驶模式可用RMF模式、RMR模式、ATPM模式和ATO模式。

联锁控制级运营模式下,联锁将通过控制信号机和道岔来确保列车的行车安全以及行车间隔。当CBI正常运行时,该模式可用。

(四)特殊运行模式

1. 洗车运行模式

维持3~4km/h(限速点)的速度运行,列车最大速度偏差不能超过限速点0.5km/h。

2. 限速模式

当ATP切除时,电气牵引系统提供车辆限速功能,时速25km/h;当ATP切除时,司机可以选择是否采用车辆限速功能;列车最大速度偏差不能超过限速点0.5km/h。

二、列车自动驾驶技术

列车自动驾驶系统是一种完整的闭环自动控制系统，即列车一方面检测其自身的实际行车速度，另一方面不间断地获取系统允许的最大车速，经过计算机的解算，并依据与行车有关的其他因素，如机车牵引特性、区间轨道坡度、轨道弯度等，求得最佳的行车速度，同时控制列车加速、减速或制动。列车自动驾驶模式下的速度与距离之间的变化关系，见图8-10。

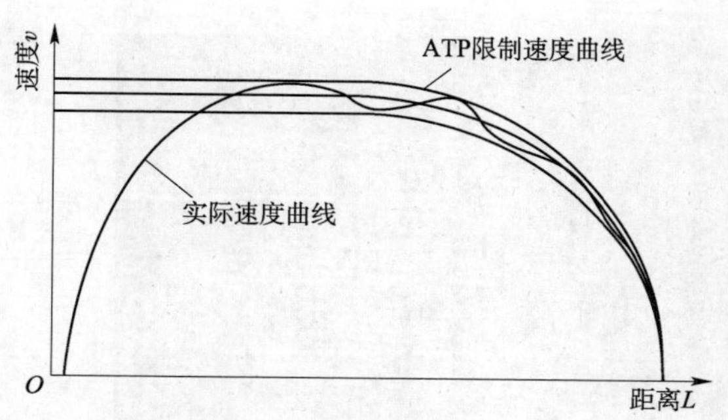

图8-10　列车自动驾驶模式下的速度距离曲线

在列车自动驾驶系统中，司机只是起到监督作用，因此要求获得列车自动驾驶系统最大允许车速的信道和求解最佳车速的计算机，要有更高的可靠性和安全性。目前列车自动操纵系统已应用在地铁和两市之间直达的客运干线上。随着微型计算机技术飞速发展，我国已经自主研发完成故障-安全型的列车自动操纵系统。

实训8-2　LOW命令的操作

一、实训目标

(1)了解LOW现场操作工作站的人机界面。

(2)掌握LOW上安全相关命令的操作。

(3)掌握LOW上对联锁的操作。

二、实训设备

硬件：LOW操作台，城市轨道交通沙盘，模拟列车。

软件：LOW模拟软件，列车控制数据库软件，ATC软件。

三、实训资料

1. LOW(Local Operator Workstation局域操作员工作站)的简介

LOW是信号系统网络的区域终端设备，每个联锁站和设备站都有一套LOW设备，其由一台电脑和一台记录打印机组成。西门子计算机联锁系统SICAS的本地操作和表示是通过LOW工作站来完成的。联锁等设备和行车状况在彩色显示器上以站场图形式显示，使用鼠标和键盘，在命令对话窗口上可以实现常规命令及安全相关命令的联锁操作。在LOW上所有的操作及设备故障报警等信息将被记录存档。

2. LOW 的组成(台式 PC)

LOW 是由一台主机,一台显示器(可根据需要增加),一台记录打印机,一个键盘,一个鼠标和一对音响组成。

3. 屏幕显示的组成

显示器屏幕上由 3 个窗口组成(见图 8-11),分别为基础窗口、主窗口和对话窗口。每个窗口的排列是固定的。

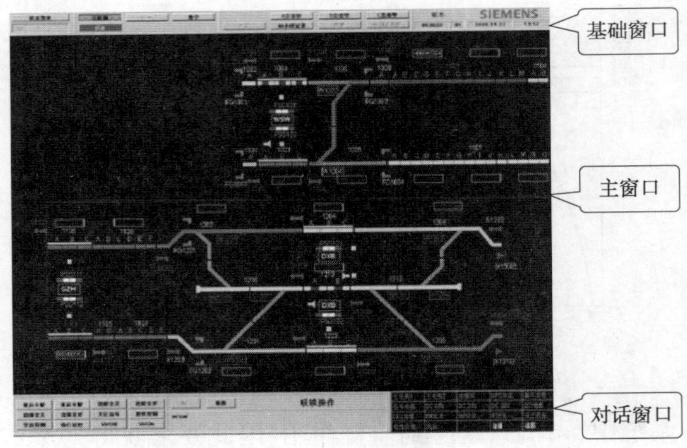

图 8-11　LOW 操作台显示器屏

主要窗口可以显示整个电子联锁站场及所有过程信息,且还用于显示 A、B、C 类报警单或 48h 记录,如图 8-12 所示。

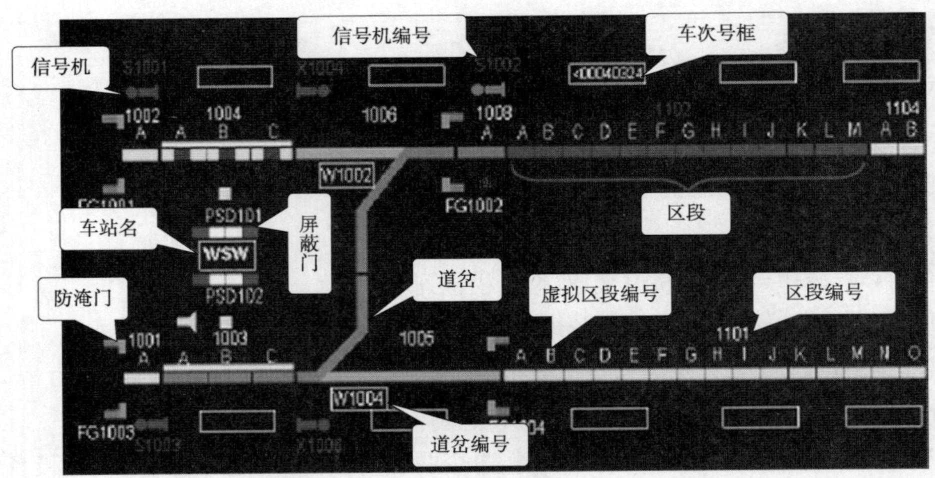

图 8-12　站场图

对话窗口主要由命令按钮栏、执行按钮、取消按钮以及综合信息显示栏组成,如图 8-13 所示。

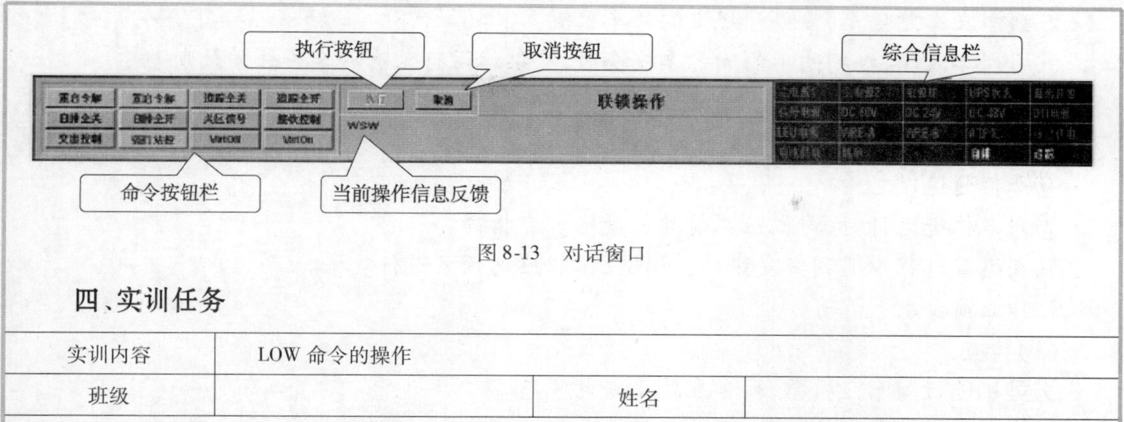

图 8-13　对话窗口

四、实训任务

实训内容	LOW 命令的操作		
班级		姓名	
在 LOW 显示屏空白处点击左键或刚登记进入后出现在命令栏内的所有命令，均为对联锁的操作的命令。联锁的命令菜单由重启令解（SICAS）、重启令解（ATP）、追踪全关、追踪全开、自排全关、自排全开、交出控制、接收控制、强行站控、减活标记、激活标记共 11 个命令组成。命令类型中“R”为普通命令，“S”为安全命令。 思考：打开 LOW 操作软件，观察联锁的命令菜单中各个命令按钮的颜色及颜色变化情况。			

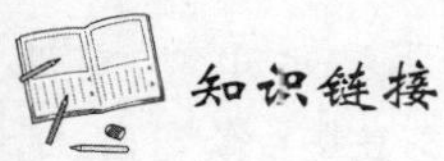

城市轨道交通电动列车司机安全操作规范

城市轨道交通电动列车（Electric Trains of Urban Rail Transit）是以能源外给式为特征，采用分布式电机驱动的由多节厢体组成的在轨道上行驶的车辆。城市轨道交通电动列车司机（Drivers of Electric Trains of Urban Rail Transit）是具备独立驾驶城市轨道交通电动列车作业资格并直接从事城市轨道交通电动列车操作的人员。城市轨道交通电动列车司机要在运营线路或非运营线路上从事城市轨道交通电动列车检查、试验、驾驶、应急故障及突发事件处置等作业。

1. 一般要求

（1）运营列车应保证安全技术状态良好，设备正常。

（2）司机应经培训考核合格并取得有关部门颁发的驾驶证后，方可上岗作业。

（3）司机应做到：

①按规定穿戴防护用品。

②严格执行各项规章制度。

③在操作时应精神集中，不间断瞭望，注意信号、仪表、监控显示器的显示和线路状态。

④在操作时，不违章行车，不臆测行车，不盲目抢点，不做影响行车的其他事情，操作列车平稳。

⑤列车在车站停车,应停于规定的停车位置。

⑥遇列车故障,经判明不影响行车安全时,应继续运行至有存车条件的处所。

⑦被迫停车时尽可能停于平直线路上。

⑧严禁开门行车。

⑨严禁超速。

⑩列车推进运行时,司机应在前端驾驶室负责指挥。

⑪在运营过程中遇到突发事件,司机应按照应急预案进行处置。

2. 作业前要求

(1)检查

①司机进行列车巡检前,列车应处于断电状态。

②检查车辆限界内无人员、无异物侵入。

③检查列车机械走行部位、电器箱体及车体外观等无异状。

④驾驶室检查包括两端驾驶室分别进行全面检查,确认蓄电池开关处于分断状态,各操作手柄、开关处于规定位,各旁路开关、按钮处于规定位,灭火器、随车工具等备品齐全、有效、作用良好。

(2)试验

①司机进行列车试验前,列车应处于送电状态,网压表数值显示正常。

②闭合蓄电池开关,发动列车。

③检查高压供电系统、辅助电源系统、风管路系统状态无异状。

④驾驶室试验,包括两端驾驶室应分别进行试验。各仪表及监控显示器显示正常,前照灯、尾灯状态良好,制动系统可靠有效,牵引系统状态良好,车载信号系统状态良好,客室门、通信广播及空调、通风系统状态良好,各操作手柄、开关灵敏有效。

(3)确认

①当日有关的行车命令和安全注意事项。

②列车运行计划。

③确认车辆状况。

④司机在作业前检查过程中,操作应符合《用电安全导则》(GB/T 13869—2008)的规定。

3. 作业中要求

(1)司机要严格执行调度命令。

(2)严格按信号显示要求行车。

(3)运行中司机遇工作人员发出的紧急停车信号,应立即停车。

(4)在曲线弯道区段或道岔区段运行时,严格按该区段限制速度驾驶列车。

(5)坡道行驶时,司机应做到:

①下坡运行中要严守速度,当列车接近限速前要适当制动,将速度控制在规定范围之内。

②上坡时要保持速度,保持列车恒速,以防坡停。

③列车在坡道上起动时,应防止溜车。

(6)遇特殊天气时,司机应做到:

①控制运行速度。

②无法看清信号、道岔时，要停车确认。

(7)到站停车时，司机应做到：

①停于规定的停车位置。

②将司机控制器手柄置于制动级位。

③确认站台位置后，方可开启客室车门。

④关闭客室门后应确认列车全部客室门关闭良好。

(8)出站发车时，司机应确认发车信号；发车信号开放时，平稳起动列车。

(9)有下述情况之一时，司机应果断采取停车措施。

①发现区间内有人员及影响行车的障碍物。

②发现线路有异状及其他异常情况时。

③运行中发现车门指示灯显示异常时。

④运行中遇危及人身安全时。

4. 作业后要求

(1)操作手柄、开关置于规定位置。

(2)断开列车各种电源。

(3)按规定填报车辆状况以及其他需要说明的事项。

(4)锁闭列车驾驶室门、窗。

课后交流

1. 什么是移动闭塞技术？有哪些基本要素？

2. 分别介绍列车自动控制系统中的子系统。

项目九　信号基础实训操作技能

技能一　基础识图

一、信号机符号

1. 信号机的符号

信号机的符号,如表9-1所示。其基本定义:X为下行进站信号机,S为上行选站信号机,Y为预告信号机,Yx为下行预告信号机,Ys为上行预告信号机。它们的编排序号是由站外向站内依次推进,上行端为奇数,下行端为偶数。各种信号机的画法位置都有明确的规定:列车信号机位于列车进路的始端,因此进站信号机位于每个车站接车进路始端防护接车进路;出站信号机位于发车进路始端防护发车进路。

信号机符号　　表9-1

图形符号	名　称	图形符号	名　称
	两显示信号机		带引导及侧向指示器的两显示信号机
	带侧向指示器的两显示信号机		三显示信号机
	带引导信号的两显示信号机		

2. 常用信号机图形符号

常用信号机图形符号,如表9-2所示。

3. 道岔图形符号

道岔图形符号,如表9-3所示。

4. 轨道电路图形符号

轨道电路图形符号,如表9-4所示。

常用信号机图形符号

表 9-2

图形符号	名　称	图形符号	名　称
	绿灯		空灯位
	黄灯		亮稳定绿灯
	红灯		亮稳定黄灯
	月白灯		亮稳定红灯

道 岔 图 形 符 号

表 9-3

图形符号	名　称	图形符号	名　称
A B C	普通单开道岔	A B C	对开道岔
1 3 A B C D 2 4	菱形道岔	11 A B 9 7 C D 5 3 E F 1	复式交分道岔

轨道电路图形符号

表 9-4

图形符号	名　称
运行方向	轨道电路闭塞分区分界点 （迎列车运行方向有 ATP 进路）
	轨道电路闭塞分区分界点 （正反方向均有 ATP 进路）
运行方向	轨道电路分界点，前后不足一闭塞分区 （迎列车运行方向有 ATP 进路）
	轨道电路分界点，前后不足一闭塞分区 （正反方向均有 ATP 进路）
	超限绝缘

二、信号电路图图形符号

1. 继电器代号字母的含义

在安全型继电器的铁芯上装有两个线圈，第一个线圈的端子用 1、2 表示，第二个线圈的端子用 3、4 表示。在各种不同的电路图中都必须达到继电器的正常动作电流，以保证其正常工作。常用继电器代号的含义如表 9-5 所示。

继电器代号字母的含义

表 9-5

序号	代号	含　义	序号	代号	含　义
1	A	安全	7	P	偏极
2	C	插入	8	Q	动合接点(前接点)
3	D	定位	9	W	无极
4	F	反位	10	X	信号、熄弧
5	H	缓放、动断接点(后接点)	11	Y	有极
6	J	继电器、加强接点、派生序号	12	Z	整流

2. 常用继电器型号、名称示例

常用继电器型号、名称示例,如图 9-1 所示。

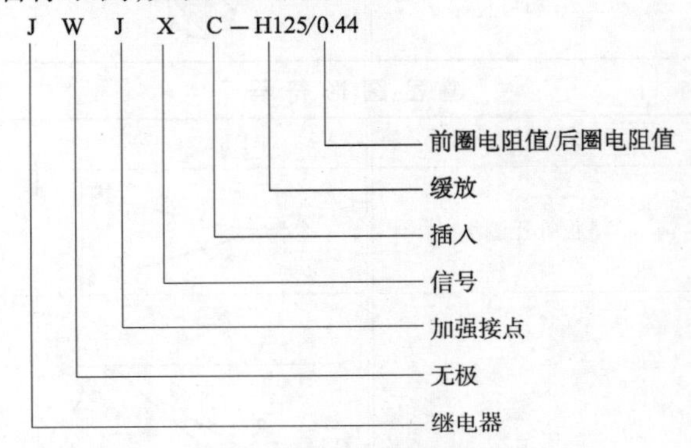

图 9-1　常用继电器名称示例

3. 常用继电器连接图形符号

常用继电器连接图形符号,如表 9-6 所示。

常用继电器连接图形符号

表 9-6

图形符号	名　称	图形符号	名　称
1 4	直流无极继电器(串联接法)	7 8	整流式继电器(串联接法)
1 4	直流偏极继电器(串联接法)	1 2 3 4	直流缓放型继电器(并联接法)
1 4	带缓放的直流无极继电器(串联接法)	1 2 3 4	偏极继电器(并联接法)
1 4	有极继电器(串联接法)		

技能二　常用仪器、仪表的使用

一、万用表

万用表是用来测量交直流电压、电阻、直流电流的仪表,分为指针万用表和数字万用表两种，如图 9-2 所示。

1. 万用表的组成

万用表由电流表（俗称表头）、刻度盘、量程选择开关、表笔等组成。

2. 万用表的选用

（1）指针万用表精度较差，但指针摆动比较直观，其摆动速度、幅度能够比较客观地反映被测量值的大小；数字万用表读数直观、精度高。

（2）指针万用表内一般有两块电池，一块低电压（1.5V）电池，一块高电压（9V 或 15V）电池，其黑表笔相对红表笔是正端。数字万用表则使用一块 6V 或 9V 的电池。在电阻挡，指针万用表的表笔输出电流相对数字万用表来说要大很多，用 R×1Ω 挡可以使扬声器发出响亮的“哒”声，用 R×10kΩ 挡甚至可以点亮发光二极管（LED）。

a)指针万用表

b)数字万用表

图 9-2　万用表

（3）在电压挡，指针万用表内阻相对数字万用表来说比较小，测量精度比较差。某些高电压微电流的场合甚至无法测准，因为其内阻会对被测电路造成影响。数字万用表电压挡的内阻很大，至少在兆欧级，对被测电路影响很小。但极高的输出阻抗使其易受感应电压的影响，在一些电磁干扰比较强的场合测出的数据可能是错误的。

总之，在大电流、高电压的模拟电路测量中使用指针万用表。在低电压、小电流的数字电路测量中使用数字万用表。在实际工作中，根据具体情况分别选用指针万用表和数字万用表。

3. 万用表的使用

（1）使用前观察一下表针是否指在零位。如果不指零位，可用螺钉刀调节表头上机械调零螺钉，使表针回零（一般不必每次都调）。红表笔要插入正极插口，黑表笔要插入负极插口。

（2）将量程选择开关拨在需要测试挡的位置，切不可弄错挡位。如果测量电压时误将选择开关拨在电流或电阻挡时，容易把表头烧坏。

（3）万用表使用完毕，应将转换开关置于交流电压的最大挡。

（4）注意事项：

①在使用万用表前，应先进行“机械调零”，使万用表指针指在零电压或零电流的位置上。

②在使用万用表过程中，不能用手去接触表笔的金属部分，以保证测量准确和人身安全。

③不能在测量时换挡，尤其在测量高电压或大电流时更应注意。否则，将毁坏万用表。如需换挡，应先断开表笔，换挡后再去测量。

④万用表在使用时，必须水平放置，以免造成误差。同时，还应注意避免外界磁场对万用表的影响。

⑤万用表使用完毕，应将转换开关置于交流电压的最大挡。如果长期不用，应将万用表的电池取出，以免电池腐蚀表内其他器件。

二、PEGA 1211 计轴测试装置

PEGA 1211 计轴测试装置主要用于对计轴室内外设备各类电气指标的测量。其面板左侧

有2个4mm插孔，当插孔用于测量时，不能连接WDE适配器。当使用WDE适配器测量时，不能使用2个4mm插孔。

1. 计轴测试装置的组成

计轴测试装置的组成，如图9-3所示。

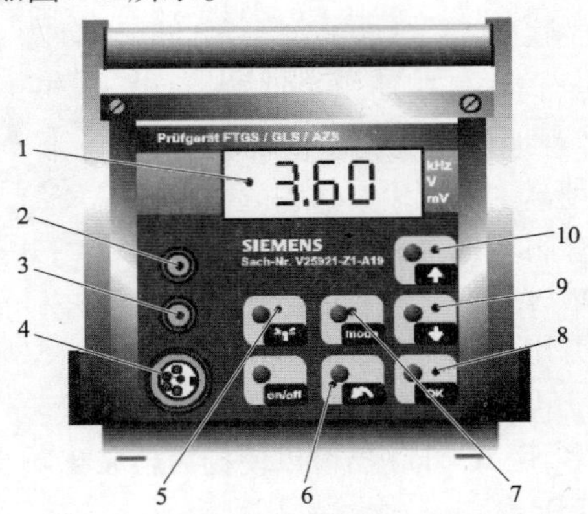

图9-3　PEGA 1211计轴测试装置的组成

1-显示；2-测试插孔，正输入端；3-测试插孔，负输入端；4-WDE适配器圆形插孔；5-显示背光，开/关；6-运行模式/功能指示器；7-运行模式选择器；8-确认；9-上一个功能/下一个较低频率；10-下一个功能/下一个较高频率

2. PEGA 1211计轴测试装置的使用

（1）按下开/关按钮，打开测试装置。

（2）按下模式按钮，根据屏幕显示选择ZP 43运行模式。

（3）按下OK按钮确认。

（4）通过测试装置前面板上的4针圆接头连接WDE适配器至测试装置。

（5）把WDE适配器插入计轴设备的相应插槽内，适配器应立即运行（为了避免高电压冲击，请先插入圆插头，再插入WDE适配器）。

（6）测量完成之后，先拆WDE适配器，再拆圆插头。

3. 计轴室外设备电气参数测定值（略）

三、兆欧表

图9-4　兆欧表

兆欧表是测量大电阻值的专用仪表，如图9-4所示。兆欧表分指针式兆欧表（ZC-7）和数字兆欧表（F1508）两种。它适用于测量变压器、电机、电缆、电器设备以及绝缘材料的电阻值。指针式兆欧表使用时将仪表置于水平位置，把被测物接于E和L两端；然后以每分钟120转的速度转动仪表手摇发电机的摇把，在表头上即可显示被测物的绝缘电阻值。

1. 兆欧表的组成

兆欧表由1个手摇发电机、表头和3个接线柱（即L为线路端、E为接地端、G为屏蔽端）组成。

2. 兆欧表的选用原则

（1）不同额定电压的选择。一般情况下，额定电压在500V以下的设备，应选用500V或

1000V 的摇表;额定电压在 500V 以上的设备,选用 1000 ~ 2500V 的摇表。

(2)电阻量程范围的选择。兆欧表的表盘刻度线上有两个小黑点,小黑点之间的区域为准确测量区域,在选表时应使被测设备的绝缘电阻值在准确测量区域内。

3. 兆欧表的使用

(1)校表。测量前应将摇表进行一次开路和短路试验,检查兆欧表是否良好。将两连接线开路,摇动手柄,指针应指在"∞"处;再把两连接线短接一下,指针应指在"0"处,符合上述条件者方可使用。

(2)被测设备与线路断开,对于大电容设备还要进行放电。

(3)选用电压等级符合的兆欧表。

(4)测量绝缘电阻时,一般只用"L"和"E"端;但在测量电缆对地的绝缘电阻或被测设备的漏电流较严重时,就要使用"G"端,并将"G"端接屏蔽层或外壳。线路接好后,可按顺时针方向转动摇把,摇动的速度应由慢而快,当转速达到每分钟 120 转左右时(ZC-25 型),保持匀速转动,1min 后读数,并且要边摇边读数,不能停下来读数。

(5)拆线放电。读数完毕,一边慢摇,一边拆线,然后将被测设备放电。放电方法是将测量时使用的地线从摇表上取下来与被测设备短接一下即可(不是摇表放电)。

4. 注意事项

(1)禁止在雷电时或高压设备附近测绝缘电阻,只能在设备不带电,也没有感应电的情况下测量。

(2)摇测过程中,被测设备上不能有人工作。

(3)摇表线不能绞在一起,要分开。

(4)摇表未停止转动之前或被测设备未放电之前,严禁用手触及。拆线时,也不要触及引线的金属部分。

(5)测量结束时,对于大电容设备要放电。

(6)要定期校验其准确度。

四、示波器

示波器是利用阴极射线管(示波管)作为显示器构成的一种电子测量仪器。它可以把人眼看不见的电量变化过程转换成具体的可见图像,使我们能够观察到电的变化过程。不但可以测量出电信号的参数,还可以测出信号的瞬时值,既直观又方便,有利于对被测信号的研究,如图 9-5 所示。示波器分数字示波器、模拟示波器、任意波形示波器和函数发生器 4 种。由于电子技术及微电子技术飞速发展,尤其是计算机技术在新技术革命中起主导作用,因此对示波器的测试性能要求越来越高。在这种情况下,示波器的功能向"智能化"方面迅速发展,相继出现了带微机处理器的存储示波器、逻辑示波器和智能示波器等。

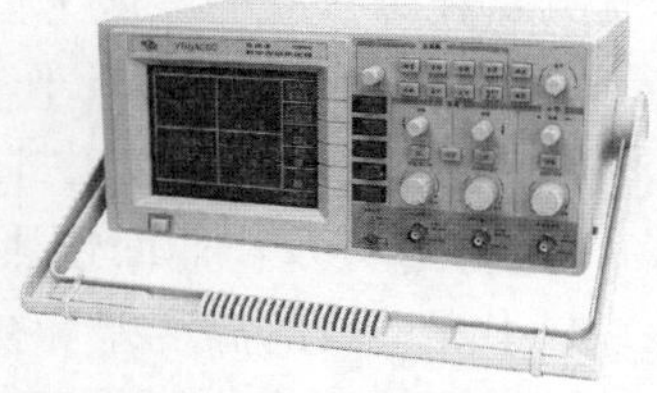

图 9-5　示波器

1. 示波器的组成

普通示波器由显示电路、垂直(Y 轴)放大电路、水平(X 轴)放大电路、扫描与同步电路、电源供给电路五部分组成。

2. 示波器的应用范围

示波器可以显示电压(或电流)波形,测量其周期、幅度、频率和相位等参数。在测量脉冲信号时,响应非常迅速,波形清晰可辨。在电子技术工作中,从元器件参数测量、单元电路的调整到大型设备的整机综合调试,从产品的质量检查到维护修理都大量使用各类示波器。而且,通过一定的换能器件(各种传感器)还可以将温度、压力、重量等非电量转换为电量,可以通过示波器显示出来。因此,示波器可用来测试温度、压力、振动、冲击、速度、声、光、热和磁等效应,在生理、医疗、物理、机械、航天、核能等各种科学技术领域中获得了广泛应用。

3. 注意事项

(1)示波器一般要避免频繁开机、关机。

(2)如果发现波形受外界干扰,可将示波器外壳接地。

(3)"Y 输入"的电压不可太高,以免损坏仪器,在最大衰减时也不能超过 400V;"Y 输入"导线悬空时,应避免受外界电磁干扰出现干扰波形。

(4)关机前先将辉度调节旋钮沿逆时针方向转到底,使亮度减到最小;然后再断开电源开关。

(5)观察荧屏上的亮斑并进行调节,亮斑的亮度要适中,不能过亮。

技能三　基础焊接技能

一、钢轨连接线焊接

1. 焊接的准备

(1)焊具的准备:

①选择与实际焊接工作相应的左右开模具,并检查模具是否完好、无破损。

②模具的附属卡具配套齐全。

(2)焊药的准备。对于不同的连接线,应选择适当规格的焊药量。

(3)其他,即还需准备一些必备的工具,如砂轮、点火枪、喷灯、电源线等。

2. 焊接工艺过程及标准

(1)打磨去污。在现场进行钢轨连接线焊接,首先应将预焊点进行机械打磨,打磨要求去锈见新茬。作业面一般为方形,$185mm^2$ 焊接作业面不小于 $60mm \times 40mm$,$95mm^2$ 作业面不小于 $50mm \times 35mm$,$35mm^2$ 作业面不小于 $45mm \times 30mm$。作业面最好大于模具在钢轨上的覆盖面积,然后用棉制品除去打磨面残屑和油污。

(2)焊具及作业面预热。根据厂商要求,初用焊具和作业面需进行温升处理,以除去潮气并减小焊口处的温度差。初用焊具在作业前需用喷灯加热去湿,时间不小于 2min;焊接作业点局部钢轨应根据不同环境、温度进行适当加热,为防止散热太快,加热区域应适当大一些。为避免打磨面在高温条件下的迅速氧化和喷灯残渣的污染,可采用在钢轨作业面背部加热的方式。

(3)卡模定位。模具的定位和连线的安置可同时进行,要求模具选用正确、连接线走向无误。因钢轨散热较快,尤其在寒季施工,对速度的要求较高,要求焊端截口向上、摆放平直、模具端正，尽量密贴作业面并卡紧。连接线放置模具空腔内应留 1/4 ~ 1/3 余量，最后用油灰或黄泥将模具与作业面缝隙堵严。

(4)放置焊料。模具定位后，先将防漏药专用金属片平放至药槽底部，选择与钢轨连接线对应的焊药倒入模具容药槽，并将易燃引火药分别置于焊料表面和模具边沿。

(5)焊接。放置焊药后，盖上模具安全防护盖，用点火枪引燃引火药。在焊接过程中不要移动焊具，并注意做好安全防护，操作者应尽量远离模具，以防焊料在燃烧时遇冷湿飞溅伤人。

(6)脱模。焊点固化后，不要马上脱模，要等焊点充分冷凝至发暗程度，再进行脱模操作，一般需要 2min 以上。

(7)焊点的检查与处理。焊点形成后不要马上进行处理，因冷凝程度和焊接强度有一定关系，最好等焊点无亮度再处理。处理的方法是用手锤等工具，将焊点上燃料残渣及多余金属部分除去；可通过敲击时的声音判别焊点是否焊实，然后用力拉连接线检查是否有虚焊。

对焊点的要求是芯线与焊点连接处不松动；焊点饱满、光滑，无严重缺陷；焊接牢固。如不符合要求必须重焊。

(8)模具的清理。待脱模后的模具温度降到一定程度后可用专用工具清理模具，要求无残留物，为下次焊接创造良好条件。

二、信号设备配线焊接

信号设备集中配线大量采用电烙铁焊接，故电烙铁焊接是信号工必须熟练掌握的基本功之一。

1. 准备

(1)准备好电(气)烙铁、松香、焊锡丝、剥线钳、剪子或刮刀、桃嘴钳等工具。

(2)根据需要，用锉刀把烙铁头锉成一定的形状，然后接上电源。

(3)当烙铁头温度升到能熔锡时，将烙铁头在松香上沾涂一下，等松香冒烟后再沾涂一层焊锡，如此反复进行 2 ~ 3 次，使烙铁头的刃面全部挂上一层锡后方可使用。

2. 工艺过程

(1)根据线径大小确定剥线钳的孔距，以免伤线。

(2)对已拨好的线缆进行上锡。

(3)掌握好时间、温度，保证焊点的光滑、饱满、美观，不发生虚焊或假焊。

(4)多股线焊接后，其周围不可留有尚未焊入的余股线(俗称毛刺)。单股线焊接裸线头不可伸出锡面。

3. 注意事项

电烙铁的规格应根据所焊线径的大小来决定，不可使用带腐蚀性的焊剂，如焊锡膏、盐酸等，应使用松香酒精作焊剂。焊点与线皮间留有 1 ~ 2mm 裸线；焊点消耗焊锡长度 6 ~ 10mm；焊点饱满度，焊件上部 2 ~ 3mm，下部 1 ~ 3mm。

三、安全注意事项

(1)焊接时，信号工须戴帆布手套、防护面具，穿绝缘鞋。

(2)禁止在易燃、易爆物体或液体的房间内进行焊接工作。在易燃物附近焊接时，其最小距离不得小于10m,并备有良好的消防器材。

(3)禁止在带有压力的容器表面进行焊接。

(4)对于存有残余油脂或可燃液体的容器,应用热碱水冲洗干净后进行焊接。

(5)对受压容器、密封容器、各种油桶或沾有可燃气体和溶液的工件焊接时,必须事先进行检查,经冲洗消除有毒、有害、易燃、易爆物质,解除容器压力,并将盖口打开,经确认无误后,方可开始工作。

(6)离开工作场地时,须认真全面检查场地是否有烟雾、异味、火星等,做到消除一切隐患后方可离去。

(7)电烙铁的规格应根据所焊线径的大小来决定,不可使用带腐蚀性的焊剂,如焊锡膏、盐酸等,应使用松香酒精作焊剂。

(8)焊具未按要求卡好或堵缝油灰等脱落情况下,不可焊接,以免焊接失败、浪费焊料。

(9)如需重新焊接时,一定要按工艺要求将原焊接的残留物清除干净。

(10)焊接过程中不要急于进行脱模与焊点的处理,以免时机不适造成焊接质量下降。

(11)模具应轻拿轻放,清理困难时不要强硬敲击,以免将其损坏。

(12)注意保持规定的操作距离,以免灼伤。

(13)操作者应站在上风口,避免有害气体对人体的伤害。

(14)喷灯暂时不用时,一定要调小喷火量,并放置在远离易燃物的位置。

(15)芯线严重损伤、焊点有严重缺陷时不能操作。

(16)使用国产焊料时,由于燃烧速度慢、温度低,需要除去钢轨连线焊端铜套,要求线芯扎牢并做除氧化层的表面处理,并注意焊接时堵严模具与钢轨作业面间的缝隙。

四、对焊接件的质量要求

(1)所用焊接件及电线应为铜质。

(2)线条的裸线头与焊接件必须焊接牢固,焊点光滑、饱满、美观,保证不发生虚焊或假焊。

(3)多股线焊接后,其周围不可留有尚未焊入的余股线(俗称毛刺);单股线焊接,裸线头不可伸出锡面。

(4)裸线从焊接眼孔底部穿入后,再将其向前压平,紧贴于焊接件表面。

(5)焊点表面尺寸:

①焊点与线皮间留有1~2mm裸线。

②焊点消耗焊锡长度约6~10mm。

③焊点饱满度,焊件上部2~3mm,下部1~3mm。

(6)焊接基本步骤:

①挂锡:焊件与裸线均应打磨、涂松香酒精熔剂、挂薄锡(保证不假焊条件)。

②穿线:不弯钩,向前压平。

③焊接:掌握好时间、温度,才能保证焊点的光滑、饱满。

技能四　线环压接技能

电气集中配线除了焊接线外，其余全部为制环与端子连接。线端制环质量的好坏直接影响电气线路的接触程度和线端与端子连接的机械强度。

一、线端制环技术

1. 单股线制环

用剥线钳剥去线皮40～50mm，剥线时不可损伤芯线，在离线皮2～3mm处将裸线向左扭，直至与线身成120°左右，再向右圆形的带动，制成圆环。线环弯曲大小、质量在于实践经验，线环形成后从线身与线环交接处将多余线端剪去，线端与线身不得交叉。

在离线皮2～3mm处开始形成线环的作用是：线环套入端子后，上下垫片刚好夹在该处，而不会压在塑胶皮上，以免拧紧螺母时使芯线受损。单股线制环后不加套管。

2. 多股线制环(7×0.52)

剥去线皮40～50mm，顺时针拧紧裸线，套入约15mm长的胶管；另取一根直径为0.52mm的裸线丝从根部开始将拧紧的裸线密缠至端部，裸线丝留40mm左右剪断。经密缠后的裸线制环后，尾部平贴线条制环前留2～3mm处，用预留的裸线丝绑扎4～6圈剪断，然后将胶管套设线环尾部。

3. 多股线制环(23×0.15、40×0.15)

剥去线皮50mm，将裸线顺时针拧紧，套入15mm长的胶管，按单股线制环方法制环，线尾在线颈上绑缠几圈，用尖嘴钳夹紧，压紧线环或挂锡线制环再套胶管。

4. 多股电源线

有以下两种方法：

(1)将线皮剥皮，裸线顺绞合方向拧紧，离线皮4～5mm处制环，齐线颈将尾部剪去，挂锡制成。

(2)加管线环，根据管线环的管深，削去同长线端线皮，挂锡套入20mm长的胶管待用，将线头插入管线环，焊牢套上胶管。

二、制环的具体要求

(1)裸线制环后，线环应按顺时针方向上端子，拧螺母时不会张开。

(2)线环与线环、线环与螺母之间必须有合适垫片，如垫片孔径过大易伤线。

(3)所制的环应比端子螺杆直径大2～3mm。

(4)线环后部的线皮或套入的胶管，不可塞入两垫片之间，否则拧紧螺母时易伤线，容易造成线环与端子接触不良。

(5)环尾不可留过长，以免压在线环颈部导致断线。

(6)同端子上、下线条应并齐、紧固、不转动。

(7)上线前螺杆根母必须充分拧紧，上线后紧母，再加上强母(俗称双母紧固)，充分拧紧，但不可过分，防止螺杆折断或端子座裂纹；应使用套筒，不可用钳子代替，以免损伤螺母或造成端子间短接。

(8)线环与端子连接的技术要求是接触良好、线环不受损、上线整齐美观、余量弧度适当并便于维修。

课后交流

1. 使用万用表的注意事项有哪些？
2. 使用兆欧表的注意事项有哪些？
3. 焊接主要工艺步骤是什么？

附录一　安全生产相关法律法规内容摘要

一、《中华人民共和国安全生产法》的有关规定

第三条　安全生产管理,坚持安全第一、预防为主的方针。

第六条　生产经营单位的从业人员有依法获得安全生产保障的权利,并应当依法履行安全生产方面的义务。

第二十一条　生产经营单位应当对从业人员进行安全生产教育和培训,保证从业人员具备必要的安全生产知识,熟悉有关的安全生产规章制度和安全操作规程,掌握本岗位的安全操作技能。未经安全生产教育和培训合格的从业人员,不得上岗作业。

第二十三条　生产经营单位的特种作业人员必须按照国家有关规定经专门的安全作业培训,取得特种作业操作资格证书,方可上岗作业。

第三十七条　生产经营单位必须为从业人员提供符合国家标准或者行业标准的劳动防护用品,并监督、教育从业人员按照使用规则佩戴、使用。

第三十九条　生产经营单位应当安排用于配备劳动防护用品、进行安全生产培训的经费。

第四十三条　生产经营单位必须依法参加工伤社会保险,为从业人员缴纳保险费。

第四十四条　生产经营单位与从业人员订立的劳动合同,应当载明有关保障从业人员劳动安全、防止职业危害的事项,以及依法为从业人员办理工伤社会保险的事项。

第四十五条　生产经营单位的从业人员有权了解其作业场所和工作岗位存在的危险因素、防范措施及事故应急措施,有权对本单位的安全生产工作提出建议。

第四十六条　从业人员有权对本单位安全生产工作中存在的问题提出批评、检举、控告;有权拒绝违章指挥和强令冒险作业。

第四十七条　从业人员发现直接危及人身安全的紧急情况时,有权停止作业或者在采取可能的应急措施后撤离作业场所。

生产经营单位不得因从业人员在前款紧急情况下停止作业或者采取紧急撤离措施而降低其工资、福利等待遇或者解除与其订立的劳动合同。

第四十八条　因生产安全事故受到损害的从业人员,除依法享有工伤社会保险外,依照有关民事法律尚有获得赔偿的权利的,有权向本单位提出赔偿要求。

第四十九条　从业人员在作业过程中,应当严格遵守本单位的安全生产规章制度和操作规程,服从管理,正确佩戴和使用劳动防护用品。

第五十条　从业人员应当接受安全生产教育和培训,掌握本职工作所需的安全生产知识,提高安全生产技能,增强事故预防和应急处理能力。

第五十一条　从业人员发现事故隐患或者其他不安全因素,应当立即向现场安全生产管理人员或者本单位负责人报告;接到报告的人员应当及时予以处理。

二、《中华人民共和国劳动法》的有关规定

第五十四条 用人单位必须为劳动者提供符合国家规定的劳动安全卫生条件和必要的劳动防护用品，对从事有职业危害作业的劳动者应当定期进行健康检查。

第五十五条 从事特种作业的劳动者必须经过专门培训并取得特种作业资格。

第五十六条 劳动者在劳动过程中必须严格遵守安全操作规程。

劳动者对用人单位管理人员违章指挥、强令冒险作业，有权拒绝执行；对危害生命安全和身体健康的行为，有权提出批评、检举和控告。

三、《北京市安全生产条例》的有关规定

第十五条 生产经营单位应当具备下列安全生产条件：

（一）生产经营场所和设备、设施符合有关安全生产法律、法规的规定和国家标准或者行业标准的要求。

（二）矿山、建筑施工单位和危险化学品、烟花爆竹、民用爆破器材生产单位依法取得安全生产许可证。

（三）建立健全安全生产责任制，制定安全生产规章制度和相关操作规程。

（四）依法设置安全生产管理机构或者配备安全生产管理人员。

（五）从业人员配备符合国家标准或者行业标准的劳动防护用品。

（六）主要负责人和安全生产管理人员具备与生产经营活动相适应的安全生产知识和管理能力。危险物品的生产、经营、储存单位及矿山、建筑施工单位的主要负责人和安全生产管理人员，依法经安全生产知识和管理能力考核合格。

（七）从业人员经安全生产教育和培训合格。特种作业人员按照国家和本市的有关规定，经专门的安全作业培训并考核合格，取得特种作业操作资格证书。

（八）法律、法规和国家标准或者行业标准、地方标准规定的其他安全生产条件。

不具备安全生产条件的单位不得从事生产经营活动。

第二十五条 生产经营单位主要负责人、安全生产管理人员和从业人员每年接受的在岗安全生产教育和培训时间不得少于 8 学时。

新招用的从业人员上岗前接受安全生产教育和培训的时间不得少于 24 学时；换岗的，离岗 6 个月以上的，以及生产经营单位采用新工艺、新技术、新材料或者使用新设备的，均不得少于 4 学时。

法律、法规对安全生产教育和培训的时间另有规定的，从其规定。

第三十六条 生产经营单位应当按照国家有关规定，明确本单位各岗位从业人员配备劳动防护用品的种类和型号，为从业人员无偿提供符合国家标准或者行业标准的劳动防护用品，不得以货币形式或者其他物品替代。购买和发放劳动防护用品的情况应当记录在案。

第三十九条 生产经营单位进行爆破、吊装、悬吊、挖掘、建设工程拆除等危险作业，临近高压输电线路作业，以及在有限空间内作业，应当执行本单位的危险作业管理制度，安排负责现场安全管理的专门人员，落实下列现场安全管理措施：

（一）确认现场作业条件符合安全作业要求；

（二）确认作业人员的上岗资质、身体状况及配备的劳动防护用品符合安全作业要求；

（三）就危险因素、作业安全要求和应急措施向作业人员详细说明；

（四）发现直接危及人身安全的紧急情况时，采取应急措施，停止作业或者撤出作业人员。

根据危险作业生产安全事故发生情况，市安全生产监督管理部门可以制定专项管理措施，生产经营单位应当执行。

第四十六条　生产经营单位与从业人员订立的劳动合同中应当载明有关保障从业人员劳动安全、防止职业危害，以及为从业人员办理工伤保险和其他依法应当办理的安全生产强制性保险等事项。

生产经营单位不得以任何形式与从业人员订立协议，免除或者减轻其对从业人员因生产安全事故伤亡依法应当承担的责任。

第七十八条　生产经营单位发生生产安全事故的，事故现场有关人员应当立即报告本单位负责人。

单位负责人接到事故报告应当迅速启动应急救援预案，采取有效措施组织抢救，防止事故扩大、减少人员伤亡和财产损失，并按照国家有关规定及时、如实报告安全生产监督管理部门或者政府其他有关部门。单位负责人对事故情况不得隐瞒不报、谎报或者拖延报告。

生产经营单位应当保护事故现场；需要移动现场物品时，应当做出标记和书面记录，妥善保管有关证物。生产经营单位不得故意破坏事故现场、毁灭有关证据。

四、《特种作业人员安全技术培训考核管理规定》的有关规定

第三条　本规定所称特种作业，是指容易发生事故，对操作者本人、他人的安全健康及设施、设备的安全可能造成重大危害的作业。特种作业的范围由特种作业目录规定。

本规定所称特种作业人员，是指直接从事特种作业的从业人员。

第四条　特种作业人员应当符合下列条件：

（一）年满 18 周岁，且不超过国家法定退休年龄；

（二）经社区或者县级以上医疗机构体检健康合格，并无妨碍从事相应特种作业的器质性心脏病、癫痫病、美尼尔氏症、眩晕症、癔症、震颤麻痹症、精神病、痴呆症以及其他疾病和生理缺陷；

（三）具有初中及以上文化程度；

（四）具备必要的安全技术知识与技能；

（五）相应特种作业规定的其他条件。

危险化学品特种作业人员除符合前款第（一）项、第（二）项、第（四）项和第（五）项规定的条件外，应当具备高中或者相当于高中及以上文化程度。

第二十一条　特种作业操作证每 3 年复审 1 次。

特种作业人员在特种作业操作证有效期内，连续从事本工种 10 年以上，严格遵守有关安全生产法律法规的，经原考核发证机关或者从业所在地考核发证机关同意，特种作业操作证的复审时间可以延长至每 6 年 1 次。

第二十二条　特种作业操作证需要复审的，应当在期满前 60 日内，由申请人或者申请人的用人单位向原考核发证机关或者从业所在地考核发证机关提出申请，并提交下列材料：

(一)社区或者县级以上医疗机构出具的健康证明；

(二)从事特种作业的情况；

(三)安全培训考试合格记录。

特种作业操作证有效期届满需要延期换证的,应当按照前款的规定申请延期复审。

第二十三条 特种作业操作证申请复审或者延期复审前,特种作业人员应当参加必要的安全培训并考试合格。

安全培训时间不少于 8 个学时,主要培训法律、法规、标准、事故案例和有关新工艺、新技术、新装备等知识。

附录二 从业人员安全生产方面的权利和义务

我国安全生产法律法规对从业人员安全生产方面的权利和义务有明确的规定,从业人员通过履行自己的权利和义务,可以合法的维护自己的人身安全,维持安全生产秩序,有效防止各类生产安全事故的发生。综合目前安全生产法律法规的规定,从业人员在安全生产方面享有的权利和承担的义务主要有:

一、从业人员安全生产方面的权利

(一)有要求生产经营单位在劳动合同中载明有关保障劳动安全、防止职业危害事项,并办理工伤社会保险的权利;

(二)有了解其作业场所和工作岗位存在的危险因素、防范措施及事故应急措施的权利;

(三)有对本单位安全生产工作提出建议的权利;

(四)有对本单位安全生产工作中存在的问题提出批评、检举、控告的权利;

(五)有拒绝违章指挥和强令冒险作业的权利;

(六)发现直接危及人身安全的紧急情况时,有停止作业或者在采取可能的应急措施后撤离作业场所的权利;

(七)因生产安全事故受到损害的从业人员,除依法享有工伤社会保险外,依照有关民事法律尚有获得赔偿的权利的,有权向本单位提出赔偿要求;

(八)有获得符合国家规定的劳动安全卫生条件的权利;

(九)从事有职业危害作业的人员,有进行定期健康检查的权利;

(十)对危害生命安全和身体健康的行为,有提出批评、检举和控告的权利。

二、从业人员安全生产方面的义务

(一)有严格遵守国家和本市安全生产相关法律法规的义务;

(二)有服从本单位安全生产管理的义务;

(三)有正确佩戴和使用劳动防护用品的义务;

(四)有接受安全生产教育和培训的义务;

(五)特种作业人员必须按照国家有关规定经专门的安全作业培训,取得特种作业操作资格证书,方可上岗作业。

附录三 中华人民共和国消防法

（1998年4月29日第九届全国人民代表大会常务委员会第二次会议通过 2008年10月28日第十一届全国人民代表大会常务委员会第五次会议修订）

第一章 总 则

第一条 为了预防火灾和减少火灾危害，加强应急救援工作，保护人身、财产安全，维护公共安全，制定本法。

第二条 消防工作贯彻预防为主、防消结合的方针，按照政府统一领导、部门依法监管、单位全面负责、公民积极参与的原则，实行消防安全责任制，建立健全社会化的消防工作网络。

第三条 国务院领导全国的消防工作。地方各级人民政府负责本行政区域内的消防工作。

各级人民政府应当将消防工作纳入国民经济和社会发展计划，保障消防工作与经济社会发展相适应。

第四条 国务院公安部门对全国的消防工作实施监督管理。县级以上地方人民政府公安机关对本行政区域内的消防工作实施监督管理，并由本级人民政府公安机关消防机构负责实施。军事设施的消防工作，由其主管单位监督管理，公安机关消防机构协助；矿井地下部分、核电厂、海上石油天然气设施的消防工作，由其主管单位监督管理。

县级以上人民政府其他有关部门在各自的职责范围内，依照本法和其他相关法律、法规的规定做好消防工作。

法律、行政法规对森林、草原的消防工作另有规定的，从其规定。

第五条 任何单位和个人都有维护消防安全、保护消防设施、预防火灾、报告火警的义务。任何单位和成年人都有参加有组织的灭火工作的义务。

第六条 各级人民政府应当组织开展经常性的消防宣传教育，提高公民的消防安全意识。

机关、团体、企业、事业等单位，应当加强对本单位人员的消防宣传教育。

公安机关及其消防机构应当加强消防法律、法规的宣传，并督促、指导、协助有关单位做好消防宣传教育工作。

教育、人力资源行政主管部门和学校、有关职业培训机构应当将消防知识纳入教育、教学、培训的内容。

新闻、广播、电视等有关单位，应当有针对性地面向社会进行消防宣传教育。

工会、共产主义青年团、妇女联合会等团体应当结合各自工作对象的特点，组织开展消防宣传教育。

村民委员会、居民委员会应当协助人民政府以及公安机关等部门，加强消防宣传教育。

第七条　国家鼓励、支持消防科学研究和技术创新,推广使用先进的消防和应急救援技术、设备;鼓励、支持社会力量开展消防公益活动。

对在消防工作中有突出贡献的单位和个人,应当按照国家有关规定给予表彰和奖励。

第二章　火 灾 预 防

第八条　地方各级人民政府应当将包括消防安全布局、消防站、消防供水、消防通信、消防车通道、消防装备等内容的消防规划纳入城乡规划,并负责组织实施。

城乡消防安全布局不符合消防安全要求的,应当调整、完善;公共消防设施、消防装备不足或者不适应实际需要的,应当增建、改建、配置或者进行技术改造。

第九条　建设工程的消防设计、施工必须符合国家工程建设消防技术标准。建设、设计、施工、工程监理等单位依法对建设工程的消防设计、施工质量负责。

第十条　按照国家工程建设消防技术标准需要进行消防设计的建设工程,除本法第十一条另有规定的外,建设单位应当自依法取得施工许可之日起七个工作日内,将消防设计文件报公安机关消防机构备案,公安机关消防机构应当进行抽查。

第十一条　国务院公安部门规定的大型的人员密集场所和其他特殊建设工程,建设单位应当将消防设计文件报送公安机关消防机构审核。公安机关消防机构依法对审核的结果负责。

第十二条　依法应当经公安机关消防机构进行消防设计审核的建设工程,未经依法审核或者审核不合格的,负责审批该工程施工许可的部门不得给予施工许可,建设单位、施工单位不得施工;其他建设工程取得施工许可后经依法抽查不合格的,应当停止施工。

第十三条　按照国家工程建设消防技术标准需要进行消防设计的建设工程竣工,依照下列规定进行消防验收、备案:

(一)本法第十一条规定的建设工程,建设单位应当向公安机关消防机构申请消防验收;

(二)其他建设工程,建设单位在验收后应当报公安机关消防机构备案,公安机关消防机构应当进行抽查。

依法应当进行消防验收的建设工程,未经消防验收或者消防验收不合格的,禁止投入使用;其他建设工程经依法抽查不合格的,应当停止使用。

第十四条　建设工程消防设计审核、消防验收、备案和抽查的具体办法,由国务院公安部门规定。

第十五条　公众聚集场所在投入使用、营业前,建设单位或者使用单位应当向场所所在地的县级以上地方人民政府公安机关消防机构申请消防安全检查。

公安机关消防机构应当自受理申请之日起十个工作日内,根据消防技术标准和管理规定,对该场所进行消防安全检查。未经消防安全检查或者经检查不符合消防安全要求的,不得投入使用、营业。

第十六条　机关、团体、企业、事业等单位应当履行下列消防安全职责:

(一)落实消防安全责任制,制定本单位的消防安全制度、消防安全操作规程,制定灭火和应急疏散预案;

(二)按照国家标准、行业标准配置消防设施、器材,设置消防安全标志,并定期组织检验、

维修,确保完好有效;

(三)对建筑消防设施每年至少进行一次全面检测,确保完好有效,检测记录应当完整准确,存档备查;

(四)保障疏散通道、安全出口、消防车通道畅通,保证防火防烟分区、防火间距符合消防技术标准;

(五)组织防火检查,及时消除火灾隐患;

(六)组织进行有针对性的消防演练;

(七)法律、法规规定的其他消防安全职责。

单位的主要负责人是本单位的消防安全责任人。

第十七条 县级以上地方人民政府公安机关消防机构,应当将发生火灾可能性较大以及发生火灾可能造成重大的人身伤亡或者财产损失的单位,确定为本行政区域内的消防安全重点单位,并由公安机关报本级人民政府备案。

消防安全重点单位除应当履行本法第十六条规定的职责外,还应当履行下列消防安全职责:

(一)确定消防安全管理人,组织实施本单位的消防安全管理工作;

(二)建立消防档案,确定消防安全重点部位,设置防火标志,实行严格管理;

(三)实行每日防火巡查,并建立巡查记录;

(四)对职工进行岗前消防安全培训,定期组织消防安全培训和消防演练。

第十八条 同一建筑物由两个以上单位管理或者使用的,应当明确各方的消防安全责任,并确定责任人对共用的疏散通道、安全出口、建筑消防设施和消防车通道进行统一管理。

住宅区的物业服务企业应当对管理区域内的共用消防设施进行维护管理,提供消防安全防范服务。

第十九条 生产、储存、经营易燃易爆危险品的场所,不得与居住场所设置在同一建筑物内,并应当与居住场所保持安全距离。

生产、储存、经营其他物品的场所与居住场所设置在同一建筑物内的,应当符合国家工程建设消防技术标准。

第二十条 举办大型群众性活动,承办人应当依法向公安机关申请安全许可,制订灭火和应急疏散预案并组织演练,明确消防安全责任分工,确定消防安全管理人员,保持消防设施和消防器材配置齐全、完好有效,保证疏散通道、安全出口、疏散指示标志、应急照明和消防车通道符合消防技术标准和管理规定。

第二十一条 禁止在具有火灾、爆炸危险的场所吸烟、使用明火。因施工等特殊情况需要使用明火作业的,应当按照规定事先办理审批手续,采取相应的消防安全措施;作业人员应当遵守消防安全规定。

进行电焊、气焊等具有火灾危险作业的人员和自动消防系统的操作人员,必须持证上岗,并遵守消防安全操作规程。

第二十二条 生产、储存、装卸易燃易爆危险品的工厂、仓库和专用车站、码头的设置,应当符合消防技术标准。易燃易爆气体和液体的充装站、供应站、调压站,应当设置在符合消防安全要求的位置,并符合防火防爆要求。

已经设置的生产、储存、装卸易燃易爆危险品的工厂、仓库和专用车站、码头，易燃易爆气体和液体的充装站、供应站、调压站，不再符合前款规定的，地方人民政府应当组织、协调有关部门、单位限期解决，消除安全隐患。

第二十三条　生产、储存、运输、销售、使用、销毁易燃易爆危险品，必须执行消防技术标准和管理规定。

进入生产、储存易燃易爆危险品的场所，必须执行消防安全规定。禁止非法携带易燃易爆危险品进入公共场所或者乘坐公共交通工具。

储存可燃物资仓库的管理，必须执行消防技术标准和管理规定。

第二十四条　消防产品必须符合国家标准；没有国家标准的，必须符合行业标准。禁止生产、销售或者使用不合格的消防产品以及国家明令淘汰的消防产品。

依法实行强制性产品认证的消防产品，由具有法定资质的认证机构按照国家标准、行业标准的强制性要求认证合格后，方可生产、销售、使用。实行强制性产品认证的消防产品目录，由国务院产品质量监督部门会同国务院公安部门制定并公布。

新研制的尚未制定国家标准、行业标准的消防产品，应当按照国务院产品质量监督部门会同国务院公安部门规定的办法，经技术鉴定符合消防安全要求的，方可生产、销售、使用。

依照本条规定经强制性产品认证合格或者技术鉴定合格的消防产品，国务院公安部门消防机构应当予以公布。

第二十五条　产品质量监督部门、工商行政管理部门、公安机关消防机构，应当按照各自职责加强对消防产品质量的监督检查。

第二十六条　建筑构件、建筑材料和室内装修、装饰材料的防火性能必须符合国家标准；没有国家标准的，必须符合行业标准。

人员密集场所室内装修、装饰，应当按照消防技术标准的要求，使用不燃、难燃材料。

第二十七条　电器产品、燃气用具的产品标准，应当符合消防安全的要求。

电器产品、燃气用具的安装、使用及其线路、管路的设计、敷设、维护保养、检测，必须符合消防技术标准和管理规定。

第二十八条　任何单位、个人不得损坏、挪用或者擅自拆除、停用消防设施、器材，不得埋压、圈占、遮挡消火栓或者占用防火间距，不得占用、堵塞、封闭疏散通道、安全出口、消防车通道。人员密集场所的门窗不得设置影响逃生和灭火救援的障碍物。

第二十九条　负责公共消防设施维护管理的单位，应当保持消防供水、消防通信、消防车通道等公共消防设施的完好有效。在修建道路以及停电、停水、截断通信线路时有可能影响消防队灭火救援的，有关单位必须事先通知当地公安机关消防机构。

第三十条　地方各级人民政府应当加强对农村消防工作的领导，采取措施加强公共消防设施建设，组织建立和督促落实消防安全责任制。

第三十一条　在农业收获季节、森林和草原防火期间、重大节假日期间以及火灾多发季节，地方各级人民政府应当组织开展有针对性的消防宣传教育，采取防火措施，进行消防安全检查。

第三十二条　乡镇人民政府、城市街道办事处应当指导、支持和帮助村民委员会、居民委员会开展群众性的消防工作。村民委员会、居民委员会应当确定消防安全管理人，组织制定防火安全公约，进行防火安全检查。

第三十三条 国家鼓励、引导公众聚集场所和生产、储存、运输、销售易燃易爆危险品的企业投保火灾公众责任保险；鼓励保险公司承保火灾公众责任保险。

第三十四条 消防产品质量认证、消防设施检测、消防安全监测等消防技术服务机构和执业人员，应当依法获得相应的资质、资格；依照法律、行政法规、国家标准、行业标准和执业准则，接受委托提供消防技术服务，并对服务质量负责。

第三章 消防组织

第三十五条 各级人民政府应当加强消防组织建设，根据经济社会发展的需要，建立多种形式的消防组织，加强消防技术人才培养，增强火灾预防、扑救和应急救援的能力。

第三十六条 县级以上地方人民政府应当按照国家规定建立公安消防队、专职消防队，并按照国家标准配备消防装备，承担火灾扑救工作。

乡镇人民政府应当根据当地经济发展和消防工作的需要，建立专职消防队、志愿消防队，承担火灾扑救工作。

第三十七条 公安消防队、专职消防队按照国家规定承担重大灾害事故和其他以抢救人员生命为主的应急救援工作。

第三十八条 公安消防队、专职消防队应当充分发挥火灾扑救和应急救援专业力量的骨干作用；按照国家规定，组织实施专业技能训练，配备并维护保养装备器材，提高火灾扑救和应急救援的能力。

第三十九条 下列单位应当建立单位专职消防队，承担本单位的火灾扑救工作：

（一）大型核设施单位、大型发电厂、民用机场、主要港口；

（二）生产、储存易燃易爆危险品的大型企业；

（三）储备可燃的重要物资的大型仓库、基地；

（四）第一项、第二项、第三项规定以外的火灾危险性较大、距离公安消防队较远的其他大型企业；

（五）距离公安消防队较远、被列为全国重点文物保护单位的古建筑群的管理单位。

第四十条 专职消防队的建立，应当符合国家有关规定，并报当地公安机关消防机构验收。

专职消防队的队员依法享受社会保险和福利待遇。

第四十一条 机关、团体、企业、事业等单位以及村民委员会、居民委员会根据需要，建立志愿消防队等多种形式的消防组织，开展群众性自防自救工作。

第四十二条 公安机关消防机构应当对专职消防队、志愿消防队等消防组织进行业务指导；根据扑救火灾的需要，可以调动指挥专职消防队参加火灾扑救工作。

第四章 灭火救援

第四十三条 县级以上地方人民政府应当组织有关部门针对本行政区域内的火灾特点制订应急预案，建立应急反应和处置机制，为火灾扑救和应急救援工作提供人员、装备等保障。

第四十四条　任何人发现火灾都应当立即报警。任何单位、个人都应当无偿为报警提供便利,不得阻拦报警。严禁谎报火警。

人员密集场所发生火灾,该场所的现场工作人员应当立即组织、引导在场人员疏散。

任何单位发生火灾,必须立即组织力量扑救。邻近单位应当给予支援。

消防队接到火警,必须立即赶赴火灾现场,救助遇险人员,排除险情,扑灭火灾。

第四十五条　公安机关消防机构统一组织和指挥火灾现场扑救,应当优先保障遇险人员的生命安全。

火灾现场总指挥根据扑救火灾的需要,有权决定下列事项:

(一)使用各种水源;

(二)截断电力、可燃气体和可燃液体的输送,限制用火用电;

(三)划定警戒区,实行局部交通管制;

(四)利用邻近建筑物和有关设施;

(五)为了抢救人员和重要物资,防止火势蔓延,拆除或者破损毗邻火灾现场的建筑物、构筑物或者设施等;

(六)调动供水、供电、供气、通信、医疗救护、交通运输、环境保护等有关单位协助灭火救援。

根据扑救火灾的紧急需要,有关地方人民政府应当组织人员、调集所需物资支援灭火。

第四十六条　公安消防队、专职消防队参加火灾以外的其他重大灾害事故的应急救援工作,由县级以上人民政府统一领导。

第四十七条　消防车、消防艇前往执行火灾扑救或者应急救援任务,在确保安全的前提下,不受行驶速度、行驶路线、行驶方向和指挥信号的限制,其他车辆、船舶以及行人应当让行,不得穿插超越;收费公路、桥梁免收车辆通行费。交通管理指挥人员应当保证消防车、消防艇迅速通行。

赶赴火灾现场或者应急救援现场的消防人员和调集的消防装备、物资,需要铁路、水路或者航空运输的,有关单位应当优先运输。

第四十八条　消防车、消防艇以及消防器材、装备和设施,不得用于与消防和应急救援工作无关的事项。

第四十九条　公安消防队、专职消防队扑救火灾、应急救援,不得收取任何费用。

单位专职消防队、志愿消防队参加扑救外单位火灾所损耗的燃料、灭火剂和器材、装备等,由火灾发生地的人民政府给予补偿。

第五十条　对因参加扑救火灾或者应急救援受伤、致残或者死亡的人员,按照国家有关规定给予医疗、抚恤。

第五十一条　公安机关消防机构有权根据需要封闭火灾现场,负责调查火灾原因,统计火灾损失。

火灾扑灭后,发生火灾的单位和相关人员应当按照公安机关消防机构的要求保护现场,接受事故调查,如实提供与火灾有关的情况。

公安机关消防机构根据火灾现场勘验、调查情况和有关的检验、鉴定意见,及时制作火灾事故认定书,作为处理火灾事故的证据。

第五章 监督检查

第五十二条 地方各级人民政府应当落实消防工作责任制,对本级人民政府有关部门履行消防安全职责的情况进行监督检查。

县级以上地方人民政府有关部门应当根据本系统的特点,有针对性地开展消防安全检查,及时督促整改火灾隐患。

第五十三条 公安机关消防机构应当对机关、团体、企业、事业等单位遵守消防法律、法规的情况依法进行监督检查。公安派出所可以负责日常消防监督检查、开展消防宣传教育,具体办法由国务院公安部门规定。

公安机关消防机构、公安派出所的工作人员进行消防监督检查,应当出示证件。

第五十四条 公安机关消防机构在消防监督检查中发现火灾隐患的,应当通知有关单位或者个人立即采取措施消除隐患;不及时消除隐患可能严重威胁公共安全的,公安机关消防机构应当依照规定对危险部位或者场所采取临时查封措施。

第五十五条 公安机关消防机构在消防监督检查中发现城乡消防安全布局、公共消防设施不符合消防安全要求,或者发现本地区存在影响公共安全的重大火灾隐患的,应当由公安机关书面报告本级人民政府。

接到报告的人民政府应当及时核实情况,组织或者责成有关部门、单位采取措施,予以整改。

第五十六条 公安机关消防机构及其工作人员应当按照法定的职权和程序进行消防设计审核、消防验收和消防安全检查,做到公正、严格、文明、高效。

公安机关消防机构及其工作人员进行消防设计审核、消防验收和消防安全检查等,不得收取费用,不得利用消防设计审核、消防验收和消防安全检查谋取利益。公安机关消防机构及其工作人员不得利用职务为用户、建设单位指定或者变相指定消防产品的品牌、销售单位或者消防技术服务机构、消防设施施工单位。

第五十七条 公安机关消防机构及其工作人员执行职务,应当自觉接受社会和公民的监督。

任何单位和个人都有权对公安机关消防机构及其工作人员在执法中的违法行为进行检举、控告。收到检举、控告的机关,应当按照职责及时查处。

第六章 法律责任

第五十八条 违反本法规定,有下列行为之一的,责令停止施工、停止使用或者停产停业,并处三万元以上三十万元以下罚款:

(一)依法应当经公安机关消防机构进行消防设计审核的建设工程,未经依法审核或者审核不合格,擅自施工的;

(二)消防设计经公安机关消防机构依法抽查不合格,不停止施工的;

(三)依法应当进行消防验收的建设工程,未经消防验收或者消防验收不合格,擅自投入使用的;

(四)建设工程投入使用后经公安机关消防机构依法抽查不合格,不停止使用的;

(五)公众聚集场所未经消防安全检查或者经检查不符合消防安全要求,擅自投入使用、营业的。

建设单位未依照本法规定将消防设计文件报公安机关消防机构备案,或者在竣工后未依照本法规定报公安机关消防机构备案的,责令限期改正,处五千元以下罚款。

第五十九条　违反本法规定,有下列行为之一的,责令改正或者停止施工,并处一万元以上十万元以下罚款:

(一)建设单位要求建筑设计单位或者建筑施工企业降低消防技术标准设计、施工的;

(二)建筑设计单位不按照消防技术标准强制性要求进行消防设计的;

(三)建筑施工企业不按照消防设计文件和消防技术标准施工,降低消防施工质量的;

(四)工程监理单位与建设单位或者建筑施工企业串通,弄虚作假,降低消防施工质量的。

第六十条　单位违反本法规定,有下列行为之一的,责令改正,处五千元以上五万元以下罚款:

(一)消防设施、器材或者消防安全标志的配置、设置不符合国家标准、行业标准,或者未保持完好有效的;

(二)损坏、挪用或者擅自拆除、停用消防设施、器材的;

(三)占用、堵塞、封闭疏散通道、安全出口或者有其他妨碍安全疏散行为的;

(四)埋压、圈占、遮挡消火栓或者占用防火间距的;

(五)占用、堵塞、封闭消防车通道,妨碍消防车通行的;

(六)人员密集场所在门窗上设置影响逃生和灭火救援的障碍物的;

(七)对火灾隐患经公安机关消防机构通知后不及时采取措施消除的。

个人有前款第二项、第三项、第四项、第五项行为之一的,处警告或者五百元以下罚款。

有本条第一款第三项、第四项、第五项、第六项行为,经责令改正拒不改正的,强制执行,所需费用由违法行为人承担。

第六十一条　生产、储存、经营易燃易爆危险品的场所与居住场所设置在同一建筑物内,或者未与居住场所保持安全距离的,责令停产停业,并处五千元以上五万元以下罚款。

生产、储存、经营其他物品的场所与居住场所设置在同一建筑物内,不符合消防技术标准的,依照前款规定处罚。

第六十二条　有下列行为之一的,依照《中华人民共和国治安管理处罚法》的规定处罚:

(一)违反有关消防技术标准和管理规定生产、储存、运输、销售、使用、销毁易燃易爆危险品的;

(二)非法携带易燃易爆危险品进入公共场所或者乘坐公共交通工具的;

(三)谎报火警的;

(四)阻碍消防车、消防艇执行任务的;

(五)阻碍公安机关消防机构的工作人员依法执行职务的。

第六十三条　违反本法规定,有下列行为之一的,处警告或者五百元以下罚款;情节严重的,处五日以下拘留:

(一)违反消防安全规定进入生产、储存易燃易爆危险品场所的;

(二)违反规定使用明火作业或者在具有火灾、爆炸危险的场所吸烟、使用明火的。

第六十四条 违反本法规定，有下列行为之一，尚不构成犯罪的，处十日以上十五日以下拘留，可以并处五百元以下罚款；情节较轻的，处警告或者五百元以下罚款：

（一）指使或者强令他人违反消防安全规定，冒险作业的；

（二）过失引起火灾的；

（三）在火灾发生后阻拦报警，或者负有报告职责的人员不及时报警的；

（四）扰乱火灾现场秩序，或者拒不执行火灾现场指挥员指挥，影响灭火救援的；

（五）故意破坏或者伪造火灾现场的；

（六）擅自拆封或者使用被公安机关消防机构查封的场所、部位的。

第六十五条 违反本法规定，生产、销售不合格的消防产品或者国家明令淘汰的消防产品的，由产品质量监督部门或者工商行政管理部门依照《中华人民共和国产品质量法》的规定从重处罚。

人员密集场所使用不合格的消防产品或者国家明令淘汰的消防产品的，责令限期改正；逾期不改正的，处五千元以上五万元以下罚款，并对其直接负责的主管人员和其他直接责任人员处五百元以上二千元以下罚款；情节严重的，责令停产停业。

公安机关消防机构对于本条第二款规定的情形，除依法对使用者予以处罚外，应当将发现不合格的消防产品和国家明令淘汰的消防产品的情况通报产品质量监督部门、工商行政管理部门。产品质量监督部门、工商行政管理部门应当对生产者、销售者依法及时查处。

第六十六条 电器产品、燃气用具的安装、使用及其线路、管路的设计、敷设、维护保养、检测不符合消防技术标准和管理规定的，责令限期改正；逾期不改正的，责令停止使用，可以并处一千元以上五千元以下罚款。

第六十七条 机关、团体、企业、事业等单位违反本法第十六条、第十七条、第十八条、第二十一条第二款规定的，责令限期改正；逾期不改正的，对其直接负责的主管人员和其他直接责任人员依法给予处分或者给予警告处罚。

第六十八条 人员密集场所发生火灾，该场所的现场工作人员不履行组织、引导在场人员疏散的义务，情节严重，尚不构成犯罪的，处五日以上十日以下拘留。

第六十九条 消防产品质量认证、消防设施检测等消防技术服务机构出具虚假文件的，责令改正，处五万元以上十万元以下罚款，并对直接负责的主管人员和其他直接责任人员处一万元以上五万元以下罚款；有违法所得的，并处没收违法所得；给他人造成损失的，依法承担赔偿责任；情节严重的，由原许可机关依法责令停止执业或者吊销相应资质、资格。

前款规定的机构出具失实文件，给他人造成损失的，依法承担赔偿责任；造成重大损失的，由原许可机关依法责令停止执业或者吊销相应资质、资格。

第七十条 本法规定的行政处罚，除本法另有规定的外，由公安机关消防机构决定；其中拘留处罚由县级以上公安机关依照《中华人民共和国治安管理处罚法》的有关规定决定。

公安机关消防机构需要传唤消防安全违法行为人的，依照《中华人民共和国治安管理处罚法》的有关规定执行。

被责令停止施工、停止使用、停产停业的，应当在整改后向公安机关消防机构报告，经公安机关消防机构检查合格，方可恢复施工、使用、生产、经营。

当事人逾期不执行停产停业、停止使用、停止施工决定的，由做出决定的公安机关消防机构强制执行。

责令停产停业，对经济和社会生活影响较大的，由公安机关消防机构提出意见，并由公安机关报请本级人民政府依法决定。本级人民政府组织公安机关等部门实施。

第七十一条　公安机关消防机构的工作人员滥用职权、玩忽职守、徇私舞弊，有下列行为之一，尚不构成犯罪的，依法给予处分：

（一）对不符合消防安全要求的消防设计文件、建设工程、场所准予审核合格、消防验收合格、消防安全检查合格的；

（二）无故拖延消防设计审核、消防验收、消防安全检查，不在法定期限内履行职责的；

（三）发现火灾隐患不及时通知有关单位或者个人整改的；

（四）利用职务为用户、建设单位指定或者变相指定消防产品的品牌、销售单位或者消防技术服务机构、消防设施施工单位的；

（五）将消防车、消防艇以及消防器材、装备和设施用于与消防和应急救援无关的事项的；

（六）其他滥用职权、玩忽职守、徇私舞弊的行为。

建设、产品质量监督、工商行政管理等其他有关行政主管部门的工作人员在消防工作中滥用职权、玩忽职守、徇私舞弊，尚不构成犯罪的，依法给予处分。

第七十二条　违反本法规定，构成犯罪的，依法追究刑事责任。

第七章　附　　则

第七十三条　本法下列用语的含义：

（一）消防设施，是指火灾自动报警系统、自动灭火系统、消火栓系统、防烟排烟系统以及应急广播和应急照明、安全疏散设施等。

（二）消防产品，是指专门用于火灾预防、灭火救援和火灾防护、避难、逃生的产品。

（三）公众聚集场所，是指宾馆、饭店、商场、集贸市场、客运车站候车室、客运码头候船厅、民用机场航站楼、体育场馆、会堂以及公共娱乐场所等。

（四）人员密集场所，是指公众聚集场所，医院的门诊楼、病房楼，学校的教学楼、图书馆、食堂和集体宿舍，养老院，福利院，托儿所，幼儿园，公共图书馆的阅览室，公共展览馆、博物馆的展示厅，劳动密集型企业的生产加工车间和员工集体宿舍，旅游、宗教活动场所等。

第七十四条　本法自 2009 年 5 月 1 日起施行。

附录四　城市轨道交通运营管理办法

中华人民共和国建设部令第140号

第一章　总　则

第一条　为了加强城市轨道交通运营管理,保证城市轨道交通正常、安全运营,维护城市轨道交通运营秩序,保障乘客和城市轨道交通运营者的合法权益,制定本办法。

第二条　本办法适用于城市轨道交通的运营及相关的管理活动。

第三条　国务院建设主管部门负责全国城市轨道交通的监督管理工作。

省、自治区人民政府建设主管部门负责本行政区域内城市轨道交通的监督管理工作。

城市人民政府城市轨道交通主管部门负责本行政区域内城市轨道交通的监督管理工作。

第二章　运营管理

第四条　城市人民政府城市轨道交通主管部门应当按照《行政许可法》以及市政公用事业特许经营的有关规定,依法确定城市轨道交通运营单位。

第五条　新建城市轨道交通工程竣工后,应当进行工程初验;初验合格的,可以进行试运行;试运行合格,并具备基本运营条件的,可以进行试运营。

城市轨道交通工程竣工,按照国家有关规定验收,并报有关部门备案。经验收合格后,方可交付正式运营。

安全设施不符合有关国家标准的新建、改建、扩建城市轨道交通工程项目,不得投入运营。

第六条　城市轨道交通运营单位应当按照国家有关规定和特许经营协议,制定城市轨道交通运营服务规则和设施保养维护办法,保证城市轨道交通的正常、安全运营。

第七条　城市轨道交通运营单位应当执行价格主管部门依法确定的票价,不得擅自调整。

第八条　城市轨道交通运营单位应当为乘客提供安全便捷的客运服务,保证车站、车厢整洁,出入口、通道畅通,保持安全、消防、疏散导向等标志醒目。

第九条　城市轨道交通运营单位工作人员应当佩戴标志、态度文明、服务规范。司机、调度员、行车值班员等岗位的工作人员应当经培训合格后,持证上岗。

城市轨道交通运营单位应当在车站配备急救箱,车站工作人员应当掌握必要的急救知识和技能。

第十条　城市轨道交通运营过程中发生故障而影响运行的,城市轨道交通运营单位应当及时组织乘客疏散,并尽快排除故障,恢复运行。一时无法恢复运行的,城市轨道交通运营单位应当及时报告城市人民政府城市轨道交通主管部门。

第十一条　城市轨道交通因故不能正常运行的,乘客有权持有效车票要求城市轨道交通运营单位按照单程票价退还票款。

第十二条　禁止下列危害城市轨道交通正常运营的行为：

（一）在车厢内吸烟、随地吐痰、便溺、吐口香糖、乱 扔果皮、纸屑等废弃物；

（二）在车站、站台、站厅、出入口、通道停放车辆、堆放杂物或者擅自摆摊设点堵塞通道的；

（三）擅自进入轨道、隧道等禁止进入的区域；

（四）攀爬、跨越围墙、护栏、护网、门闸；

（五）强行上下列车；

（六）在车厢或者城市轨道交通设施上乱写、乱画、乱张贴；

（七）携带宠物乘车；

（八）危害城市轨道交通运营和乘客安全的其他行为。

第十三条　禁止乘客携带易燃、易爆、有毒和放射性、腐蚀性的危险品乘车。

城市轨道交通运营单位可以对乘客携带的物品进行安全检查，对携带危害公共安全的危险品的乘客，应当责令出站；拒不出站的，移送公安部门依法处理。

第十四条　城市人民政府城市轨道交通主管部门和城市轨道交通运营单位应当建立投诉受理制度，接受乘客对违反运营规定和服务规则的行为的投诉。

城市轨道交通运营单位应当自受理投诉之日起十个工作日内做出答复。乘客对答复有异议的，可以向城市人民政府城市轨道交通主管部门投诉，城市人民政府城市轨道交通主管部门应当自受理乘客投诉之日起，十个工作日内做出答复。

第三章　安 全 管 理

第十五条　城市轨道交通运营单位应当依法承担城市轨道交通运营安全责任，设置安全生产管理机构，配备专职安全生产管理人员，保证安全生产条件所必需的资金投入。

第十六条　城市轨道交通运营单位应当按照反恐、消防管理、事故救援等有关规定，在城市轨道交通设施内，设置报警、灭火、逃生、防汛、防爆、防护监视、紧急疏散照明、救援等器材和设备，定期检查、维护，按期更新，并保持完好。

第十七条　城市轨道交通运营单位负责城市轨道交通设施的管理和维护，定期对土建工程、车辆和运营设备进行维护、检查，及时维修更新，确保其处于安全状态。检查和维修记录应当保存至土建工程、车辆和运营设备的使用期限到期。

第十八条　城市轨道交通运营单位应当组织对城市轨道交通关键部位和关键设备的长期监测工作，评估城市轨道交通运行对土建工程的影响，定期对城市轨道交通进行安全性评价，并针对薄弱环节制定安全运营对策。

在发生地震、火灾等重大灾害后，城市轨道交通运营单位应当对城市轨道交通进行安全性检查，经检查合格后，方可恢复运营。

第十九条　城市轨道交通运营单位应当采取多种形式向乘客宣传安全乘运的知识和要求。

第二十条　城市轨道交通应当在以下范围设置控制保护区：

（一）地下车站与隧道周边外侧五十米内；

（二）地面和高架车站以及线路轨道外边线外侧三十米内；

（三）出入口、通风亭、变电站等建筑物、构筑物外边线外侧十米内。

第二十一条 在城市轨道交通控制保护区内进行下列作业的，作业单位应当制定安全防护方案，在征得运营单位同意后，依法办理有关行政许可手续：

（一）新建、扩建、改建或者拆除建筑物、构筑物；

（二）敷设管线、挖掘、爆破、地基加固、打井；

（三）在过江隧道段挖沙、疏浚河道；

（四）其他大面积增加或减少载荷的活动。

上述作业穿过地铁下方时，安全防护方案还应当经专家审查论证。

运营单位在不停运的情况下对城市轨道交通进行扩建、改建和设施改造的，应当制订安全防护方案，并报城市人民政府城市轨道交通主管部门备案。

第二十二条 在城市轨道交通线路弯道内侧，不得修建妨碍行车瞭望的建筑物、构筑物，不得种植妨碍行车瞭望的树木。

第二十三条 禁止下列危害城市轨道交通设施的行为：

（一）非紧急状态下动用应急装置；

（二）损坏车辆、隧道、轨道、路基、车站等设施设备；

（三）损坏和干扰机电设备、电缆、通信信号系统；

（四）污损安全、消防、疏散导向、站牌等标志，防护监视等设备；

（五）危害城市轨道交通设施的其他行为。

第四章 应急管理

第二十四条 城市人民政府城市轨道交通主管部门应当会同有关部门制订处理突发事件的应急预案；城市轨道交通运营单位应当根据实际运营情况制订地震、火灾、浸水、停电、反恐、防爆等分专题的应急预案，建立应急救援组织，配备救援器材设备，并定期组织演练。

当发生地震、火灾或者其他突发事件时，城市轨道交通运营单位和工作人员应当立即报警和疏散人员，并采取相应的紧急救援措施。

第二十五条 城市轨道交通车辆地面行驶中遇到沙尘、冰雹、雨、雪、雾、结冰等影响运营安全的气象条件时，城市轨道交通运营单位应当启动应急预案，并按照操作规程进行安全处置。

第二十六条 遇有城市轨道交通客流量激增危及安全运营的紧急情况，城市轨道交通运营单位应当采取限制客流量的临时措施，确保运营安全。

第二十七条 遇有自然灾害、恶劣气象条件或者发生突发事件等严重影响城市轨道交通安全的情形，并且无法采取措施保证安全运营时，运营单位可以停止线路运营或者部分路段运营，但是应当提前向社会公告，并报告城市人民政府城市轨道交通主管部门。

第二十八条 城市轨道交通运营中发生安全事故，城市人民政府城市轨道交通主管部门、城市轨道交通运营单位应当依据应急预案进行处置。

第二十九条 城市轨道交通运营中发生人员伤亡事故，应当按照先抢救受伤者，及时排除故障，恢复正常运行，后处理事故的原则处理，并按照国家有关规定及时向有关部门报告；城市人民政府城市轨道交通主管部门、城市轨道交通运营单位应当配合公安部门及时对现场进行勘察、检验，依法进行现场处理。

第三十条　城市轨道交通运营过程中发生乘客伤亡的，城市轨道交通运营单位应当依法承担相应的损害赔偿责任；能够证明伤亡人员故意或者自身健康原因造成的除外。

第五章　法 律 责 任

第三十一条　违反本办法第五条规定，未经竣工验收合格，将城市轨道交通工程项目投入正式运营的，按照《建设工程质量管理条例》的有关规定进行处罚。

第三十二条　违反本办法第七条规定，城市轨道交通运营单位未执行价格主管部门依法确定的票价的，由价格主管部门按照价格法律法规的规定依法处罚。

第三十三条　违反本办法规定，城市轨道交通运营单位下列行为之一的，由城市人民政府城市轨道交通主管部门责令限期改正，并可处以5000元以下罚款：

（一）违反本办法第八条规定，未保证车站、车厢整洁，出入口、通道畅通，保持安全、消防、疏散导向等标志醒目的；

（二）违反本办法第九条规定，安排未经培训合格的工作人员上岗或者未在车站配备急救箱的。

第三十四条　违反本办法第十条规定，城市轨道交通运营单位在发生运营故障时未及时组织乘客疏散的，由城市人民政府城市轨道交通主管部门给予警告，并处以5000元以下罚款。

第三十五条　违反本办法第十二条、第十三条的规定，影响城市轨道交通安全正常运营的，由城市人民政府城市轨道交通主管部门责令改正，并可处以50元以上500元以下罚款。

第三十六条　违反本办法规定，城市轨道交通运营单位有下列行为之一的，由城市人民政府城市轨道交通主管部门给予警告，责令限期改正，并可处以1万元以下罚款：

（一）违反本办法第十六条规定，未设置报警、灭火、逃生、防汛、防爆、防护监视、紧急疏散照明、救援等器材和设备，并保持完好的；

（二）违反本办法第二十四条规定，未按照规定建立应急预案的。

第三十七条　违反本办法第十七条规定，城市轨道交通运营单位未按照规定定期检查和及时维护城市轨道交通设施的，由城市人民政府城市轨道交通主管部门给予警告，责令限期改正，并可处以1万元以下罚款。

第三十八条　违反本办法规定，有下列行为之一的，由城市人民政府城市轨道交通主管部门给予警告，责令限期改正，并可处以1万元以上3万元以下罚款；造成损失的，依法承担赔偿责任；情节严重，构成犯罪的，依法追究刑事责任：

（一）违反本办法第二十一条第一款规定，在城市轨道交通控制保护区内进行作业的作业单位未制订安全防护方案，或者未征得城市轨道交通运营单位同意的；

（二）违反本办法第二十一条第三款规定，城市轨道交通运营单位对轨道交通进行扩建、改建和设施改造时，未制订安全防护方案的。

第三十九条　个人或者单位违反本办法第二十二条、第二 十三条规定，影响城市轨道交通安全的，对个人处以500元以上1000元以下罚款，对单位处以1000元以上5000元以下罚款；造成损失的，依法承担赔偿责任。

第四十条　城市轨道交通运营单位有下列行为之一的，由城市人民政府城市轨道交通主

管部门给予警告,责令限期改正,并可处以1万元以下罚款:

(一)违反本办法第二十五条规定,遇有恶劣气象条件时,未按照应急预案和操作规程进行处置的;

(二)违反本办法第二十六条规定,在客流量急增危及安全运营时,未采取限制客流量的临时措施的;

(三)违反本办法第二十七条规定,停止运营时,未提前向社会公告和报告主管部门的;

(四)违反本办法第二十八条规定,发生安全事故时,未按照应急预案进行处置的。

第四十一条 城市人民政府城市轨道交通主管部门工作人员玩忽职守、滥用职权、徇私舞弊的,由其所在单位依法给予行政处分;构成犯罪的,依法追究刑事责任。

第六章 附 则

第四十二条 本办法所称城市轨道交通,是指城市公共交通系统中大运量的城市地铁、轻轨等城市轨道公共客运系统。

本办法所称城市轨道交通设施,是指为保障城市轨道交通系统正常安全运营而设置的轨道、隧道、高架道路(含桥梁)、车站(含出入口、通道)、通风亭、车辆、车站设施、车辆段、机电设备、供电系统、通信信号系统等设施。

第四十三条 本办法自2005年8月1日起施行。

参考文献

[1] 杜平. 城市轨道交通信号系统的发展[J]. 铁道通信信号,2010,46(5):56-58.

[2] 蔡爱华,季锦章. 地铁信号系统的现状及发展趋势[J]. 电子工程师,2000(5):1-6.

[3] 范良. 地铁信号系统发展趋势及功能区别[J]. Value Engineering, 2011(1):179.

[4] 刘晓娟,张雁鹏,汤自安. 城市轨道交通智能控制系统[M]. 北京:中国铁道出版社,2005.

[5] 张铁增,林瑜筠. 对于城市轨道交通信号系统发展的思考[J]. 铁路通信信号工程技术,2013,10(2):32-36.

[6] 王春宝. 论我国地铁信号技术的发展现状及趋势[J]. 民营科技, 2011(11):163.

[7] 董新文. 信号系统在城市轨道交通(地铁)中的应用[DB]. 城市建设理论研究,2014(11).

[8] 杞洪. 浅谈中国地铁信号系统发展[DB]. 城市建设理论研究,2014(8).

[9] 刁心宏,李明华. 城市轨道交通概论[M]. 北京:中国铁道出版社,2009.

[10] 祁杰生. 2006 版《铁路信号维护规则》解读(十二)[J]. 铁道通信信号,2008,44:36-38.

[11] 涂晓燕. 试论铁路信号电源屏可靠性的改进措施[J]. 科技信息,2006,4:185.

[12] 中华人民共和国行业标准. TB 1007—2006 铁路信号设计规范[S]. 北京:中国铁道出版社,2006.

[13] 梁明晖. 阀控式铅酸蓄电池在城市轨道交通中的应用[J]. 蓄电池,2012,49(5):237-240.

[14] 杨超. 地铁信号电源子系统配置方案研究[J]. 信息通信,2015,2:207-208.

[15] 李堂成. 地铁信号系统电源配置方案探讨[J]. 电子工程师,2007,5(1):36-38.

[16] 徐锦材,阮启宁. 地铁通信阀控式铅酸蓄电池的维护与性能评估[J]. 通信电源技术,2014,31:121-123.

[17] 张宽发. 地铁供电系统用蓄电池的合理性选择及运行维护[J]. 蓄电池, 2009,(3):131-133.

[18] 冯岩. 浅谈直流蓄电池的运行与维护[J]. 中国电力教育,2008(6):130-131.

[19] 钟小伟. 广州地铁一号线信号系统电源设备设计[J]. 电工技术,2005(1):62.

[20] 林瑜筠. 铁路信号电源[M]. 北京:中国铁道出版社,2011.

[21] 孟宇光. CBTC 系统浅析[J]. 无线互联科技,2015,1:134-135.

[22] 蒋梦曦,杨博. 城市轨道交通 CBTC 系统浅析[J]. 中国科技信息,2014,12:64-65.

[23] 刘会明. CBTC 系统工程设计中需注意的几个问题[J]. 铁路通信信号工程技术, 2006,3:33-35.

[24] 崔科,吕新军. 卡斯柯自主知识产权的 ICMTC 型 CBTC 信号系统[J]. 现代城市轨道交通,2014(3):15-23.

[25] 中华人民共和国行业标准. 城市轨道交通 CBTC 信号系统——CI 子系统规范[S]. 2015.

[26] 卜庆宇, 宋沛东. CBTC ZC 子系统功能实现简介[J]. 铁路通信信号工程技术,2015,12(1):47-49.

[27] 何林娜, 应子雯. 城轨 CBTC 系统中数据通信子系统的研究[J]. 通信技术,2009,42

(19):139-141.
[28] 付嵩，孟凡江，王忠峰. 城市轨道交通 CBTC 系统中数据通信子系统研究[J]. 现代城市轨道交通，2012,3:3-6.
[29] 卢楠,庞彦知,李少鹏. 城市轨道交通区域控制器布置数量研究[J]. 铁路计算机应用，2015,24(4):53-57.
[30] 王海峰,杨旭文,刘朔,刘超. 基于模型的 CBTC 区域控制系统安全软件开发[J]. 都市快轨交通,2011,24(4):22-25.
[31] 张昌平. 简析 CBTC 系统中联锁与区域控制器的关系[J]. 铁路通信信号工程技术，2012,9(3):49-51.
[32] 毕危危. 西门子 CBTC 信号系统在中国城市轨道交通的应用[J]. 铁路通信信号,2010.46::30-31.
[33] 贾一梅. 西门子 CBTC 系统简介[J]. SCINENCE&TECHNOLOGY INFORMATION,2010.29:63-64.
[34] 马卫. CBTC 系统在天津地铁 3 号线的应用[J]. 铁道通信信号，2013,49(10):20-22.
[35] 庞巴迪 CITYFLO 650 新一代无人驾驶 CBTC 系统[J]. 世界轨道交通，2007,2:46.
[36] 郑建宁. 国产 CBTC 系统在北京地铁亦庄线的应用研究[J]. 铁道勘测与设计,2010(4):98-101.
[37] 林俞筠. 城市轨道交通信号设备[M]. 北京:中国铁道出版,2006.
[38] 曾小清,王长林,张树京. 基于通信的轨道交通运行控制[M]. 北京:同济大学出版社,2007.
[39] 吴汶麒. 城市轨道交通信号与通信系统[M]. 北京:中国铁道出版社,1998.
[40] 张利彪. 城市轨道交通信号与通信系统[M]. 北京:人民交通出版社,2010.
[41] 余向海. 城市轨道交通列车自动监控系统模块分析[J]. 电子工程师,2000,(5) :33-36 .
[42] 张喜. 城市轨道交通信号与通信概论[M] . 北京:北京交通大学出版社,2012.
[43] 郑福林. 几种列车定位系统性能比较分析[J]. 铁道技术监督,2010,38(6):52-64.
[44] 陈艳华. 轨道交通列车定位的选择与比较[J]. 电子设计工程,2010,18(11)186-188.
[45] 陈新,周俊,林必毅. 地铁列车定位技术的研究[J]. 网络与通信,2009,25(8-3)117-118.
[46] 曹启滨. 城市轨道交通列车定位方法分析[J]. 铁路通信信号工程技术,2012,9(1):55-62.
[47] 贾毓杰. 城市轨道交通通信与信号[M]. 2 版. 北京:机械工业出版社,2014.
[48] 高峥华,吴光荣. 城市轨道交通信号基础设备维护[M]. 成都:西南交通大学出版社,2011.
[49] 朱济龙. 城市轨道交通车站机电设备[M]. 北京:机械工业出版社,2012.
[50] 陈艳华,赵跟党. 城市轨道交通车站机电设备[M]. 重庆:重庆大学出版社,2013.
[51] 徐啸明. 列控地面设备[M]. 北京:中国铁道出版社,2007.
[52] 上海申通地铁集团有限公司. 城市轨道交通信号技术[M]. 北京:中国铁道出版社,2012.
[53] 曲素荣,张中央,王留军. 一种新型铁路测速雷达的研究与应用[J]. 自动化仪表. 2011,31(11):56-58.
[54] 辛骥,陈微. 浅谈基于 CBTC 的地铁列车定位功能[J]. 铁道通信信号. 2008,(9):4-6.